HISTOIRES PRODIGIEVSES

LES PLVS MEMORABLES QVI
AYENT ESTE' OBSERVEES, DEPVIS LA
Natiuité de Iesus Christ, iusques à nostre siecle : Extraictes
de plusieurs fameux autheurs, Grecz, & Latins, sacrez & pro
phanes : mises en nostre langue Par P. Boaistuau, surnómé
Launay, natif de Bretaigne, auec les pourtraictz & figures.

Dediées à treshault, & trespuissant Seigneur,
Iehan de Rieux, Seigneur Dasserac.

A PARIS
Pour Vincent Sertenas Libraire, demourant en la rue neuue nostre Dame,
à l'enseigne S. Iean l'Euangeliste. Et en sa boutique au Palais,
en la gallerie par ou on va à la Chancellerie.
M. D. LX.
AVEC PRIVILEGE DV ROY.

EXTRAICT DV
Priuilege.

IL est permis à Vincent Sertenas & Ian Longis Libraires demourans à Paris, de faire imprimer ce liure, intitulé Histoires prodigieuses les plus memorables qui ayent esté obseruées depuis la Natiuité de Iesus Christ iusques à nostre siecle, par plusieurs fameux auteurs Grecs & Latins, auec leurs pourtraictz & figures, mis en nostre langue par Pierre Boaistuau, surnommé Launay, natif de Bretaigne. Et est defendu à tous autres de l'imprimer, iusques à six ans prochainement venans, à compter du iour qu'il sera acheué d'imprimer, sur peine de cõfiscation de ce qui seroit imprimé oultre leur gré & consentement, & d'amẽde arbitraire, cõme plus amplemẽt est contenu en leurs lettres de priuilege, signées Par le Conseil DE COVRLAY.
Et sceellées de cire iaune, sur simple queüe.

A TRESHAVLT ET
TRESPVISSANT SEIGNEVR
Iehan de Rieux, Cheualier, Seigneur Dasserac, Faugaret, Lisle-Dieu, Guédelisle, la Fueillée, Viconte de Plohedel, Gentilhomme ordinaire de la chambre du Roy, &c. Pierre Boaistuau, surnõmé Launay, Salut.

Onseigneur, entre toutes les choses qui se peuuent contempler soubz la cõcauité des cieulx, il ne se voyt rien qui plus éueille l'esprit humain, qui rauisse plus les sens, qui plus espouente, qui engendre plus grande admiration, ou terreur aux creatures, que les monstres, prodiges & abhominations, esquelz nous voyons les œuures de Nature non seulement préposterées, renuersées, mutilées & trõquées: mais (qui plus est) nous y descouurõs le plus-souuent vn secret iugemẽt & fleau de l'ire de Dieu, par l'obiect

ã ij

des choses qui se presentent, lequel nous fait sentir la violence de sa iustice si aspre, que nous sommes côtrainctz d'entrer en nous-mesmes, frapper au marteau de nostre conscience, esplucher noz vices, & auoir en horreur noz messaictz, specialement quand nous lisons aux histoires sacrées & prophanes, que quelquefois les Elemens ont esté Heraulx, Trompettes, ministres & executeurs de la iustice de Dieu: Comme lors que les eaux se déborderent de leurs Canaulx, & que les veines du Ciel s'ouurirent par telle impetuosité, qu'elles surpassoyết de quinze couldées toutes les plus haultes montaignes de la terre. Le feu semblablement obeissant au commandement de son Createur, embrasa cinq fameuses Citez, & les mist incontinent en cendres. L'air aussi quelquefoys s'est trouué si corrompu, veneneux & infect en certaines prouinces, que penetrant de l'vne en l'autre comme vn soubdain embrasemết, il a suffoqué & exteinct la pluspart du genre humain, & a presque laissé la terre deserte. La terre semblablement, ouurất ses souspiraux, a englouty vne infinité de superbes Citez auec leurs Citoyens. Encores est ce peu de tous ces prodiges, si nous voulős cősiderer mesmes que lors que la fureur diuine s'enflamme contre noz pechez, elle ne nous honore pas tất, que de nous daigner chastier par ses Elemens, mais afin de nous mieux abaisser, & tenir en bride, elle veult que les plus pusilles & abiectz animaux de la terre soyent les tyrấs & boureaux de noz vices: Côme ce grấd Monarque Pharaõ experimêta lors que les grenoilles, mousches & sauterelles l'allerết assaillir iusques à son lict. Et tout ainsi que nous auons mis en auất ces chastimếs estranges & espouentables, encores en pourions nous memorer

morer d'autres qui ne sont pas moins esmerueillables, ny indignes d'estre contemplez, à ceux principalement qui ont quelque apprehésion des iugemés de Dieu: Cōme quād nous voyons naistre des creatures viues entre nous qui ont deux testes, entées & liées ensemble en vn seul corps, cōme deux rameaux en vn trōc d'arbre. D'autres qui sont si bien collées & cymentées l'vne auec l'autre, que par aucun artifice humain on ne les peut separer. D'autres sont si abhominables & difformes, qu'ilz semblent auoir esté produictes sur terre en contumelie de Nature, & perpetuelle infamie & regret des parēs. Lesquelles choses estans viuemēt apprehēdées par le Prophete Ozée, il s'escrie, chapitre neuuiesme: Ilz ont esté faictz abhominables en leurs amours, & quand ilz auront nourry leurs enfans, ie les destruyray, tellement qu'ilz ne deuiendront point hommes. Ie leur dōneray la matrice abortiue, & les mammelles taries, & leur racine sera dessechée, & ne fera plus de fruict: & s'ilz engendrent, ie mettray à mort le fruict de leur ventre. Ce qui est semblablement confirmé par le Prophete Esdras, chapitre cinquiesme, ou entre les autres cruelles maledictions desquelles Babylone est menacée par l'ange, il est expressement dit : que Les femmes soillées de sang enfanteront des Monstres. Mais par ce que le mystere de telz secretz est vn peu ardu, & qu'il merite d'estre cōtēplé plus à loisir, ie remetz le reste au discours que i'en fays par mes histoires, lesquelles ne sont peuplées d'autres choses, que de telz accidens estrāges, & prodigieux euenemens, desquelz toutes les prouinces du monde ont esté espouentées depuis la natiuité de Iesus Christ iusques à nostre siecle. Or maintenant (Monseigneur) que i'ay combatu

ã iij

auec le labeur, & qu'à mon aduis ie suis sorty victorieux,
il ne me reste autre chose pour le parfaict acomplissement
de mes desseings, que de vous offrir, consacrer & dedier ce
fruict abortif de mes muses, & iuste tribut de mes peines: y
estant non seulemēt astrainct par beaucoup de particulieres
obligations, que ie tairay pour le present: mais mesme par le
merite d'vne infinité d'heroïques vertuz, qui vous rēdent
si admirable, que vous meritez d'estre celebré de tous ceux
qui escriuēt: Car oultre le sang illustre de l'ancienne maison
DE RIEVX, dont auez prins vostre origine, les dons
excellens de l'esprit & de Nature, vne singuliere cognoissance de plusieurs ars & disciplines, vne ardente amytié
que portez à ceux qui en font profession, encores auez-vous
vne generosité & adresse aux armes si émerueillable, vne
telle affection & deuotion au seruice de vostre Prince, qu'il
ne s'est faict de vostre tēps assemblée, dressé assault de ville,
saillie ou escarmouche en Italie ou ailleurs, ou vous ne vous
soyez trouué des premiers sur les rengs, auec telle asseurance
& mespris de vostre vie, que ceux qui vous cōgnoissent n'e-
sperent point moins de vous, que de ce grand Mareschal
DE RIEVX vostre ayeul, duquel les Croniques & An-
nales resonnent si souuent les louanges. Ie ne doy semblablement en ce lieu passer soubz silence les genereux exploictz
& actes memorables de Monsieur du Gué de l'Isle vostre
frere, lequel vous a acōpagné en tous voz perilz & trauerses
de fortune, & a en ce ieune aage donné tel tesmoignage de
luy par tout ou le sang a esté respādu pour le seruice du Prin
ce, qu'il merite bien que la memoire de sa magnanimité &
vertu ne soit iamais enseuelie ou exteincte. Mais par ce que
ie me

ie me reserue, en quelque œuure que ie luy prepare, d'en faire plus ample mention, il me suffira pour le present (Monseigneur) de vous supplier d'auoir agreable l'œuure que ie vous offre, mesme luy seruir de defense & sauf-conduit: afin que estant fortifié de l'vmbre & splendeur de voz generositez & vertuz, il vole asseuré par les plus perilleux destroictz de nostre France.

FIN.

I. D. R. S. D.

Si Bretaigne, LAVNAY, se sent bien honorée
    De tes premiers escritz, que chascun a peu voir,
    Ores tu luy fais bien meilleure cause auoir
De se sentir de toy plus encor decorée.
Ta vertu seulement n'y est pas admirée,
    Mais en tous les endroictz, que peult apperceuoir
    De son œil le soleil, tu as fait receuoir
Tes escritz maçonnez de peine elabourée.
Si que tout l'vniuers remply de ta memoire
    Tes œuures admirant, ia te donne la gloire
    D'estre l'vn des premiers qui le mieux a escrit:
Et puis que me portant si bonne affection
    Tu m'as tout rendu tien par obligation,
    Ie seray touiours tien & de corps, & d'esprit.

René de Rieux au .S. de Launay, Boaistuau.

Les Muses t'ont donné ceste grande abondance
 LAVNAY de tes escritz pleins de diuinité,
 L'vniuers qui les a admirables gousté
 N'en peut assez louer la force & l'excellence.
Tu scais assez combien tu es loué par France,
 Et combien ton païs, ou tu n'as guiere esté
 A d'honneur, de plaisir, & de felicité
 De t'auoir donné nom, vie, laict & naissance.
Mais ores nous donnant cest œuure de Prodiges,
 Au plus hautain sommet de l'immortalité
 Tes œuures, & ton nom immortel tu eriges:
Et si fais esbahir de ceste rarité
 Auecques la Vertu qui t'est touiours compaigne,
 Les Muses, l'vniuers, la France, & la Bretaigne.

DE ALIS DICT DE CENAC, SVR
les Histoires Prodigieuses du. S. de
Launay, Boaistuau: Sonnet.

L'Hercule des Gregois, qui par sa grand vaillance,
  Douze foys estonna les hommes & les Dieux,
  Est maintenant là hault faict Citoyen des cieux,
  Pour auoir combatu les monstres à outrance.
Launay tu es aussi l'Hercule de la France,
  Et auras quelque iour autant que luy ou mieux,
  Ayant par ton sçauoir d'vn bras victorieux
  Tant de foys abatu le monstre d'ignorance:
Tu as, Launay, tu as doctement esclaircy
  Le point qui plus tenoit l'homme docte en soucy
  Des Prodiges monstreux décriuant la nature,
Et as rendu ce nom si doux & gracieux,
  Que i'ose bien nommer, Launay, Prodigieux
  Ton esprit, ton sçauoir & ta docte escriture.

LOYS DV LYS AV SEIGNEVR
de Launay, sur les Histoires
Prodigieuses.

Ceulx là, mon cher Launay, sont ilz mors au tumbeau,
  Qui nous ont enseigné les Monstres, les ostentes,
  Les prodiges fatalz, les horribles portentes,
  Nous predire & monstrer de noz vices le fleau?

Ceulx là ne viuront ilz, qui d'vn diuin cerueau
 Dans telz signes ont leu les menasses cuysantes,
 Les verges du Seigneur desia toutes sanglantes,
 Comme dans vn cartel, sans en rompre le seau?
Et plus que tous ceulx là, celuy ne doibt il viure,
 Qui par force & par art des monstres nous deliure?
Ne crains doncques la mort, toy qui chasse de France
 Par tes doctes escriptz tant de monstreuses voix,
 Et qui contrains par l'œil de se rendre aux abois
 Par tes monstres hideux le monstre d'ignorance.

B. DE GIRARD.

Tant d'œuures, mon Launay, dont nostre France abonde
 Que tant heureusement à leur fin as conduit,
 Ton ouurage Tragicq, ton Chelidon traduit,
 Et ce liure diuin du Theatre du monde,
Auoyent assez remply toute la terre ronde
 De ton nom, qui courant par l'vniuers, reluit:
 Sans que d'vn art nouueau tu nous eusses produit
 Ces Prodiges remplis de diuine faconde.
Ha ie me doubtois bien que tu ferois, Launay,
 Quelque œuure monstrueux en honneur & doctrine,
 Puis qu'aux premiers tu as esté si fortuné.
Tu as tes motz diuins, l'inuention diuine,
 Et tenant ton esprit de la grandeur des Cieux,
 Plus que ton liure encor tu es prodigieux.

R. de Rieux Launeo.

Quæ Iouis è cerebro metuendis prodiit armis
  Pallas, mille operum credita prima dea est.
Prodigiosa quidem res olim visa, sed istis
  Quæ das prodigiis, prodigiosa minus.
Nam dum tu à primis scrutaris & eruis annis,
  Quicquid prodigij posse videre datum est.
Dum causam euoluis, totúmque educis in orbem
  Quod sit in Assaraca nomina prima domus.
Quid non prodigio maius grauiúsque relinquis,
  Ingenij prodens lumina viua tui?
Concedat Pallas, nam si Iouis illa putata
  Nata fuit, natus prodigiosus eris.

B. G. HALHANII AD Launium. Boaistuau.

Qui mundi celso vitámque, hominésque Theatro
  Egit, spectacli qui actor & auctor erat:
Quíque Chelidonium, Reges præcepta docentem
  Vitæ, regnandíque, imperiíque modum:
Qui tragicas primus scripsit sermone soluto
  Historias, tragicis dans sua verba tonis:
En studii, tantáque en semper prodigus artis
  Prodigia hæc vario lecta labore premit.

Prodigiis, monstris, portenta, ostentáque iungis,
Et quæ signorum nomen, & omen habent.
Et dum prodigia hæc describit monstráque, monstrat
Et monstrum ingenij, prodigiúmque sui.
Ominaque hæc scribens sibi magni est nominis omen,
Maius prodigiis & sibi prodigium.

IOSEPHVS SCALIGER,
P. Launæo.

Non igitur Natura potest, Launæe, iubere
Sola nouis miram rebus adesse fidem.
Quandoquidem vna nouis audet se tollere lingua
Laudibus, eloquij fida ministra tui.
Quippe immensa canens, mirandáque fœdera: rerum
Non potuit tanti parte carere loci.
Quæ si quanta canit, tot habet miracula vocis,
Et tot honorata pignora laude capit:
Cætera quantus honos Naturæ mira parentis
Supra Naturæ munera posse loqui?

C. ROILLET BELNENSIS,
Launæo, Boaiſtuau.

Quod Phrygium Aſſaracū noſtra hæc quoq̄ tēpora norunt,
   Doctorum effecit cura, labórque virûm.
Britonis Aſſaraci proles quòd ſe efferat, vt ſit
   Quam populus præſens, poſteritáſque legat,
Quam ſic doctrinæ, vt doctorum agnoſcat amantem,
   Id Launæe tua voce, manúque facis,
Qui dum Prodigiis varijs ſcripta aurea comples,
   Quæ penna ſolui non metuente volent:
Sic volitas, vt te Aſſaracus ſit notior olim,
   Tu quoque ſis dicto notior Aſſaraco.
Non aliter Græco Pelides notus Homero,
   Non Pelidæ aliter notus Homerus agit.

Aduertissement au Lecteur.

Lecteur, auant que penetrer plus auant en noz discours prodigieux, ie te veux aduertir que ie n'ay pas esté content de fueilleter plusieurs autheurs, pour rechercher si i'y pourrois trouuer quelque chose de rare, estráge, admirable & conforme à mon subiect: mais d'abondant i'ay voulu lire par grande curiosité tous les autheurs qui auoyent escrit quelques traictez particuliers des prodiges: Comme vn Ioachimus Camerarius, Polydorus Virgilius, Iulius Obsequens, Cardanus en son 14. liure, De varietate rerum, Gasparus Pucerus en ses Cómentaires De diuinatione, Iacobus Rueffus en ses liures De conceptu: lesquelz ont tous doctement traicté en Latin ceste mesme matiere: mais sur tous autres, ie suis grandement redeuable à Córadus Lycostenes Rubeaquensis, lequel oultre la doctrine qui luy est commune auec les autres, encores a il surpassé tous ceux qui l'ont precedé, en labeur, & diligéce. Et afin que ie ne me fraude moymesme de ce qui m'est deu, combien que i'aye esté grandemét soulagé des doctes œuures latines des dessus nommez, si est-ce que i'ay traicté beaucoup d'histoires, desquelles ilz n'auoyent faict aucune mention en leurs escritz: mesmes ay rendu la raison des Prodiges, ce que ie n'ay encores obserué auoir esté faict d'aucun auant moy. Partát (lecteur) ie te supplie prends encores en gré ce mien labeur,

& le reçoy auec tel tefmoignage de beneuolēce, que tu as faict noz œuures precedentes. Et i'efpere, auec la grace de Dieu, te faire veoir en brief en noftre langue, la Cité de Dieu de fainct Auguftin, laquelle ie traicteray d'vn ftille plus ferieux, graue, folide, & mieux élabouré, que ce traicté d'Hiftoires, lequel a efté tát precipité par les Imprimeurs, qu'ilz le m'ont prefque arraché des mains: mefmes ne m'ont permis en reuoir vne feule efpreuue, iufques à ce que tout le corps du liure euft efté tiré de la preffe. Partant fi tu trouues quelques faultes aduenues a l'impreſsion, ie te prie auoir refuge à la table des Errata. Au refte (lecteur) ie te veux aduertir que i'ay laiſſé expres grand nombre de noms propres Grecz & Latins en leur langue (côtre la couftume de ceux qui efcriuét auiourdhuy) afin que ceux qui voudront conferer le Latin auec le François de quelques autheurs rares que ie cite en mon œuure, puiſſent auec moindre labeur les recouurir chez les Imprimeurs & Libraires.

F I N.

TABLE DES MATIERES
contenues au traicté des Histoires Prodigieuses.

EN la premiere histoire sont contenus quelques Prodiges, & illusions de Sathan. fueillet. 1.2.3.

En la deuxiesme, les ires, fleaux & maledictions de Dieu, enuoyées sur la miserable Cité de Ierusalem, auec plusieurs aduertissemens pour les attirer à penitence, mesme vne prediction, & prophetie d'vn païsant. f. 5. & 6.

En la troisiesme il est faict mention de plusieurs morts de Princes, & grandz Seigneurs, auec la mort prodigieuse d'vn Roy de Poloigne & d'vn Archeuesque de Maience. f. 7.8.9.10.

En la quatriesme est descripte l'histoire de Nabuchodonosor, auec vn discours Philosophique par lequel est monstré en quel peril sont ceulx qui commandent. f. 11. & 12.

En la cinquiesme sont declarées succinctement les causes principales de la generation des monstres, auec plusieurs histoires memorables à ce propos. f. 13.14. & 15.

Au chapitre 6. est racomptée vne histoire notable de deux filles engendrées de nostre temps, qui estoient collées ensemble par les testes. f. 17.

Si les diables peuuent conceuoir, auec l'histoire d'vn horrible monstre engendré de nostre temps. f. 18.

Vn enfant tiré vif du ventre de sa mere, laquelle estoit morte depuis deux iours, auec plusieurs histoires des fouldres & tempestes. f. 22.

Le tonnerre entrant par la bouche d'vne fille qui estoit à cheual, luy feist sortir sa langue par ses parties honteuses. f. 25.

Histoire Prodigieuse d'vn homme qui de nostre temps se lauoit la face & les mains de plomb fondu. f. 27.

Enfant crucifié par les Iuifz, auec quelques autres histoires des Ladres, qui empoisonnerent les Fontaines & Puis auecques eulx. f. 29.

Deluges, & cruelles inundations d'eaux aduenues de nostre temps. f. 32.

Prodigieuse mort de Pline, auec les causes des flammes qui sortent des entrailles de la terre. f. 34.

L'astuce du diable qui fist precipiter vn cheualier Romain en vn gouffre, soubz le pretexte de deliurer son pays de tribulation. f. 37.

L'histoire prodigieuse d'vne fille qui auoit deux testes, & n'auoit qu'vn corps. f. 40.

Histoire prodigieuse d'vn homme monstrueux qui apparut à S. Anthoine au desert. f. 42.

Histoires memorables des pierres precieuses. f. 43.

Histoire admirable de deux Princesses faulcement accucusées, lesquelles ne peurent estre endommagées du feu. f. 52.

Prodiges de la mer, ou il est faict mention des monstres marins, Nereides, Syrenes, Tritons, poissons vollans, & autres monstres aquatiques. f. 54

Pourtraict d'vne espece de poisson volant, ou autre monstre aquatique, figuré sur celuy qui est au cabinet du Sei-

gneur Dasserac. f.57.

Pourquoy on voyt quelquefois plusieurs soleilz au Ciel, ou plusieurs Lunes, auec la cause & significatiõ des cometes. f.66

Comette prodigieuse, laquelle estoit si horrible que plusieurs espouentez d'vn si estrange spectacle tõberent malades & les autres moururent. f 68.

Flammes qui ont sorty des testes d'aucunes personnes notables, auec grande admiration & terreur. f.72.

Plusieurs histoires memorables de l'amour auec la vie dissolue des trois plus renommées courtisanes desquelles les autheurs Grecz & latins ayent iamais faict mentiõ. f.74.

Monstre execrable qui sortoit entier du ventre d'vn aultre homme, reserué la teste. f.83.

Les plus memorables histoires que tous les Medecins anciens & modernes ayent escriptes des plantes. Auec vne histoire prodigieuse de la racine de Barra, de laquelle Iosephus autheur Hebrieu faict mention. f.84.

Monstre brutal ayant figure humaine, duquel Gesnerus faict mention en ses histoires latines des animaux. f.96.

De l'excessiue despence & prodigalité des anciens & modernes en leurs festins & bancquetz. f.97.

L'histoire de Denys Heracleot, qui deuint si gras que de peur que la graisse l'estouffast il estoit cõtrainct par le cõseil des Medecins se faire tirer la graisse auec des sangsues. f.104

Diuerses histoires des visions faulses & vrayes qui apparoissent la nuict & le iour en veillant & dormãt, Auec vn traicté des vmbres, figures, fantosmes, spectres, & autres choses semblables, qui se representent souuent à nous. f.105

Prodige d'vn enfant qui fut produict vif sur terre, lequel auoit le ventre ouuert, de telle sorte qu'on luy voyoit toutes les plus secrettes parties du corps nues & descouuertes. f.124

Histoire prodigieuse obseruée par l'autheur d'vn chien engendré d'vne Dogue & d'vn Ours, auec plusieurs autres histoires sur ce subiect. f.127.

L'histoire notable d'vne fême qui porta cinq ans son fruict mort en son corps laquelle il faillit en fin ouurir, & tirer ceste putrefactiō de son corps membre à membre, auec grand estonnement. f.136.

Enfant produict sur terre auec quatre bras & quatre iābes du temps que les Venitiens & Geneuoys furent reconsiliez. f.139.

Serpent monstrueux, ayant sept testes, auec quelques autres histoires de ces animaulx. f.140.

Histoire notable d'vne mere qui māgea partie de son enfant, & offrit l'autre à quelques soldatz qui la tourmentoyent. f.149.

Histoire notable d'vn oyseau descouuert de nostre temps, lequel n'a point de piedz, & ne vit qu'en l'air, & iamais ne se trouue prins que mort. f.151.

Prodige de deux filles iumelles ioinctes & collées ensemble par les parties posterieures. f.155.

Cruaultez prodigieuses, auec vne detestation de ceulx qui font si bon marché du sang humain. f.157.

L'histoire d'Astiages, qui fist māger à Arpalus son filz. f.159

Abhominatiō estrāge d'vn enfant demy chiē & demy hōme, engēdré auec telle forme par l'incōtinence & brutale lasī ij sciueté de la mere. f.161.

Histoire notable d'vn homme monstrueux lequel forma vne merueilleuse complainête au Senat Romain contre les abbus & pilleries de quelques Censeurs & magistratz. f.164.

De la mõstrueuse auarice de deux hommes, dont l'vn feist manger de la chair humaine, l'autre de la chair de porc qui auoit esté mordu des chiens enragez. f.170.

Monstre ayant elles & les piedz d'oyseau engendré du temps du Pape Iule second, & du Roy Loys douziesme. f.172.

Fin de la Table.

TABLE DES PLVS NOTABLES
faultes aduenues à l'impression.

EN premier lieu (Lecteur) foys aduerty que ce liure eſt ſi mal punctué, que ſi tu ne prendz garde au ſens, tu le trouuerras bien ſouuent corrompu par default de la punctuation.

Fol.7.ligne 9.apres ce mot Dieu, on a delaiſſé ces deux, que celles des roys.

Fol.11.li.1.il ne fault point de & auant ce mot Platon.

Fol.15.li.13.de la 2.page:ou ou il y a dedictes, liſez deduictes.

Item par tout ou vous trouuerrez Craconie, liſez Cracouie.

Fol.17.li.4.ou il y a Ioſephe: liſez Sebaſtian.

Fol.18.page 2.li.17.ou il y a Tetraſcopia, liſez Teratoſcopia. Et en la meſme pa. li.10.ou il y a les palmes de ſes piedz & mains eſtoient comme ceulx d'vn ſinge, liſez Signe.

Fo.19.li.5.ou il y a les anciens Analiſtes, Croniqueurs, liſez & Croniqueurs.

Fo.22.li.1.ou il y a pour le regard du ſeul ſubiect, liſez de ce ſeul ſubiect

Fo.44.li.28.ou il y a pourtant, liſez partant.

Fo.50.pa.2.ou il y a Balſamum, liſez Balſamin.

Fol.52.pa.2.li.derniere, ou il y a Chimegonde, liſez Gunegonde.

Fol.59.pa.2.li.8.ou il y a Echineis, liſez Echneis.

Fo.67.li.1.liſez Taburlan, Au meſme lieu ou il y a deffecte, liſez defaicte.

Item au meſme lieu, li.5.ou il y a de laquelle, il n'y fault point de.

Fol.71.li.21.liſez engendrerent. En la meſme pag.ligne penult.liſez têperez.

Fo.72.pa.2.li.6.liſez ce qu'il.

Fol.75.li.12.liſez Dipnoſophiſtes.

Fol.86.pa.2.ligne.3.au lieu de Selmon liſez Selinon. Item en la ligne ſuyuante ou il y a Simeon Sehi, liſez Symeon Sethi.

Fol.92.li.18.liſez, cornes au lieu de cormes.

Fo.95.pa.2.li.11.ou il y a viniparis, liſez Viuiparis.

Fol.112.pa.2.li.9.ou il y a traiment, liſez trament.

Fol.115.page 2.li.4.liſez ce qui ne me ſemble.

Fol.110.pa.2.li.16.liſez Hanneberg.

Fol.119.li.19.liſez enſeignent.

Fol.122.pa.2.li.19.ou il y a inferer, liſez inſerer.

Fol.126.li.22.liſez comme le loyal ouurier.

Fo.127.li.27.que nous, on a obmis, ſommes.

Fol.132.li.13.ou il y a exprimée, liſez conforme.

Fol.139.ligne 25.lisez Auguste au lieu d'Anguste.
Fol.139.pa.2.li.27.ou il y a Iouius Fincelmus, lisez Iobus Fincelius.
Fol.142.pa.2.li.derniere, lisez ce qu'il fut faict, au lieu de qui fut faict.
Fol.147.li.8.lisez natif de Veronne. Au mesme fueillet pa.2.li.18. ou il y a dix ans apres, lisez deux ans apres.
Fol.153.li.4.ou il y a de couleur bonne, lisez de couleur brune.
Fol.158.li.11.ou il y a desmembrez & rompuz lisez desmembrées & rõpues. Au mesme fueillet li.25.lisez fauoritz.
Fol.167 ligne 14. ou y a quelz sont sont mes delices, lisez quelles sont mes delices.

FIN.

LVDOVICVS LILIVS
P. Launæo, Boaistuau.

Viden' molesto qualis ab otio
    Audace tentans lucis iter via
    Launæe, non parua decorem
    Laude tuus labor aucupetur,

Iussus superbi pignore præmii
    Sperare duris functa laboribus
    Momenta, velocémque famam
    Auxilio melioris Auræ?

Non ille molles fallere conscius
    Opiniones: hoc animus vetat
    Et certus, & solers modestis
    Facta sequi meliora verbis,

Vindex malignæ laudis, & inuidens
    Danti sinistris iudiciis fidem,
    Et stulta peruersis stupenti
    Scilicet ingeniis popello.

Nunc monstra sæclorum auribus auferens
    Monstra petitum percipies decus,
    Aeternitatis imperito
    Immeritum obsoluïsse seclo.

Hoc cana sæclis fama perennibus

Vero per auras eloquio vehet,
Non tu.pibus mendaciorum
Opprobriis metuente vinci.

Nec ista solùm: maius adhuc feres,
Non iam ministrans prodigiis decus,
Sed nempe naturæ minister
Prodigij decus vniuersi.

Au sonnet dudict Seigneur du Lis, cy deuant imprimé au premier fueillet de ẽ, lisez la 5. ligne à la fin, comme il sensuit:
Qui tout cest vniuers de tout danger deliure?
Et les deux dernieres ainsi:
Et qui contrains par l'œil à se rendre aux abois
De tes monstres hideux le monstre d'ignorance.

Prodiges de Sathan.

Ombien que Sathan depuis la creation du monde ait exercé son regne & tiránie par toutes les prouices de la terre, & se soit faict adorer à vne infinité de peuples soubz diuerses especes d'animaulx, si est-ce qu'il ne se trouue

HISTOIRES

point en toutes les histoires sacrées, & prophanes, que nostre Dieu luy ayt plus donné de liberté, ou lasché la bride plus lôgue pour escumer sa rage cô-tre ses creatures, qu'il a faict en deux lieux: Le premier desquelz a esté en l'oracle d'Apollo, tant celebré par les histoires, ou il a tenu escolle, & boutique ouuerte de tirannie, & cruaulté l'espace de mille ou douze cens ans: Et auoit cest esprit sanguinaire si biē charmé & enchanté ceux qui le venoient adorer en ce lieu, que s'ilz vouloient auoir response de leurs demandes, il les contraignoit le plus souuent de luy sacrifier des hômes tous vifz, quelquefoys des vierges, mesmes les peres leurs enfans: Et non content de ceste boucherie, encore il exerceoit vn magazin d'auarice, & rapine, soubz le pretexte de Religiō, de sorte que la pluspart des Roys & Monarques de la terre, le venoient adorer en ce lieu, enrichissant son temple d'vne infinité de tresors, & dons precieux, & d'vn grand nombre de statuës toutes massiues d'Or, qui fut cause que le petit nyd, & cauerne, ou il se logeoit au commencement fut par quelque interualle de temps enflé en vne grosse & superbe cité, Et sceut si bien cest esprit maling vendre ses coquilles, & faire valloir ses offrandes aux pelerins qui l'alloient adorer (comme Diodore escrit) que pour telle foys on a trouué en ses tresors plus de dix mille talés, qui vallent selon nostre computation six millions d'Or. Le lieu ou cest ennemy de lumiere tenoit son siege, & rendoit ses oracles, estoit desert & montueux, si-
tué

Dionisius Halicarnasseus escrit Iupiter & Apollon auoir affligé l'Italie de grādes pertes, & defaictes de guerre, pour tant que la decime des hommes ne leur auoit esté immolée.
Aristodemus.

Melanippus.

Tresor de Sa-chan.

tué en la Grece, sur la breche d'vn hault Rocher, du- *Paufanias in phocicis.*
quel yssoit vn souspirail fort profond, & tenebreux.
Et d'icelluy estoit poulsé en hault vn esprit froid
comme vent: Et sur ce trou & conduict infernal certains prebstres & deuins se panchoient comme s'ilz
eussent voulu couuer, Et apres auoir receu le souffle
de ce vent, remplis non pas de l'esprit de Dieu, mais
du diable, demouroient alienez de leurs sens, & estás
en cest estat rendoient responfe au peuple sur les in-
terrogations qu'on leur faisoit: Mais ce qui rendoit *Gasparus Pu-*
encore plus admirable, & monstrueux ce lieu con- *cerus au liure*
sacré a Sathan, c'estoit qu'il estoit si soigneusement *de diuination.*
gardé par les Diables, qu'il ne se trouuoit homme
mortel qui l'osast assaillir, nomplus que les tresors
qui y auoient esté cógregez de toutes les parties du
monde, de sorte que quand ce grand Roy Xerxes
bruslant d'auarice alla pour destruire la Grece auec
son armée, & se fust mis en effort de piller ce téple,
certaine partie du Rocher ou il estoit afsis roulla
sur ses soldats, & commença le Ciel a s'ouurir, & vomir flammes de feu, Esclairs & Tonnoirres si horribles que ceulx qui estoient sur la montaigne tomberent en bas enragez, Et comme Trogus escrit, Il y
mourut bien quatre mille hommes: Ce qui n'aduint
pas vne foys seulement: car les Gaulois qui estoient
soubz la conduicte de Brenus experimenterent le
semblable, lesquelz s'efforceans de monter la montaigne pour piller le temple de Delphe, vn violent *Auentinus.*
tremblement de terre, comme vn Torrent desbordé

HISTOIRES

estonna si bien ladicte montaigne que la plus grande portion d'icelle tomba sur l'exercite, & suffoqua tout ce qu'elle rencontra: & apres toutes ces playes, le diable iouïssant de sa gloire iusques au dernier periode, esmeut tellemét le Ciel auec fouldres, tourbillons, tempestes, gresles, esclairs & tonnerres, que la pluspart de l'armée fut estouffée, & Brenus leur chef tellement blecé, que ne pouuant supporter la douleur de sa playe, fut contrainct par impatience de mal se sacrifier luy mesme de sa dague. Le secód lieu ou Sathan a tenu son throsne, & s'est faict reuerer auec grád merueille & magnifier comme Dieu, est encore auiourd'huy en essence, C'est en Calicut, l'vne des plus opulentes & fameuses citez des Indes, & bien d'vne façon plus estrange, admirable, & espouentable, qu'en l'oracle d'Apollo, ou il se masquoit, de peur d'estre veu: mais il est maintenát plus effronté, car soubz la plus hideuse & abhominable forme qu'on ayt accoustumé de le despeindre (ialoux de l'honneur de son Createur) il veult estre cótemplé, & reueré de tous, Et si a si bien sillé les yeux, & ensepuely les sens de ce miserable populace de Calicut, qu'encore qu'ilz croyent vn Dieu, toutesfois ilz adorent & reuerent le diable, luy font sacrifices, luy erigent statuës, le perfument, encensent, & embasment, comme si c'estoit quelque deité. Tous ceulx de leur prouince, encore qu'elle aye fort longue estendue, ensemble leur Roy, croyent qu'il y a vn seul Dieu Createur du ciel & de la terre, & autres clemens,

Pausanias. lib. 10.

Mort de Brenus.

Le diable adoré encore pour le iourd'huy en Calicut.

elemens, & de tout le monde vniuerſel, mais Sathan
pere de menſonge a tant gaigné ſur eulx par ſon a-
ſtuce & cautelle, qu'il leur a perſuadé & mis en teſte
que Dieu craignant l'ennuy & fatigue de iuger du
tort, du droict, & autres controuerſes qui ſuruien-
nent entre les hommes, luy a dōné la charge d'eſtre
iuge en la terre, & par ainſi ce pauure peuple aueuglé des tenebres d'ignoráce, croyt que Dieu ayt enuoyé le diable ſur la terre pour exercer ceſte charge
auec pleine puiſſance de faire iuſtice, & rendre le
droict à vn chacun, & appellent entre eulx ce diable
Deumo, L'effigie duquel le Roy tiét en ſa chappelle
cōme quelque ſanctuaire, & eſt la figure de ce faulx
Impoſteur aſsiſe en vne chaire de leton, portant ſur
ſa teſte vne couronne faicte comme le tyare du Pape auec troys couronnes, mais elle a d'auātage quatre cornes, quatre dens auec vne grand bouche ouuerte, le nez & les yeulx de meſme, les mains comme
vn Singe, les piedz comme vn Coc, Et cōme ce diable eſt monſtrueux, & eſpouentable, auſsi eſt tout le
reſte de la chappelle ou il eſt enclos, laquelle n'eſt
enrichie d'autres tableaux, ou peintures que de petiz diableteaux de ſemblable pareure : Encore n'eſt
ce pas tout, car leurs prebſtres qu'ilz appellent Bramines, ont charge expreſſe de lauer ceſte Idole auec
eaux odoriferantes, de la perfumer, & l'ayant ainſi
enuironnée pluſieurs foys, l'encenſent auec l'encen-
ſoir, & apres auoir ſonné vne cloche ſe proſternent
deuāt elle, & luy font certains ſacrifices, & ce qui eſt

A iij

plus ridicule, le Roy ne prend iamais son repas, que quatre de ses prebstres n'ayent offert à ce diable les viandes apprestées pour le Roy, Et ce prince d'ambition n'estant content de s'estre ainsi faict reuerer en l'oratoire du Roy, a bien encore souffert (en lignominie de Dieu) qu'on luy ayt edifié vn temple magnifique au meilleu d'vn estang, basty à l'antique auec deux rangs de coulonnes, cõme celuy de sainct Iean de Rome. Au dedans duquel y a vn grand autel de pierre, & le vingtiesme de Decembre qui est le iour de Noel, tous les Gentilshommes, & prestres de vingt-cinq iournées à l'enuirõ viennent pour y faire sacrifice acompaignez du menu peuple venu en ce lieu pour gaigner les pardons, & lors ces Bramines leur oignent la teste de certaine huille, puis vont se prosterner deuant ce grand Sathan espouentable, l'effigie duquel est erigée sur l'autel, & l'ayant adoré en ceste extreme deuotion, chacun s'en retourne à sa maison, & durant troys iours entiers que telles cerimonies durent, il y a si grande liberté & franchise par toute ceste terre, que tous les meurtriers, malfaicteurs & banniz peuuent venir en asseurance à ce pardon, à l'assemblée duquel se trouuent bien pour telle foys, cẽt mille personnes, lesquelz ce meurtrier du genre humain a si bien emmartelez & deceuz qu'ilz pẽsent faire sacrifice à Dieu, & obtenir remission de leurs pechez, honnorant le capital ennemy de leur salut, Ce qui doibt seruir d'exemple & miroir perpetuel à ceulx qui sont illustrés de la lumiere de re de Dieu, afin qu'ilz mettét peine de faire fructifier leur talent & conseruer le tresor de la grace qui leur est faicte, cósideré que le seruiteur sachant la volóté de son maistre ne l'executant point, est beaucoup plus reprehésible deuát Dieu, que celuy qui l'ignore : Et afin que tu ne penses que soyent discours ou Prodiges, faictz en l'air, ou inuentez à plaisir, lis l'histoire de Paulus Venetus, de Ludouicus Patricius Romanus, de Vartomanus en leurs histoires des Indes, ou tu trouueras toutes ces choses amplement descriptes, non cóme les ayans entédues des autres, ou leües en aucuns autheurs, mais comme ceulx qui y ont asisté & veu par presence les choses par nous descriptes, t'asseurant ceste foys pour toutes, que ie ne raconteray aucune histoire en tout ce traicté des Prodiges que ie ne confirme par authorité de quelque fameux autheur, Grec ou Latin, sacré ou prophane. Quelques modernes ont escript que ce peuple auoit esté reduict depuis quelques années à nostre Religion Chrestienne par les gens & ambassadeurs du Roy de Portugal, lors qu'il enuoya voyager aux Indes.

Fin de la premiere histoire.

A iiij

HISTOIRES
PRODIGES ET ADVERTIS-
semens de Dieu enuoyez sur la cité de Hierusalem, pour les induire à penitence.

Onsiderons vn peu Chrestiés combien cest oracle & Prodige diuin
est different du precedent. L'vn e-
difie, l'autre ruyne, l'vn veult perdre, dissiper & gaster, l'autre conseruer, reparer, & viuifier, en quoy
nous experimentons combien grande & esmeruei-
lable

PRODIGIEVSES.

Iable est la bonté & clemence de nostre Dieu, lequel iaçoit que l'ayons offencé par vne infinie multitude d'execrables pechez, neantmoins il nous tend sa main, nous appelle, admoneste & conuie de retourner à luy, ores par maladies & autres particulieres afflictiōs, quelquefois par signes & Prodiges, qui sōt le plus souuent les heraulx, trompettes & auāt-coureurs de sa iustice, comme il est euidemmēt monstré sur ceste miserable cité de Ierusalé, laquelle demeura tellement ensepuelie en son peché que pour aucun estrange aduertissement qui luy fust enuoyé de Dieu, elle ne peut oncques estre retirée de ses vices: Les signes & prodiges par lesquelz le Seigneur leur predisoit la ruine de leur cité sont ceulx qui suyuēt: descriptz par Iosephe liure. 7. de la guerre des Iuifs, & par Eusebe en son Histoire Ecclesiastique. Le premier message qui leur fut enuoyé du ciel, fut vne comette en façon d'vn glaiue, qui continua l'espace d'vn an, dardant ses rayons sur leur cité. Le second aduint le huictiesme iour d'Auril, ainsi que le peuple s'estoit assemblé pour solemniser la feste des azimes, & lors on vid si grāde lumiere à l'entour de l'autel & du temple sur la neufiesme heure de la nuict, qu'il sembloit qu'on fust en plein iour: & continua ceste clarté l'espace de demye heure. Le mesme iour de ladicte feste vn beuf (ainsi qu'on le menoit pour le sacrifier) faonna au meilleu du temple: d'auantage vne porte de cuyure du temple qui estoit si pesante qu'il failloit vingt hommes à la fermer au

Ioseph. lib. 7. cap. 12.
Eusebius Cæsariensis lib. 3. cap. 8.

B

HISTOIRES

soir, eſtát liée à barres & ſerrures de fer, s'ouurit d'elle-meſme ſur la ſixieſme heure de la nuict : Puis ledict Ioſephe adiouſte, ce que i'ay dict & racompteray cy apres ſembleroit fable ou menſonge, ſi ceulx qui l'ont veu n'eſtoiét encores au-iourd'huy viuás, & que les calamitez ne fuſſent ſuruenues, dignes de ſi malheureux preſaiges. Aduint donc que quelque temps auant que le Soleil ſe couchaſt on apperceut en l'air des chariotz courans par toutes les regions du ciel, des armées qui trauerſoient les nuées, & enuirónoiét quelques citez. Et le iour de la feſte qu'on appelle Penthecouſte, les preſtres, acheuans le ſeruice diuin, ouyrent quelque bruyt: & puis incótinent entendirent vne voix qui diſoit, partons d'icy: mais le dernier Prodige eſt le plus eſpouentable de tous. C'eſt qu'vn homme Ruſtique des champs & de baſſe condition filz d'vn paiſant, appellé Nanus, la cité eſtant en paix, & abondante en tous biens, eſtant venu à vne feſte, commença en vn inſtant à crier. Voix du coſté d'Orient, voix du coſté d'Occident, voix de tous les quatre vens : voix cótre Ieruſalem & le temple: voix contre les nouueaux mariez & nouuelles mariées: voix contre tout ce peuple: & huant & criát aíſi, alloit par toutes les rues de la cité: dequoy quelques-vns des plus apparens, ne pouuans endurer ce triſte augure & prediction de leur cité, le feirent fuſtiger, mais il ne rendit oncques vn ſeul mot de reſponce à ceux qui le flagelloient, ains il continuoit auec vne extreme obſtination ſon meſme cry. Dequoy

Le pourtraict en eſt figuré cy deſſus.

quoy les Magistratz estonnez, congnoissans au plus pres que cela procedoit de quelque diuine inspiration, le firent mener à celuy qui auoit le gouuernement pour les Romains, lequel le fist tant tourméter qu'il estoit dechiré iusques aux os: mais il demeura si cóstant & asseuré, qu'il ne rédit oncques vne seule larme, & ne requist iamais qu'on le laissast, ains à chacun coup de foüet qu'on luy donnoit il s'exclamoit de rechef, Malheur malheur sur Ierusalem: Et estát interrogé d'Albin qui estoit Iuge, d'ou il estoit, & pourquoy il se lamentoit ainsi, il ne feist aucune respóce, & ne cessa par ses criz acoustumez de plaindre le desastre de ceste miserable cité: Qui fut cause qu'Albin (le pensant incensé) le laissa aller : Et ce qui est plus estrange, il cótinua l'espace de sept ans cinq moys, iusques à la destruction de la ville de Ierusalem sans cesser de continuer ses criz, sans se trouuer enroué, ne sans remercier aucun de ceux qui luy dónoient a boire ou à máger, mais à tous ceux qui s'adressoient à luy il resonnoit tousiours sa triste cháson iusques à ce que la ville fut asiegée; & que Titus donna l'assault & se campa deuant: Et lors de rechef tournoyant la muraille, commêça à enfler son cry, & crier d'vne voix horrible: Malheur sur la cité, sur le Temple, & sur le peuple. Puis il adiouste (pour faire fin) ces motz, malheur aussi sur moy mesme. Cela acheué, vne pierre poulsée d'vn engin par les ennemys, le tua soudainement, & l'Empereur Titus incontinent apres desmolit & embrasa la cité, ou le

B ij

HISTOIRES

carnage fut si grand (cóme Iosephe écrit) que durát ce siege ilz y moururent onze cens mille personnes: Et fut la bonde de l'ire de Dieu si bien laschée sur ce pauure peuple des Iuifs, qu'apres auoir mangé toutes les viádes immundes, ordes, salles, qu'ilz pouuoient rencontrer finablement ilz mangerent iusques aux courroyes de leurs souliers, & le cuyr de leurs Pauoys qu'ilz arrachoient & faisoient detremper: mesmes le vieil foing pourry leur seruoit de viande: Et (ce que nous ne pouuons apprehender sans horreur, les meres n'auoiét pas leur saoul de la chair de leurs enfans, tant la fureur de la iustice de Dieu estoit enflammée contre ceste miserable cité.

Voy Iosephe li.7.chap.7. & 8. de la guerre des Iuifs, ou tout cecy est écrit.

Fin de la deuxiesme histoire.

PRODIGIEVSES MORTS DE plusieurs Roys Princes, Pontifes, Empereurs & Monarques.

Comme

Omme entre toutes les dignitez du monde il ne s'en trouue aucune plus excellente ou admirable, que la royalle, ny en laquelle reluise plus naïuement quelque rayon ou marque de diuinité, aufsi n'y en a il point de plus perilleuse, plus suiecte à ecclipse ou mutation, ne qui sente plus asprement les fleches & iugemens de l'ire de Dieu, lors qu'ilz degenerent de l'excellét degré d'hóneur auquel le Seigneur les auoit appellez. Ce qui se peut verifier par vne infinité d'exemples, sacrées &

B iij

HISTOIRES

prophanes. Crœsus ce grãd Roy de Lydie(s'il estoit ressuscité des mors)en sçauroit bien que dire, lequel se publiant par tout estre le plus heureux Roy du monde, fut en fin par Cyrus vaincu, ruyné & bruslé. Policrate ce grand Roy des Samyens, lequel (ainsi que tesmoigne Valere) n'auoit oncques senty aguillon de fortune, vaincu par Darius, fut par son Preuost crucifié sur la sommité d'vne montaigne. Valerian Empereur des Romains, vaincu par Sapor Roy des Perses, termina sa vie en telle seruitude, qu'il luy seruoit de marchepied & d'estrieu montant à cheual. Diocletian aussi Empereur, ayant laissé l'Empire, mourut de poison que luy mesme s'estoit preparée. Mais ou est maintenãt ce grand Roy Xerxes qui faisoit ployer la mer soubz la multitude de ses Nauires? Ou est cest inuincible Hanibal, qui par son labeur indomptable a trenché les montaignes & rédues accessibles? Ou est Paule Aemile, Iules Cæsar, Põpée, & autres infiniz Grecs, & Romains? que leur reste il maintenant de la splendeur de leur gloire & maiesté antique, sinon vne fable & songe entre les hommes, de laquelle encore sont ilz redeuables aux historiens qui ont laissé le tesmoignage de leur penible vie à la posterité? Que sont deuenuz leurs corps aornez de pourpre, leurs diademes, parfuns & autres telles especes de vanitez, sinõ os & cendre, & les vers heritiers de leur gloire? laquelle en fin s'est monstrée si vaine & caducque, qu'à l'endroit de leur vie ou ilz pensoient estre plus heureux, & auoir touché au cõ-
ble de

ble de toute prosperité, c'est l'heure ou ilz ont senty
les plus furieux traictz de la fortune. Hercules ne *Mort d'Hercules.*
mourut il pas piteusement entre les bras de s'amie,
apres auoir eschappé tant de perilz par mer & par
terre? Alexandre le grand ne peut mourir guerroyát *Alexandre fut empoisonné.*
toute la terre, mais il fut en fin vaincu par poison.
Gaius Cæsar sortit victorieux de cinquante & deux *De Gaius Cæsar.*
batailles,& pésant estre en repos, il fut tué au Senat.
Zeno.12. Empereur de Constantinople, apres tant
de glorieuses victoires ne mourut pas en son lict,
mais il fut enterré vif par le commandement de sa
femme, sans qu'il peust estre secouru d'aucun. Asclepius frere de Pompée ne perit allant vingt & deux
ans coursaire par la mer, mais apres se noya tirát de
leau d'vn Puis. Mempricius Roy d'Angleterre ne *Polydore Virgille en son histoire d'Angleterre.*
mourut pas en son lict Royal, mais il fut ensepulturé au vétre des Loups, lesquelz le dechirerent & mirent en pieces estant à la chasse, escarté de ses gens.
Drusus ayant vaincu les Parthes n'y mourut pas,
mais receuát son triomphe à Rome dedans vn chariot vne tuille luy fendit la teste. Bazille 35. Empereur de Constantinople ne termina pas sa vie aux
cruelles guerres qu'il eut contre les Sarrazins, mais
pensant faire sa retraicte des vanitez du monde s'es- *Munsterus en sa geographie.*
gayant à la chasse il fut tué d'vn Cerf. Charles Roy *Baptiste Fulgose en l'histoire memorable.*
de Nauarre ne mourut pas en exploictant plusieurs,
genereux actes, mais il fut fortuitement bruslé vif en *Vn seruiteur s'approchát de luy sans y penser ayát la chádelle y mist le feu.*
vn linceul trempé en eau de vie, par la persuasiõ des
medecins qui le pensoient guerir d'vne douleur de

HISTOIRES

nerfs qui le tourmétoit. L'Empereur Otho troisiesme de ce nom, ne mourut pas en la cruelle guerre qu'il eut à Rome contre Crescentius, mais il fina sa vie par vne paire de gands empoisonnez que luy auoit dōnez la femme de Crescence. L'empereur Héry septiesme ne mourut en vne infinité de perilleux hazardz, esquelz il s'estoit souuent trouué aux guerres, mais il mourut d'vne Hostie empoisonnée par vn moine, comme il faisoit ses pasques. Le Pape Iean onziesme ne mourut pas annonceant la parolle de Dieu à son troupeau, mais il fut estouffé en vn oreiller enfermé en vne austere prison. Le Pape Benoist sixiesme ne mourut pas viuant en delices cōme plusieurs Prelatz font auiourd'huy, mais il mourut de male rage de faim, enfermé en prison. Le Pape Victor troisiesme ne mourut pas de vieillesse, mais il mourut par la poison qu'ō auoit mis en son Calice, pendant qu'il celebroit sa messe. Toutes ces especes de mors par lesquelles tant de Monarques ont terminé leur vie sont estráges, & dignes d'estre exactement considerées à ceux qui ont quelque aprehension des iugemens de Dieu, & specialement à ceux qui ensanglantent la terre, & qui suscitent tant de tragedies par le monde, attendu qu'autant leur en pend à l'œil, car cōme disoit ce genereux Empereur Marc Aurelle, quelle infortune apres si bōne fortune, quelle ignominie apres si grand gloire? Asseurez vous (disoit il) que moy estant eux, i'eusse mieux aymé ma vie estre moīs glorieuse, & que ma mort eust esté

Polydore Virgille. Platine. Carion.

Platine en la vie des Papes.

esté honorable, car mauuaife mort met en grand doubte la bóne vie,& la bonne mort excufe la mauuaife vie. Mais fi tant d'efpeces de mors de Roys & d'Empereurs par nous defcriptes vous femblent eftranges, les fequentes vous fembleront plus admirables, mefmes plus conformes à noftre fubiect, car elles font prodigieufes, par lefquelles nous fommes inftruictz que lors que la iuftice de Dieu f'enflamme contre noz pechez, & qu'il fouldroie les fleches de fon ire contre noz vices, les pufilles & abiectz animaulx font les bourreaux executeurs & miniftres de la peine qui nous eft preparée, laquelle ne f'eftéd pas feulemét fur le vulgaire, mais fur les plus grádz: cóme il fera manifefté par la móftrueufe mort d'vn Roy, & d'vn Euefque, efcripte par plus de cinquante fidelles hiftoriens, lefquelz tous d'vn commun accord les defcriuent ainfi. Vn Roy nommé Popiel, Roy de Poulongne (qui regnoit l'an 346. apres l'incarnation de Iefus Chrift) auoit acouftumé entre fes autres particulieres execrations de iurer & affirmer ainfi. Si cela n'eft vray, que les ratz me puiffent menger: qui luy fut vn trefmauuais prefage, car à la fin il en fut deuoré, comme vous entendrez cy apres. Le pere de ce Roy Popiel fentant les angoiffes de la mort, laiffa l'adminiftration du royaulme aux deux oncles de fon filz, gens reuerez de tous ceux du pays, pour leur preudhomie & fainéteté. Popiel eftant paruenu à l'aage requis, le pere decedé & l'enfant fe voyant en pleine liberté, & fans frein, commença à

C

HISTOIRES

se laisser transporter à ses desirs, de sorte qu'en peu de iours il deuint si effronté, qu'il n'y eut espece de vice qu'il n'experimentast, iusques à machiner la mort de ses oncles, lesquelz il feit mourir de poison. Ce faict il commença à se faire couronner de chappeau de fleurs, & perfumer d'vnguens precieux. Et afin de mieux solemniser l'entrée de son regne, il fist preparer vn sumptueux & magnifique bancquet, ou tous les Princes & seigneurs de son royaume estoiēt congregez. Et comme ilz commençoient à banqueter, voicy vne infinie multitude de ratz qui sortirent des corps putrifiez de ses oncles, lesquelz luy & sa femme auoient empoisonnez, qui vindrent assaillir ce cruel tirant entre ses delices, & commencerent à le caresser à belles dés, Ce que les archers de sa garde cuyderent empescher, mais ce fut en vain : car ilz l'assaillirent si viuement iour & nuict que les paures gens demeurerent si las qu'ilz ne pouuoient plus resister : A raison dequoy il fut aduisé par le cōseil d'enuironner le Prince de feu ne congnoissant pas qu'il n'y a puissance humaine qui puisse resister au conseil de Dieu, mais ce fut chose prodigieuse, que les ratz passans par les braises & flammes, ne cessoient de ronger cest execrable meurtrier de ses oncles : ainsi se voyans frustrez de leur premiere intention, ilz s'aduiserent de le mener par bateau au meillieu d'vn lac, mais ces animaux n'estans aucunement intimidez de la fureur de cest elemēt, trauersans les vndes penetrerent iusques au bateau, ou ilz continuerent

nuerent leur rage auec telle impetuosité, que les bateliers, & autres deputez pour sa garde, sentans que cela procedoit de fureur diuine, furent contrainctz amener le bateau à terre, ensemble d'abandōner leur Prince à la misericorde de ces bestes: lequel se voyāt seul despourueu & habādonné de tout humain cōseil, ne sachāt plus que faire s'enfuyrēt luy & sa femme en vne tour, ou ilz furent en fin deschirez & cōsommez iusques aux os par ces petis animaux. Les Alemās ont vne semblable histoire celebrée par toutes leurs Croniques & Annalles de Hato 32. Archeuesque de Mayence, durāt lequel il y eut vne cruelle famine en la terre. Ce loup rauissant voyant que les paures estoient pressez de male rage de faim, (specialement ceux de sa prouince), s'aduisa par l'instinc du diable d'en faire congreger vne grande multitude en vne grange, en laquelle estans enuirōnez il y mist le feu, & les brusla tous vifz: Estāt quelques iours apres interrogé pourquoy il auoit vsé de telle tirannie à l'endroit de ces miserables innocens, il respondit qu'il les auoit bruslez pour ce qu'ilz ne differoient en rien aux ratz, qui mengent le grain, & ne seruent de rien, mais le seigneur lequel (comme dit le Prophete a mesme soing du passereau) ne laissa point vne telle tirannie impunie, car à l'instant mesmes il suscita vne grande troupe de ratz, qui le poursuyuirent iusques en vne tour située en vn Lac ou il se pēsoit sauluer, & là executerent si promptement le commandement de Dieu, qu'ilz ne luy lais-

Tu trouueras ceste histoire amplemēt descripte aux Croniques de Maience & aux annalles de Bruges.

C ij

HISTOIRES

ferent que les os, qui sont encore pour le iourd'huy enterrez au monastere de sainct Aulbin à Mayence, & la Tour ou ce malheureux pasteur termina ses iours est encores auiourd'huy en essence, qui se nōme la tour des ratz, de laquelle Munstere, apres plusieurs autres a fait métion en sa Cosmographie vniuerselle, mesme que c'est le lieu de sa natiuité: Ce qui ne semblera estrange à ceux qui ont leu aux histoires que les Poux (qui sont beaucoup moindres que les ratz) ne peurent estre empeschez pour toute la prudence des medecins qu'ilz ne consommassent l'Empereur Arnoul, ne luy laissant que les cartillages & les os tous secz: comme en semblable Ce grād monarque Antiochus, voulāt esteindre la memoire de la synagogue de Dieu, & introduire l'adoration des ydoles, vit yssir vn si grand nombre de vers de son corps, & fut tellemēt plongé en douleur que de l'odeur qui sortit de sa corruption, son armée en fut infectée. Celuy qui cuidoit par orgueil commander aux vndes de la mer, & peser à la balance la haulteur des mōtaignes, & qui estoit si enflé d'ambition qu'il pensoit toucher les Estoilles du ciel, est tellemēt rabaissé par l'espouentable iugement de Dieu, qu'aucun ne peut endurer sa puanteur & corruption, voy ceste histoire 2. des Machabees. chap. 19.

2. Machabe. chap. 19.

Fin de la troisiesme histoire.

PRODIGIEVSES.

PRODIGE D'VN ROY MON-
struenx, par lequel est monstré en quel peril sont ceux qui commandent, & autres qui ont administration de Republiques. Chap. 4.

Ristote, Xenophon, & Platon, & generalement tous ceux qui ont traicté de la police humaine, ont recógneu par leurs écritz, qu'il n'est rien plus difficile que de bien regner, ou commãder aux Republiques, car l'affluence des biés

HISTOIRES

& honneurs esquelz les princes sont coustumierement conficlz, liberté de mal faire sans estre repris, la corruption du conseil de ceux qui leur asistent, sont les vrayes allumettes pour les enflammer es vices: Tellement que si nous voulons curieusemét rechercher par ordre tous les discours des histoires sacrées & prophanes, nous trouuerons que le nombre des mauuais Roys, Empereurs & anciens Monarques, a presque tousiours surpassé celuy des bons: car depuis qu'ilz sont emmiellez de la doulceur de ce sceptre, s'ilz ne resistent au commencemét à leurs affections, ilz sont en peril de se voir precipitez en vn eternel Labyrinthe de vices. La bonté de Saul, comment a elle esté celebrée par les sainctes lettres iusques à auoir esté esleu Roy par la bouche du Seigneur? Et toutesfois se sentát erigé en ce degré d'hóneur, il fut peruerty & gasté. Le commencement du regne de Salomó combien fut il admirable? iusques à faire retentir la memoire de sa sagesse par toutes les parties du monde, & toutesfois estant esleué en ce theatre de gloire, il se donna en proye aux femmes, & fut priué de la grace du Seigneur. Caligula, Mitridates & Neron, quel tesmoignage donnoient ilz au commencement, de leur preudhomie & bonté? mais l'issue en fut telle, que toute la terre fut infectée de leurs tirannies, & cruautez. De vingt & deux Roys de Iuda, il ne s'en treuue que cinq ou six qui ayent persisté en leur vertu, & bonté. Quant aux Roys d'Israel, si tu veux esplucher leur vie, depuis

Ieroboam

PRODIGIEVSES.

Ieroboam filz de Nabath, iusques au dernier, qui estoient dixneuf en nombre, tu trouueras qu'ilz ont tous en general mal administré le mesnage public. Les Romains qui ont semblablement commandé à l'vne des plus florissantes Republiques du monde pour vn petit nombre d'entre eux, comme Auguste, Vespasian, & Tite, Antonius Pius, Antonius Verus, Alexander Seuerus, qui se sont assez bien portez, tu en trouueras vne infinité d'autres, tous consommez en vices, & cruautez. Et si tu es curieux de penetrer iusques aux gestes des Grecz, Assyriens, Perses, Medes & Egyptiens, il s'en trouuera plus de mauuais, que de bons. Lesquelles choses estans viuement cósiderées par ce grand Roy Antiochus, la premiere foys qu'on luy presenta le Sceptre Royal, auant que le poser sur son chef (ainsi qu'écrit Valere) il le contempla longuement, puis s'escriát à haulte voix, il dist: O Diademe plus noble qu'heureux! Si la pluspart des Princes de la terre, qui te poursuyuent par fers & flammes, consideroient diligemment les espines, & miseres qui t'acompaignent, tant s'en fault qu'ilz te desirassent, que mesmes ilz ne te daigneroient leuer de terre. Et non sans cause: car si quelque ambitieux veult mesurer à droicte aulne, & peser à iuste balance les delices & honneurs, auec les anxietez & perilz qui acompaignent la couronne, il y trouuera pour vne liure de miel, dix liures d'absynthe, sans mettre en compte le peril eminent du pauure peuple: car s'il aduient que le Prince soit

HISTOIRES

desbordé, les pauures membres s'en resentent, lesquelz (ainsi que Herodianus écrit) ne sont que les Singes des Princes: car ilz ne font que ce qu'ilz leur voyent faire. Partant, puis qu'il est ainsi, que les princes, Roys & Monarques, sont comme les Fontaines publiques, ou tout le monde boyt, les Theatres ou tout le monde regarde, & les torches qui esclairent à tous, & qu'ilz ne pechent pas seulement (comme disoit Platon) par le peché qu'ilz commettent, mais aussi par le mauuais exemple qu'ilz donnent à leur peuple: Qu'ilz mettent dóc peine & s'esuertuent de si bien moderer leurs actions, & si bien reigler l'estat de leur vie, qu'ilz rendent vn iour loyal compte au seigneur de leur troupeau, de peur qu'il ne face pleuoir la malediction de son ire sur eulx, comme il fist sur le miserable Roy Nabuchodonosor, quatriesme Roy des Babyloniens, lequel (ainsi qu'il est écrit en Daniel cinqiesme) sentit la fureur de la iustice diuine si aspre, qu'il fut l'espace de sept ans chassé & exillé de son royaulme, vagant par les deserts auec les bestes brutes, viuát de semblable pasture, & demeura nud en tel estat, battu du chault, du froid, de la gresle & rousée, iusques à ce que le poil luy creut comme celuy de l'Aigle, & ses ongles comme ceux des oyseaux. Quel miroir! quel exemple! quel spectacle! quel prodige pour ceux qui commandent! de voir celuy qui estoit si somptueusement seruy de delicates viandes, oster aux desers la nourriture aux bestes, & bãqueter auec elles: Celuy qui souloit estre
vestu

PRODIGIEVSES. 13

vestu de pourpre, & aörné de ioyaux precieux, estre si bien abaissé par la main forte de Dieu, qu'il n'est plus couuert que de poil, qui est la parure des bestes?

DES ENFANTEMENS
monstrueux, & de la cause de leur generation. Chap. 5.

Yant succinctement monstré és chapitres precedens les Roys, Empereurs, Pontifes & Monarques n'estre exempts de Prodiges,

D

HISTOIRES

nomplus que le vulgaire, reste maintenant, continuant nostre subiect, rechercher les matieres de plus pres, & deduire les Monstres horribles, & prodiges espouentables, qui se retrouuent au commun peuple: mais afin que la Philosophie, & contemplation de ces choses soit mieux manifestée, & rendue plus claire, il est necessaire, auant que passer outre, d'exprimer les causes dont ilz procedent & naissent. Il est tout certain que le plus souuét ces creatures móstreuses procedent du iugemét, Iustice, chastiment, & malediction de Dieu, lequel permet que les peres & meres produisent telles abhominations, en l'horreur de leur peché, par ce qu'ilz se precipitent indifferemment, comme bestes brutes ou leur appetit les guide, sans respect ou obseruation d'aage, de lieu, de temps, ou autres Loix ordonnées de nature, comme sainct Gregoire enseigne en ses dialogues, de l'incontinence d'vne nourrice qui se fist engrossir à son enfant, aagé seulement de neuf ans. Ce qui est confirmé & attesté auec serment par sainct Hie-

Hieronymus ad Vitallem. rosme d'vn autre qui n'auoit que dix ans, lequel fut tellement enflammé par les gestes lascifs & contenances amoureuses de sa nourrice, qui le faisoit coucher auec elle, que aagé seulement de dix ans il l'engrossa. C'est ce que le prophete Osée crie, chapitre neufiesme, disan: Ilz ont esté faictz abhominables selon leurs amours, & quád ilz auront nourry leurs enfans, ie les destruiray tellement qu'ilz ne deuiendront point hommes, ie leur donneray la matrice abortiue,

abortiue, & les mammelles taries, & leur racine sera desechée, & ne sera plus de fruict:& s'ilz engédrent, ie mettray à mort le fruict de leur ventre. Ce qui est confirmé par le prophete Esdras chapitre cinquiesme, ou entre les autres cruelles maledictiós,desquelles Babilonne est menacée par l'ange, il est expressémét dict que les femmes souillées de sang méstrual, enfanteront des Monstres: Et combien que le plus souuent le fruict móstreux soit le tesmoing de l'incontinéce,& peché des parens, si est-ce que cela n'est pas tousiours veritable, & n'a pas tousiours lieu: car il y a beaucoup de peres & meres chastes, & continens, qui produisent leur fruict defectueux, comme il est monstré en sainct Iean chapitre neufiesme, de ce pauure homme qui estoit né aueugle, lequel ayát recouuert la veue par la grace de Iesus Christ, fut interrogé de ses disciples, si le peché de luy, ou de ses parés estoit cause qu'il eust esté ainsi produict aueugle dés le iour de sa natiuité:mais le Seigneur voulát monstrer qu'on ne doibt point accuser les parens des defaulx de leur fruict, leur respódit:que ny luy, ny son pere, ny sa mere n'auoiét peché: mais c'estoit afin que les œuures de Dieu fussent manifestées en luy, les anciés Philosophes, & autres qui ont recherché les secretz de nature, ont asigné beaucoup d'autres causes des prodiges, & enfantemens monstreux. Aristote, Hippocrate, Empedocle, Galien, & Pline les ont referez à vne ardente, & obstinée Imagination que peult auoir la femme pendant qu'elle con-

HISTOIRES

çoit, laquelle a tant de puiſſance ſur le fruict, que le rayon & caractere en demeure ſur la choſe enfantée. Et de cecy ſe trouuent vne infinité d'exemples memorables, leſquelz ſembleroient ridicules, ou fabuleux, ſi l'authorité, & fidelité de ceulx qui l'ont écrit, n'en faiſoient pleine foy : En confirmation dequoy, Damaſcene, autheur graue, aſſeure auoir eſté preſentée à Charles 4. Empereur, & Roy de Bohëme, vne vierge velue entierement comme vn Ours, laquelle la mere auoit enfantée ainſi deforme, & hideuſe, pour auoir trop ententiuement regardé l'effigie d'vn ſainct Iean veſtu de peau, laquelle eſtoit atachée aux piedz du lict pendant quelle conceuoit. Par ſemblable conſideration, Hippocrates ſauua vne Princeſſe accuſée d'adultere, par ce qu'elle auoit enfanté vn enfant noir comme Ethiopien, ſon mary ayant la couleur blanche, laquelle à la ſuaſion d'Hippocrate fut abſoulte, pour le pourtraict d'vn more ſemblable à l'enfant, lequel couſtumierement eſtoit attaché à ſon lict. Lis de cecy ſainct Hieroſme en ſes queſtiós ſur Geneſe. Et ſans nous amuſer trop curieuſement à deduire le teſmoignage des Philoſophes, & autres docteurs, cecy meſme eſt verifié par l'authorité de Moyſe grand legiſlateur de Dieu. 30. chap. de Geneſe, ou il monſtre comme Iacob deceut ſon beau-pere Laban, & s'enrichiſt de ſon beſtial, ayant faict peler des verges, & mettre à l'abreuuoir, afin que les cheures, & brebis regardans ces verges de couleurs diuerſes, faónaſſent leurs petiz marquetez de

Tu en as le pourtroict au fueillet precedent.

Tu en as la figure au fueillet precedent.

tez de diuerſes taches. Outre les cauſes precedentes de la generation des Monſtres, les bons ſecretaires de nature en ont encores aſsigné d'autres. Empedocle & Diphile ont attribué cela à la ſuperabódance, ou au deffault & corruption de ſemence, ou a l'indiſpoſition de la matrice, ce qu'ilz verifioient eſtre vray par la ſimilitude des choſes fuſibles: eſquelles ſi la matiere qu'on veult fondre n'eſt bien cuicte, purifiée, & preparée, ou que le moule ſoit raboteux, ou autrement mal ordonné, la medalle qui en ſort eſt defectueuſe, hideuſe & difforme. Les aſtrologues comme Alcabitius, ont referé les Móſtres aux aſtres, iugeans que ſi la Lune eſt en certains degrez & coniunctions lors que la femme conçoit, ſon fruict ſera móſtrueux: ainſi que Iulius Maternus écrit, & apres luy doctement le iuriſconſulte Alciat, ſur le tiltre de la ſignification des parolles, & des choſes. Aucunefois les Monſtres ſont engendrez de la corruption des viandes ordes & ſalles, comme charbós ardans, chair humaine, & autres ſemblables choſes que les femmes appetent apres qu'elles ont conceu, leſquelles ſont contagieuſes à leur fruict: Et de cecy nous auons vn exemple notable en Leuinius Lemnius en ſon premier liure de ocultis naturæ miraculis, d'vne certaine matróne de Belges, groſſe de deux enfans, qui fut enuieuſe de manger de la chair d'vn beau garſon, ſur lequel au deſpourueu elle auoit getté l'œil, & craignant d'eſtre refuſée ſi elle demandoit, ou peult eſtre trop excesſiuement preſſée de ce deſ-

HISTOIRES

reiglé appetit, se ruant sur luy, auec les dens luy deschira la main, & deuora soudain ce morceau de sa chair, ce que l'enfant endura, eu esgard à son mal, mais ainsi qu'elle cuidoit retourner pour en auoir encore autant, l'enfant ennuyé de telle cruaulté la repousse, dequoy honteuse & despitée apres auoir vescu quelques iours en continuelle melancholie, elle acoucha de deux iumeaux, l'vn vif, & l'autre mort, & les medecins cõgregez pour sçauoir la cause de ceste abortion n'en trouuerent aucune que le refus qu'on luy auoit faict de ce second morceau de chair. Voyla en somme les causes les plus frequentes de la production des Monstres, dedictes selon l'opinion de tous les plus sçauans autheurs Grecz & Latins. Ie sçay qu'il y a encore vne espece de Monstres artificielz, laquelle est fort familiere à ces prestygiateurs qui vont par les prouinces abuser le peuple pour en tirer argent. Ceux icy, soudain que leurs enfans sont nez, & que la tẽdre paste de leurs corps est flexible, leur rompent & froissent les bras, & les iambes, leur enflent le ventre par certain artifice, leur cauent le nez & les yeux pour les faire sembler prodigieux, ce qui estoit en vsage, mesme dés le temps d'Hippocrates en l'Asie, comme il enseigne en son liure de Aëre & Locis.

LES CAVSES GENERALES
de la generation des Monstres, auec plusieurs histoires memorables sur ce mesme subiect.

Les anciens

PRODIGIEVSES. 16
Chap. 6.

LEs anciés ont eu les creatures prodigieuses en si grāde horreur, que silz en rencontroient fortuitemēt quelqu'vne en leur chemin, ce leur estoit vn presaige, ou augure de desastre. Pour ce regard l'Empereur Adrian pour auoir apperceu vn More au despourueu, s'asseura de mourir en brief. Les soldatz de Brutus estans prestz à se ioindre côtre ceux d'Octa-

D iiij

HISTOIRES

ue Cezar, ayás rencótré vn Ethiopien en leur voye, prognoftiquerent la perte de la bataille, ce qui aduint. Les anciens Romains femblablement les ont euz en tel mefpris qu'ilz deffendirent eftroictement qu'on ne receuft entre les vierges Veftales celles qui auroient quelque membre difforme, ou qui auroiét quelque autre vice fur leur corps comme enfeigne Feneftelle en fon liure des Magiftratz & dignitez de Rome : mais ce qui eft encore plus efmerueillable, c'eft que noftre Dieu mefme a defendu à fon peuple par Moyfe, qu'ilz ne fuffent receuz à offrir les facrifices. Malachie 1. & au Leuitique 21. Ce qu'eftant profondement confideré par fainct Hierofme en fon epiftre à Demetriade vierge, fe complainct des Chreftiens qui dedient à Dieu & mettent en religió leurs enfans boyteux, boffuz, & contrefaictz, mais encore eft-ce chofe plus eftráge que Iules obfequét, & les autres qui ont écrit les prodiges des Romains, affeurent que les anciens Romains auoient ces petites creatures monftrueufes en telle abhomination, qu'incontinent qu'ilz eftoient nez ilz les faifoient ietter au Tybre, mais nous qui fommes nourriz à meilleure efcolle, les traictons plus humainement, & cógnoiffants que font creatures de Dieu, les fouffrons eftre incorporez à fon eglife par la regeneration, & facrement du fainct baptefme, comme tu peulx voir apertement en la figure de ces deux filles collées & ioinctes enfemble par vne eftrange infirmité de nature, lefquelles ont efté veues viues de noftre aage

Gelius lib. 1. Cap. 12.

PRODIGIEVSES. 17

stre aage de plusieurs milliers de personnes en la forme come tu les voy pourtraictes: mais afin que l'histoire de leur naissance soit mieux entendue, ie recenseray ce que Iosephe Munstere en écrit, lequel asseure les auoir veues,& contemplées en la maniere qui sensuyt. L'an dit-il, 1495 au moys de Septembre, vne femme enfanta vn monstre aupres de Vormes du costé droict du Rhin en vn village nommé Bristant. C'estoient deux filles, ayans les corps entiers: mais leurs fróts s'entretenoient, ensemble sans que par aucun artifice humain on les peust separer, ilz se regardoient intentiuement l'vne l'autre, moy Munstere les ay veuz à Mayence, l'an 1501. Et lors elles auoient enuiron six ans, & estoient cótrainctes de marcher ensemble, mais la chose estoit pitoyable que lors que l'vne marchoit en auant il failloit que l'autre reculast: se leuoient ensemble, dormoient ensemble, & s'entretouchoient presque du nez, & ne pouuoient tourner les yeulx droictz, mais seulemét de costé, pource que leurs fronts s'entretenoient vn peu au dessus des yeux, elles vesquirent iusques à dix ans,& lors il en mourut vne, laquelle fut ostée & separée de l'autre, mais celle qui demoura viue, mourut bié tost apres, pour la playe qu'elle auoit receuë quand on separa sa sœur morte d'auec elle. Voicy (dit il) qui fut la cause de cest enfantement monstreux. Deux femmes caquetoient ensemble, l'vne estoit grosse d'enfant, sur cela vint vne troisiesme qui fist choquer leurs testes, ne sachant point qu'il y en

E

HISTOIRES

eust aucune grosse, celle qui estoit grosse s'estonna, duquel estonnement son enfantement depuis a rendu tesmoignage. Voy semblablement Cardan en ses liures de Subtilitate, ou il confesse que l'estonnement a peu ayder à lyer ces deux enfans ensemble: Mais il dict qu'il fault qu'il y ayt eu encore quelque autre cause.

Fin de la cinquiesme histoire.

PRODIGE D'VN HORRIBLE
Monstre de nostre temps, sur le discours duquel
la question est decidée, si les diables
peuuent engendrer & exercer
les œuures de nature.

Chap. 7.

Ce Monstre

PRODIGIEVSES. 18

E Monftre hideux(duquel tu voy le pourtraict cy deffus) nafquit en la baffe Polongne, en la noble cité de Craconie, au moys de Feburier, l'an de grace mil cinq cens quarante trois, ou (felon aucuns) mil cinq cens quarante fept, le iour de la Conuerfion S. Paul. Lequel combien qu'il ayt efté engédré de parés honorables, fi eft-ce qu'il eftoit fort horrible, difforme & efpouétable, ayant les yeulx de couleur de feu, la

E ij

HISTOIRES

bouche & le nez semblable au muffle d'vn beuf auec vne corne approchant du promuscide & trompe de l'Elephant, tout le derriere du corps estoit velu comme vn chien. Et au lieu ou les autres ont coustume d'auoir les tetins situez, il auoit deux testes de Singes, & au dessus du nombril le caractere de deux yeux de chat: aux ioinctures des genoux & des bras, quatre testes de chien auec leur mine truculente & furieuse. Les paulmes de ses piedz & de ses mains estoient cóme ceulx d'vn Singe, & si auoit auec tout cela vne queüe retroussée en hault, de la haulteur d'vne demye aulne apres auoir vescu quatre heures, il mourut. Aucuns écriuent qu'auant que mourir il dist: Veillez le Seigneur vient. Encore que ceste creature fust hideuse, si est-ce qu'elle a esté anoblie & decorée de beaucoup de doctes pleumes, comme de Gasparus Pucerus en ses liures de Tetrascopia, de Hieronimus Cardanus, de Munsterus, & entre tous les autres fort elegamment en vers latins par Gasparus Bruchius. Mais par-ce que Egidius Facius faisant mention de ce monstre en son liure de Cometa, dict qu'il ne se peult persuader qu'vne creature si horrible ait esté engendrée de semence humaine, mais plustost de quelque esprit malin. Il me semble bon d'espelucher ceste matiere, mesmes que les plus excellens Philosophes qui ayent regné depuis la creation du monde iusques à nostre siecle, se sont grandement tourmentez sur la recherche de ceste question, si les diables peuuent engendrer, concepuoir

uoir & exercer les œuures de nature, comme font les autres creatures. Aucuns ont pensé que si, & ont asseuré par leurs écritz que Platon auoit esté engédré d'vne vierge, & du phantosme d'Apollo. Les anciés Annalistes Croniqueurs, qui ont redigé par écrit les memorables actes d'Allemaigne, ont écrit que les femmes des Gotz, cóme elles erroiét par les desers de Scithie furent engrossies des diables, & de telz atouchemés les Huns auoient esté procréez: les autres, cóme Psellus, n'ont pas esté cótens de dire que les diables engendroient, & qu'ilz auoient semence, mais mesmes que d'icelle plusieurs animaux de la terre en estoient produictz & engendrez. Lactance Firmian autheur graue, & lequel sainct Ierosme a tant exalté, a creu que les dæmós estoient capables de generation, mesmes qu'ilz auoient engendré comme il enseigne au chapitre quinziesme du secód liure de ses diuines institutions. Agrippe en quelques vns de ses liures, & Hieronimus Cardanus en son traicté de Rebus contra naturam, semble auoir suiuy ceste opinion. Et pour confirmation de son dire, il cite vne histoire de certaine ieune damoiselle d'Escosse, qui fut engrossie d'vn diable incube, pensant que ce fust quelque beau iouuenceau qui fust couché aupres d'elle, dont elle enfanta vn monstre si hideux, qu'il espouenta tous ceux qui asisterent a l'enfantement, de sorte que les obstetrices, & sages femmes furent contrainctes incontinent de le precipiter en vn feu. Ledict Cardanus cite encore vn semblable exemple,

E iij

HISTOIRES

recité par Thomas Liermont, de quelque autre femme qui fut engrofsie d'vn esprit malin. mesmes pour confirmation de ces choses precedentes, toute l'Angleterre, ensemble tous les historiens qui ont écrit leurs gestes, ne resonnent autre chose que l'estrange natiuité de leur Prophete Merlin, lequel ilz croyent obstinément auoir esté engendré d'vn diable. Combien que plusieurs personnes notables ayent asseuré les choses susdictes comme veritables, si est-ce qu'elles sont faulses, absurdes & non seulement repugnátes à nature, mais mesmes à nostre Religion, laquelle croit qu'il n'y eut oncques homme engendré sans semence humaine, reserué le filz de Dieu, mesmes comme disoit Cassianus. Quelle absurdité, repugnance & confusion seroit-ce à nature, s'il estoit licite aux diables succubes & Incubes de conceuoir d'hõmes, & les hõmes d'eux? Et combien que depuis la creation du móde iusques à nostre temps les diables eussent produict des Monstres par tout le genre humain, iectans leurs semences par les vaisseaux des bestes, creans ainsi par les perturbations des semences vne infinité de monstres & prodiges. Nous confessons bien (ce que mesmes sainct Augustin n'a pas nyé) que les diables quelquefoys trásformez en formes d'hõmes ou de femmes, puissent exercer les œuures de nature, & auoir affaire auec les femmes & hõmes pour les alescher à luxure, tromper & deceuoir, ce que les anciens n'ont pas seulement experimenté, mais mesmes de nostre temps cecy est arriué en plusieurs

sieurs prouinces, à diuerses personnes : auec lesquelz les diables ont eu affaire, transfigurez en hommes & en femmes. Iacobus Ruoffus en ses liures de cóceptu & generatione hominis, tesmoigne que de son téps vne femme perdue eut affaire à vn esprit malin la nuict, ayant forme d'homme, & que soudain apres le ventre luy enfla, & pensant estre grosse, elle tomba en vne si estrange maladie, que toutes ses entrailles tomberent, sans que par aucun artifice des medecins elle peut estre guarie. Il écrit le semblable du seruiteur d'vn boucher, lequel estant profondement plongé en vaines cogitations de luxure, fut estonné qu'il apparut incontinent deuant luy vn diable en figure de belle femme, auec lequel ayant eu affaire, les genitoires & autres parties honteuses commencerent à s'enflámer de telle sorte, qu'il luy sembloit auoir le feu ardant dedans le corps. Et comme i'ay produict ces deux exemples, i'en pourrois produire vne infinité d'autres semblables, recitées non seulement par les Philosophes, mais aussi par les ecclesiastiques, lesquelz confessent que les diables par la permision de Dieu, ou pour punition de noz pechez, peuuent ainsi abuser des hómes & des femmes, mais que de telle coniunction il se puisse engédrer quelque chose, comme nous auons predict, cela n'est pas seulement faulx, mais contraire à nostre Loy. Et en ce qui concerne le prophete Merlin, & plusieurs autres semblables, en la natiuité duquel tant de monde a esté abusé, qu'on a creu (comme vn oracle) qu'il

Chap. dernier du 5. liure.

HISTOIRES

ayt esté engendré du diable, nous confessons comme nous auons ia deduict que sa mere peut auoir la compagnie d'vn diable, mais qu'il ayt peu engēdrer cela est absurde: & s'ilz alleguent qu'elle fut veue grosse, & qu'elle enfanta, il n'est point impertinent, & ceux qui ont leu aux bons autheurs les prestiges, ruses & cautelles du diable ne s'estōneront point de cecy : car il est possible que le diable par sa subtilité luy peut faire enfler le ventre, troublant & corrumpant les humeurs de son corps, luy fist sentir les douleurs que sentent les femmes quand elles acouchent, puis quád ce vint a l'enfantemēt, ayant quelque enfant supposé qu'il auoit desrobé ailleurs, troublant la veue des sages femmes, il le supposa, afin de faindre que le diable l'auoit engendré, & en ceste sorte il peut mesmes tromper la mere, laquelle auoit occasion de penser que le diable l'eust engrossie. Et afin que tu ne penses que cest artifice du diable soit ancien, il l'a encore practiqué de nostre temps en semblable sorte, comme plusieurs ont veu, & beaucoup d'hommes doctes l'ont écrit, d'vne fort belle ieune fille à Constance, laquelle auoit nom Magdeleine, & estoit seruante d'vn riche citoyen de la ville, laquelle publioit par tout que le diable vne nuict l'auoit engrossie, & pour ce regard les potestatz de la ville la firent mettre en prison pour attendre l'issue de cest enfantement, l'heure venue de ses couches elle sentit les trenchées & douleurs accoustumées des femmes, & quand les sages femmes furent prestes de

receuoir

receuoir le fruict,& qu'ilz penſoyent que la matrice ſe deuſt ouurir, il commença à ſortir du corps de ceſte fille des clous de fer, de petiz tronçons de boys, du voirre, des os, des pierres, des cheueux, des eſtoupes, & pluſieurs autres telles choſes fantaſtiques & eſtranges: leſquelles le diable par ſon artifice malin y auoit applicquées, pour decepuoir & embabouyner le vulgaire: qui adiouſte legierement foy à ſes preſtiges & tromperies. Licoſtenes Amberbachius, & Iacobus Ruof. excellent medecin de Zurich a écrit cecy en ſes liures de hominis generatione, ce qui ne ſemblera incredible ou eſtrange de verité à ceux qui ont leu en ſainct Paul, qu'il ſe transfigure en ange de lumiere pour deceuoir, meſmes qu'il a eſté ſi effronté quelquefoys, qu'il ſ'eſt adreſſé à Ieſus Chriſt, le penſant ſeduyre: mais par-ce que nous auons à traicter plus amplement de ſes machines en quelque endroict de ceſt œuure, ou nous traicterons ſ'ilz ont corps, nous ferōs fin à ceſte matiere & nous reſouldrons en ce, que combien que les malins eſpritz puiſſent coïr, que toutesfois ilz n'ont point de ſemence, ne peuuent engendrer, car il n'y a point de diuiſion de ſexe entre eux, de ſorte qu'ilz ne peuuent eſtre diuiſez en hommes ou femmes.

Fin de la ſixieſme hiſtoire.

F

HISTOIRES
PRODIGES MERVEILLEVX
des fouldres, Tonnoirres & tempestes, auec les exemples de ce qui est aduenu de nostre temps. Chap. 8.

SI ie me voulois amuser à déduire par le menu les anciennes & superbes citez, Theatres, Amphiteatres, colizées, colomnes & autres edifices magnifiques qui ont esté ruinez par la violence des fouldres & tempestes, il me seroit requis pour quis pour le ~~regard du~~ seul subiect de bastir vn gros œuure, mais sans emprunter le tesmoignage de l'antiquité, ie descriray seulement en ce chapitre ce qui est aduenu de nostre siecle, afin que les choses que nous auons experimentées de noz ans touchent de plus pres au marteau de nostre conscience, & nous rendent plus diligens à contempler les merueilleux effectz de l'espouentable iustice de Dieu. L'an mil cinq cens vingt & vn, la populeuse cité de Milan fut tellement combatue de la fureur de la fouldre, que tous les cytoiens pensoient finer les derniers iours de leur vie par ce genre de tourment : Les François estás en garnison à Milan, la fouldre tomba sur vne tour du chasteau fort excellentement elabourée qui seruoit d'ornemét, & de defence, en laquelle on gardoit la munition de la pouldre pour l'artillerie, & la fouldre rencontrant ceste matiere qui estoit propre à brusler, démolit & renuersa non seulemét la tour iusques à ses fondemens, mais continuát son cours, elle abbatit les chambres prochaines & autres membres du chasteau, esleuát plusieurs grosses pierres en l'air, desquelles les vnes tomberent sur les deux Preuostz du chasteau qui se promenoient en la place, & les briserent aussi menu que cendre. Les autres rompoient les bras, les iambes, les testes, à tout ce qu'elles rencõtroient : de sorte que de deux cens soldats qui y estoient, à peine en demeura il douze en vie, & estoit chose esmerueillable à veoir la grande multitude de pierres qui auoiét esté gectées à plus de cinq

F ij

cens pas loing,dõt les vnes eſtoiét ſi groſſes, & maſ-
ſiues,que vingt beufz ne les euſſent ſceu leuer de ter-
re.Ces choſes ſont terribles, mais encores ſemblent
elles legieres, eu eſgard à celles qui ſuyuent, & deſquelles beaucoup d'autres citez ont eſté affligées,cõ-
me Malynes, ville ſituée en la duché de Brabant,ſei-
gneuriée par le Roy Catholique,laquelle le ſeptieſ-
me iour d'Aouſt 1527. enuirõ vnze heures de nuict,
endura vne ſi grande & horrible calamité, qu'à peine iamais a on leu la ſemblable, car le tõnerre eſbrã-
la tellement ceſte miſerable cité,que les citoiens pẽ-
ſoient en vn inſtant eſtre engloutis aux entrailles de
la terre: Car apres ce grand eſclat, & bruyt horrible
de nuées,commença à ſe manifeſter vn eſclair comme vne lampe ardente,duquel ſortoit vne puanteur
intollerable, cõme de ſouffre : ſans qu'on peuſt ſçauoir dont cela procedoit, ſinon ceux ſur leſquelz
ceſte fouldre eſtoit tombée,iuſques à ce que finablement le bruyt courut par la ville que le feu du ciel
eſtoit tombé ſur la porte d'Arene, en laquelle on a-
uoit mis plus de huict cens caques de pouldre à ca-
non. Ceſt embraſement ſi ſoubdain engendra vne ſi
horrible confuſion dedans ceſte deſolée cité, qu'on
ne veit oncques vn plus miſerable ſpectacle : Car en
moins d'vn ſil d'œil la ſuſdicte porte fut demolie
& briſée en dix mille pieces,& nõ ſeulement les fon-
demés furent arrachez, mais auſſi les murailles prochaines iuſques aux fondemens,& les pierres d'icelles eſpanchées par toute la ville, & qui plus eſt, les
eaux des

eaux des foffez furent en vn moment taries par la violéce de la chaleur du feu. Le lendemain on trouua (comme l'on dit) tout à l'entour de cefte tour démolie des corps mors, iufques au nombre de trois cens, & bien cent cinquante dechirez & bleffez. Et entre autres chofes memorables & prodigieufes, on y trouua vne femme morte, qui eftoit enceincte, du ventre de laquelle on tira l'enfant encores tout vif, comme tu voys en ce pourtraict, lequel fut porté au baptefme. Il y en eut encores vne autre, de laquelle vn tourbillon de ce feu ainfi qu'elle voulut fermer fon huys, emporta la tefte aufsi net, que fi elle euft efté decapitée d'vn glaiue. Il y en a aufsi d'autres, qui iouans aux cartes furent tous bruflez & ars de ce feu, hors mis l'hofteffe ou ilz eftoiét logez, qui eftoit allée à la caue querir de la ceruoife. On trouua femblablement vn homme caché en vne cauerne, lequel fortât troys iours apres hors de là, demandoit auec vne grand frayeur fi le môde eftoit encores en eftre. Brief c'eftoit vn fpectacle horrible de contempler ainfi cefte pauure cité gaftée, & defigurée, n'y ayant temple en la ville qui ne fe refentift de ceft efcládre: mefmes les rues toutes entieres eftoient renuerfeés, & brifées. Ce n'eft pas affez ce me femble pour contenter le Lecteur, auoir recenfé tant de piteux & eftranges exemples des fouldres & tempeftes, fi nous n'afsignons les caufes dont ilz naiffent, & font engédrez. Ariftote en fes Metheores, & en fes liures du monde, nous enfeigne comme il y a deux fortes de

F iij

vapeurs qui montent inceſſamment en l'air, dont les vnes ſont chauldes & humides, & d'autant qu'elles ſont les plus peſantes, demeurent en la mediane region de l'air, & lá ſont condenſées & eſpoiſsies, & en fin ſe reſouldent & conuertiſſent en pluyes, greſles, neiges, & autres choſes ſemblables. Les autres exhalatiōs qui ſont eſleuées de la terre en l'air ſont chaudes & ſeiches, & par leur chaleur & ſiccité elles ſont eſleuées plus hault que les precedētes, de ſorte qu'elles paruiennent iuſques à la ſupreme region, & lá s'eſchauffent & s'enflamment de telle ſorte, que d'icelles ſe procreent & engendrent les feuz & flâmes, les comettes ardentes, dragons & autres choſes ſemblables, leſquelles le plus ſouuēt engendrent terreur au peuple qui ignore les cauſes d'icelles. Or s'il aduient que ces vapeurs ſeiches viennent quelquefoys à penetrer & s'engoufrer dedans quelque nuée, elles la fendēt par la partie la plus ſubtile, & lors l'eſclair apparoiſt & le ciel tremble, puis de l'ardeur de ce conflict qui ſort de la nuée naiſſent les fouldres, de ſorte que nous pouuons dire que le tonnerre eſt au ciel ce que le tremblement eſt à la terre. Combiē que ceſte raiſon ſoit naturelle & bien induſtrieuſement recherchée par ce grād philoſophe Ariſtote, ſi eſt-ce que les tempeſtes ne ſont pas touſiours referées és cauſes naturelles, mais quelquefois les diables, deſquelz la principale puiſſance eſt en l'air (comme ſainct Paul teſmoigne) les ſuſcitent & engendrent, quand il plaiſt au Seigneur de leur lacher la bride:

Ce qui

PRODIGIEVSES. 24

Ce qui est verifié par vne infinité d'exemples és lettres sainctes, mesmes en Iob premier, ou Sathan ayāt obtenu son saufconduit du seigneur, brusla par tempeste de feu les seruiteurs & le bestial du prophete: Ce qui n'est pas seulement acertené par le tesmoignage des lettres sainctes, mais mesmes les Etniques l'ont recongneu & confessé par leurs écritz: Car lors que le temple de Hamon tāt celebré en la Libie exterieure estoit en essence, & que Sathan par prodiges, & faulx miracles se faisoit adorer soubz la figure d'vn belier, & qu'il eut congregé (des pelerins qui venoient en ce lieu) vne infinité de thresos, & que Cābises Roy de Perse eut enuoyé son exercite pour piller ce temple consacré à Sathan, cest esprit malin esmeut incontinent le ciel de tourbillons, esclairs, tempestes & tōnoirres, de sorte qu'il y demeura biē cinquante mil hommes estouffez, & bruslez. Les anciens, comme Pline & autres, enseignent que les Hetruriens ont esté si curieux obseruateurs de ces mouuemens & autres euenemens des fouldres, que mesmes ilz osoient bien par telle obseruatiō predire & annoncer les succes des choses, iusques à determiner le iour de la mort & de la vie des hommes, de sorte que quelque temps auant que Auguste Cesar mourust, & la fouldre eut effacé la premiere lettre de son npm, grauée en certaine muraille, les Augures interrogez respōdirent que l'Empereur n'auoit plus que cent iours de vie: par ce que C, effacé il ne demeuroit que Esar qui signifie en langue hetrusque, Dieu

HISTOIRES

Suetone en la vie des Cesars. & les Romains, par le C. exprimoient le nombre de cent, Et partant ce prodige de tonnerre qui auoit effacé le C. donnoit à entendre que dedans le centiefme iour il feroit auec les dieux, ce qui aduint, car il mourut comme ilz auoient predit, chofe certainement efmerueillable, & en laquelle eft manifeftée vne eftráge puiffance & aftuce du diable, lequel peut par fon artifice predire la mort d'vn fi grand Empereur. Ariftote entre autres a fort diuinement philofophé fur les effectz des fouldres & tempeftes, & les diuifé en troys manieres, l'vn qui brufle, l'autre qui noircift, le troifiefme duquel la nature eft admirable, & prefque du tout incōgneue des Philofophes: car il defeche les vaiffeaux pleins de vin, fans les endommaiger, ou leur faire ouuerture. Il penetre par tout par fa fubtilité, il fond l'Or & l'Argent fans endommager la bouſe, il brufle l'acouftrement duquel on eft veftu, fans endommager ou apporter aucune nuifance au corps, il exteinct & fuffoque l'enfant dedans le ventre de la mere, fans luy faire aucun tort. Si tu veux entendre cóme ces chofes fe peuuent faire, lis le 2. liure de fubtilitate, & le 14. de varietate rerum de Cardanus, lequel, apres plufieurs autres, affigne les caufes de ces chofes. Les hiftoires par nous décrites des merueilleux effectz des tempeftes femblent eftranges, ilz font neantmoins veritables : Et mefmés beaucoup d'excellens, & notables perfonnages, ont efté les vns fort intimidez, les autres rompus, meurtris & tuez par ce genre de mort. Le Pape Alexandre

PRODIGIEVSES.

Alexandre celebrant la messe vn iour de Pasques à Sienne, & le diacre prononçant la Passion, fust paruenu à la clausule de Consummatum est, vn soudain esclair de tonnerre commença à penetrer le temple auec telle impetuosité que le Pape fut côtrainct d'abandonner la messe, & le temple, le diacre le liure, & mesmes tous les assistans furent tellement effrayez, qu'il n'en demeura vn seul qui ne se sauuast à la fuitte. Zoroastes Roy des Bractiés mourut de tempeste. Capanus semblablemét à la guerre de Thebes. Anastasius Empereur fut semblablement tué du tonnerre, apres l'an 27. de son empire. Carius aussi, & quelques autres Empereurs. A Terracine Marcus Claudius Preteur fut bruflé dedans sa Nauire, par la fouldre qui tomba dessus. Iulius Obsequens recite vn prodige memorable, duquel tu vois le pourtraict en la page suiuante, de Pompeius Liuius cheualier Romain, lequel s'en retournát auec sa fille de quelques ieux qu'on auoit exhibez à Rome, fut estonné qu'il vit sa fille ieune pucelle estant à cheual saisie de fouldre, laquelle ainsi suffoquée & extеincte, & l'ayant apperceue sans vie la fist despouiller nue, & fut sa lãgue trouuée sortir par les parties honteuses, comme si le feu l'eust attaincte droict par la bouche, prenát son yssue par le bas. Ce n'est pas assez d'auoir memoré les causes & memorables exemples des tonnerres, mais encore nous côuient il enseigner le moyen de nous deliurer de leur fureur. Les anciens entre leurs secretz ont experimenté certaines choses qui resi-

Hommes notables mors par tonnerre.

Marcus Fritchius in metheoris.

G

HISTOIRES

stent aux tonnerres & fouldres, lesquelles mesmes n'en peuuent estre endōmagées. Entre les oyseaux, l'Aigle, mesme ses plumes portées en panache empeschent que ceulx qui les ont n'en soient attainctz. Entre les poissons, le veau de mer, comme quelques modernes écriuent apres Pline en leurs histoires des poissons. Mesmes affirment aucuns auoir esté sauuez des fouldres pour auoir porté des ceinctures de veau marin. Le Laurier entre les arbres est immune de l'assault des tonnerres, & pour ce regard, les anciens

ciens l'ont toufiours planté cóme vn portier affeuré à l'entrée de leur Palais. Et pour cefte occafion Augufte Cefar en portoit fouuent des branches en la main, ou s'en faifoit couronner le chef, pour la continuelle crainéte qu'il auoit d'eftre faify du tónerre. Si eft-ce qu'aucuns Latins écriuent que depuis quelques ans en ça vn Laurier à Rome a efté bleffé du tónerre, mais ilz en font mention comme d'vne chofe rare ou prodigieufe. Tarcon Etrufcus écrit par certaine proprieté occulte la vigne blanche refifter aux tonnerres, & dit qu'aux regiós ou ilz y font fubieétz ilz enuirónent leurs maifons des rameaux d'icelles. Combien qu'on ayt experimenté toutes les chofes precedétes profitables & vtilles pour empefcher les fouldres, fi eft ce qu'il ne fe trouue rien plus expedient ou profitable pour empefcher cefte iniure du ciel que la vraye hyacinthe, car il ne fe lift point en aucú autheur que celuy qui l'ayt portée fur luy ayt iamais efté offencé de tonnerre. Les anciens medecins, comme Serapio, n'ont pas feulement affeuré les hommes eftre hors du peril de tónerre qui portent la pierre d'hyacinthe, mais mefmes ont écrit que la cire portée foubz la graueure d'icelluy reiette le tónerre, & diét on que cecy a efté experimenté és regions efquelles plufieurs periffent par tónerres, veu qu'aucune perfonne n'en a efté touché qui ayt porté le Hyacinthe. Ie ne veulx oublier pour mettre le dernier feau aux prodiges des fouldres & tonnerres, d'écrire qu'auec les efclairs & tourbillós de fouldre

Si tu veulx fçauoir pourquoy le laurier n'eft endómagé de fouldre, lis Frácfortius en fon liure de fimpathia & antipathia rerú.

HISTOIRES

il tombe quelquefoys du ciel certaines pierres de monstrueuse grosseur, qui sont de couleur de fer, adustes & bruslées, comme celle que les anciens celebrent par toutes leurs histoires, qui tomba en Thrace, qui esgalloit presque vn chariot en grosseur, laquelle Anaxagoras Philosophe excellét auoit quelques années deuant predict deuoir tomber. Et mesmes de noz ans en Sugolie située sur les confins de Hongrie, il tomba vne pierre du ciel auec vn horrible esclattement le septiesme iour de Septembre. 1514. de la pesanteur de deux cens cinquante liures laquelle les citoiens ont faict enclauer en vne grosse chesne de fer au meilleu de leur temple, & se móstre auec grand merueille à ceulx qui voyagent par leur prouince. Cardan en son 14. liure de varietate rerū, asseure auoir veu vn grand nombre de pierres dures de couleur de fer, ayans odeur de souffre, lesquelles estoient tombées du ciel en certain champ d'Italie, dont l'vne d'icelles pesoit cent vingt liures, l'autre soixante, lesquelles furent monstrées cóme chose miraculeuse, à la seigneurie Françoise au voyage de Naples, ou il dict qu'il est grádement estonné comme le ciel peut soustenir la pesanteur de ces pierres l'espace de deux heures, attédu que depuis trois heures iusques à cinq on ne cessa d'ouyr le tonnerre, & de voir les flammes au ciel, & sur la cinquiesme heure on entendit le bruyt & croulement des pierres.

Fin de la septiesme histoire.

PRODIGIEVSES. 27

HISTOIRE PRODIGIEVSE
d'vn homme de noſtre temps qui ſe lauoit la face
& les mains de plomb fondu. Chap. 8.

Ieronymus Cardanus liure ſixieſme de ſubtilitate, écrit vne hiſtoire prodigieuſe, & quaſi repugnan-
te à nature, mais par ce qu'en la pré
ſence de tous les citoyés d'vne cité
l'experience en a eſté veuë, cela la
rēd & probable, & croyable. Lors (dit-il) que i'eſcri-
G iij

HISTOIRES

uois mon œuure des subtiles inuentions, ie veiz vn quidam à Milan, lequel lauoit ses mains & sa face de Plomb fondu, s'estant premierement laué de quelque autre eau. Cardan (comme il a acoustumé auec grande curiosité) s'efforce de rechercher ce secret en nature & dict que par necessité il failloit que l'eau de laquelle il se lauoit premierement, fust extrememét froide, & qu'elle eust vne vertu obscure & crasse, laquelle reiectoit la chaleur du plomb, mesmes empeschoit qu'il n'adherast au corps. Aucuns, dit-il, asseurent l'eau de laquelle il se lauoit, estre faicte de suc de pourpié, & de mercurialle, pour cause de la glutinosité & lenteur, ce qui ne me semble estre veritable, par ce qu'il vsoit fort auarement de cest' eau, & n'en mettoit que bien peu sur la partie ou il vouloit mettre le plomb fondu, mesme qu'il prenoit vn escu de chacun des spectateurs, si l'eau doncques eust esté faicte de ces deux herbes, qui sont à si vil pris, il en eust faict meilleur marché, & en eust getté plus grande quantité qu'il ne faisoit sur son corps, puis il conclud qu'il croit que l'eau de laquelle il vsoit, fust metalique comme du Stybium. Côferant doncques en mon particulier ce que dit Cardan, & ce que i'ay leu en autres autheurs, i'ay trouué que le temps passé cela n'estoit point en si grande admiration comme il est auiourd'huy, veu que nous voyons par experience ordinaire plusieurs choses lesquelles par vne secrette proprieté de nature resistent au feu mesmes, ne peuuent estre côsommées d'iceluy. Le poulce de ce de Pirrhus, quád son corps fut bruslé, ne peut estre cósommé par le feu. Les dens humaines & le diamāt ne peuuent estre macerées par feu. Il y a certaine góme qui sort du pin masle, de laquelle les tables & autres boys qui en sont frotées, ne peuuent estre endómagées par feu, comme Teophraste enseigne. Silla auec son armée ainsi qu'il batailloit contre Archelaus, ne sceut oncques endómager vne tour de boys, encores qu'il l'eust enuironnée de tous costez de flāmes ardantes: par ce qu'elle estoit frotée de certain alun par dedans: ce qui engendra grand espouentement à Silla. Isydorus & plusieurs autres ont écrit qu'il fut faict vn present au Pape Alexandre d'vne chemise de laine blāche, laquelle pour plaisir & admiration il gettoit au feu quand les ambassadeurs estrāges le venoient voir, Et toutesfois il la y laissoit vn iour naturel sans qu'elle fust endommagée, mesmes elle deuenoit plus belle au feu. Aucuns asseurent que la laine de ceste chemise estoit faicte de ver qu'ō nomme Salemandre lequel vit dans le feu (comme Aristote enseigne) mais si cela est vray i'en laisse à iuger à ceulx qui ont faict plus longue experience des secretz de nature que moy. Si scay-ie bié que sainct Augustin faict mentiō en sa cité de Dieu lib. 21 cha. 5. d'vne lāpe qui estoit au temple de Venus, laquelle combien qu'elle fust exposée aux vens, aux pluyes, & autres iniures du ciel, elle ardoit tousiours sans estre consommée, ne sans y adiouster ne huille ne meche. Et apres que ledict sainct Augustin a recher-

Gellius lib. 15. Cap. 1.

Il est plus probable que cela fust fait d'alumen plumé, duquel (ainsi que Dioscoride tesmoigne liu. 5. cha. 99) les Indiens font du linge qui ne peut brusler, mais il blanchist au feu. Voy Volaterā liure 22.

HISTOIRES

ché fort curieusement la cause émerueillable de ce feu qui ne se consommoit point, il se resoult en fin ainsi: Ou il failloit (dit il) qu'il y eust en ceste lampe quelque chose d'vne pierre qu'on nomme Absestre qui croist en Arcadie, laquelle allumée ne s'esteinct point, ou bien dit-il failloit que la lampe fust forgée par art magicque, ou bien que quelque diable soubz le nom de Venus fist apparoistre ce prodige, afin de s'y faire adorer & d'entretenir le peuple en telle erreur. Ludouicus Viues sur l'exposition de ce mesme chapitre, lequel a doctement commenté & illustré les liures de la cité de Dieu de sainct Augustin, asseure auoir veu à Paris du temps de ses estudes des mesches qui n'estoient point consommées de feu. Et pour côfirmation de ce, il racompte côme du temps de noz peres, il fut ouuert vn sepulchre, enclos en la terre, auquel il fut trouué vne lampe ardente qui auoit demouré allumée & sans estre exteincte quatorze ou quinze cés ans, comme il apparut par l'inscriptiô du temps qui estoit écrit dessus, laquelle incontinent qu'on commença à la manier & toucher, elle fut conuertie en pouldre. Si ie voulois dilater ceste matiere, ie te pourrois produire beaucoup de semblables exemples des anciens autheurs, qui font mention de plusieurs choses qui resistent au feu, & qui n'en peuuent estre endommagées, mesmes qu'il y a quelques modernes qui ont écrit auoir experimété que le petit muguet dict Aster Samius ou Atticus, & la chaux exteincte au suc de Mauue ou de mercurialle

Pline écrit aussi de son temps en auoir veu de semblables. lib. 19.

PRODIGIEVSES. 29

mercurialle peuuent faire que le feu ne nuiſt & ne bleſſe les mains qui en ſont frottées.

Fin de la huictieſme hiſtoire.

HISTOIRES PRODI-
gieuſes des Iuifs. Chap. 9.

CEste malheureuſe vermine de Iuifs a tát de fois inquieté noſtre Republique Chreſtiéne, qu'il n'y a hiſtorié de noſtre temps qui ne leur ayt donné quelque attainte par ſes écrits. Qui aura leu ces cruelz blaſphemes & abho-

H

minables execrations qu'ilz ont publié contre Iesus Christ sauueur de tout le mõde, en vn certain liure (vulgaire en leurs synagogues) qu'ilz appellent Talmud, il iugera ayſément que ceste seule cause est suffisante pour les exiller, & bãnir de toutes les prouinces ou Iesus Christ est adoré. Ce pauure peuple aueuglé n'a pas esté content de diffamer le nom de nostre sauueur par ses écrits, mais qui plus est, il a esté si effronté de l'oser assaillir par effect. L'an mil cent quatre vingtz, du regne du Roy Philippe, ce peuple mauldit en l'ignominie de la Paſsiõ de Iesus Christ, le iour du grand Vendredy pendant que les Chrestiens vacquoient à leurs ceremonies, ilz enfermoiẽt en vne caue tous les ans à semblable iour vn ieune enfant qu'ilz auoient desrobé le flagelloient, le couronnoient d'Espines, l'abreuuoient de fiel, finablement le faisoient mourir en vne Croix, & tant continuerent ceste cruelle tragedie, que le Seigneur ennuyé de la mort de tant de pauures innocens, permiſt qu'ilz fussent apprehendez comme le larrõ sur le faict, & apres auoir esté mis aux questions & tourmens, ilz confesserent que par diuerses années ilz auoient faict mourir grand nombre d'enfans en ceste sorte. Dequoy le Roy Philippe acertené, non seulement les chassa de son royaume, mais encores en fist il brusler enuiron octante en vn brasier de feu ardẽt. Depuis le Roy Philippes se voyãt opprimé de guerres, & bas d'argent, leur permiſt retourner, & traffiquer en France, moyennant quelque somme de deniers

niers qui luy furent liurez cótens: Mais ainſi que les vices ſont encheſnez, & que les vns attirent les autres. Ces malheureux ſe reſentans de la premiere iniure qu'ilz auoient receuë, delibererét & reſolurent entre-eux d'exteindre entierement le nom des Chreſtiens, & de les faire tous mourir par poiſon, & pour mieux executer leurs deſſeins, ilz s'allierent de quelques ladres, par le ſecours deſquelz ilz firent vn vnguent, & quelque cófection compoſée de ſang: d'vrine d'homme, & de quelques herbes venimeuſes, & enuelopoient cela dedans de petiz drapeaulx auec vne pierre pour le faire aller au fons, puis iectoient cela de nuict aux profondz des puys, & fontaines, & de ceſte corruption d'eaux s'engendra vne telle cótagió en l'Europe qu'il y perit preſque la tierce partie du gére humain : car ceſt aïr infecté voloit comme vn ſoudain embraſement d'vne ville en l'autre, & ſuffoquoit ce qu'il rencontroit, ayant vie: Mais apres que le ſeigneur eut permis que la tiránie de ces malheureux euſt regné quelque temps, ainſi borná il leur mauuaiſe volóté, & empeſcha qu'elle ne paſſaſt outre: Car par ſucceſsion de téps quelques puys & fontaines ſe tarirent, & furent trouuez leurs ſacs au fons de l'eau, & par cóiectures aucuns furent apprehendez, leſquelz vaincuz des tourmens confeſſerent la debte, & fut faict vne telle boucherie de ceux qui furent trouuez coupables par toutes les prouinces de l'Europe, tant de Iuifs que de Ladres, qu'il ne ſera iour de leur vie que toute leur poſterité ne s'en

H ij

resente: Car on leur fist experimenter tant de sortes de tourmés, & martyres, qu'incōtinent qu'ilz estoiēt prisonniers, ilz auoient plus cher se tuer, ou se brusler lesvns les autres, que de demeurer exposez à la misericorde des Chrestiens. Conradus de Memdember Mathematicien, & Philosophe excellēt, écrit qu'on fit bien mourir en Alemaigne seulement douze mil Iuifs. Et comme le spectacle de les voir ainsi affligez estoit estrange, aussi la desolation estoit extreme de voir les pauures chrestiens auoir en telle horreur & abhomination les eaux des puys & fontaines, que s'ilz eussent deu mourir de soif, si n'en eussent ilz pas mis vne seulle goutte en leurs corps: mais ilz auoiēt recours aux eaux de pluyes ou de riuieres, desquelles ilz auoient grande necessité & disette, par ce qu'il ne s'en retrouue pas par tout, & tout ainsi que ces faulx imposteurs de Iuifs se sont rendus odieux à toutes les autres nations, ainsi ont ilz souuent experimenté diuerses especes de calamitez (cōme les histoires tesmoignent) mesmes Conradus Licostenes entre autres en recite vne estráge aduenue l'an 434. Enuiron lequel temps il se trouua fortuitement en l'Isle de Crete vn seducteur faulx prophete, ou plustost esprit malin, comme on peult coniecturer par l'issue de son entreprise. Ce prophete ayant circuit en vn an toute l'Isle, preschoit publiquement qu'il estoit le mesme Moyse qui auoit retiré les Israëlites de la seruitude de Pharaon, & qu'il estoit de rechef enuoyé de Dieu pour deliurer les Iuifs de la persecution cutiõ & seruitude des Chrestiens. Et apres auoir plãté les premiers tiges de sa pestilente doctrine, il gaigna tant sur ce peuple par faulx miracles & autres illusions diaboliques, qu'ilz commencerent à abandonner maisons, terres, possesions & tout ce qu'ilz auoient de bien pour le suyure, de sorte qu'on ne trouuoit autre chose par le païs qu'vne grand troupe de Iuifs, acompaignez de leurs femmes & petiz enfans, qui suiuoient ce sainct homme cõme leur chef. Et apres qu'ilz eurent bien erré en telle misere, il les feit monter à la fin sur la sommité d'vn rocher ioignant la Mer, & commença à leur donner à entendre qu'il les vouloit faire passer la mer à pied sec, cõme il auoit autrefois faict au peuple esleu de Dieu le fleuue de Iourdain, & sceut si bien desployer son artifice qu'il leur persuada aisement, de telle sorte que ce pauure peuple tout congregé en vn monceau se precipita dedans les vndes, dont la plus grande partie furent submergez, les autres se sauuerent par le secours de quelques pescheurs Chrestiés qui estoiét lors en la mer. Ces Iuifs apres auoir descouuerte la fraulde qui leur auoir esté faicte, ne sceurent oncques par aucun artifice humain sçauoir nouuelles, ny descouurir qu'estoit deuenu leur prophete: Ce qui a donné occasion à plusieurs de penser, mesme d'écrire que c'estoit vn diable, lequel soubz figure d'homme les auoit ainsi deceuz. Sebastian Munstere écrit en sa Cosmographie vniuerselle vne autre histoire d'eux, mais executée d'vne façon plus

HISTOIRES

gaye. Il dit que l'an de salut 1270. pendant que le Conte de Sternemberg estoit Euesque de Mandebourg, vn des plus apparens Rabis de toute la synagogue des Iuifs, tomba fortuitemēt le iour du Sabat en vn profond retraict, duquel ne se pouuāt retirer, force luy fut appeller ses compaignons à son ayde, lesquelz arriuez luy dirent auec grosses complainctes que c'estoit le iour du Sabat, & qu'il ne leur estoit licite ouurer de leurs mains ce iour là, & qu'il eust patience iusques au dimanche qui estoit le iour suyuant. L'Euesque de Mandebourg aduerty de cecy, qui estoit homme fort ingenieux, fit incontinent publier à son de trompe sur peine de la teste que les Iuifs eussent desormais à sanctifier & solemniser le Dimāche comme le propre iour de leur Sabat, partant ce pauure martyre demeura ainsi parfumé iusques au Lundy au matin.

Fin de la neufiesme histoire.

DELVGES, ET INVNDAtions prodigieuses.

Chap. 10.

L'antiquité

PRODIGIEVSES. 32

L'Antiquité a tant experimenté de chastimens de l'eau, que si ie les voulois tous recenser par ordre, la parolle me defauldroit plustost que le subiect. Le premier, & le plus memorable est amplement décrit par Moyse, en Genese 7. quand nostre Dieu feist ouurir les veines du ciel, & enuoya vne si grande laixiue d'eaux sur la terre, pour la purifier & nettoyer des pechez des hommes, qu'elles surpassoient de quinze couldées la sommité des plus hautes mótaignes. Du regne de Henry quatriesme, les eaues se desborderent par telle impetuosité en Italie, que non seulement plusieurs milliers d'hommes furent noyez: mais, qui plus est, les historiens racomptent que mesmes les animaux domestiques & priuez, cõme poules, oyes, paons, & autres semblables furent si bien intimidez de la fureur des eaues, qu'ilz deuindrent sauuages, & errerent par les deserts & forestz, sans qu'ilz peussent estre apriuoisez par apres. Ce que mesme sainct Augustin confirme, liure troisiesme de la cité de Dieu. L'an de salut 1446. le 17. iour d'Apuril du temps de l'Empereur Federic troisiesme (qui fut l'an que l'Imprimerie fut trouuée) il y eut en Holande vne si grande inundation d'eau, & la mer se desborda de telle fureur, qu'elle rompit les chaussées, regorgea derriere Dordrecht, couurit toute la terre, renuersa les villes & villages, de sorte qu'il y eut lors seize paroisses noyées, & bien cent mil hõmes perduz auec leurs femmes, enfans, & bestial. L'an 1530. En Holande, Flandres & Brabant, la mer se desuoya de telle sorte, que les chaussées & rãpars ne furent pas seulement rompus, mais les villes, villages & toutes creatures animées furent rauies & emportées par la violente irruption de l'eau, & toutes les villes maritimes furent rendues nauigables comme la pleine mer, Ce qui n'aduint pas seulement en Flandres, mais la mesme année, le Tybre s'enfla à Rome, & s'esmeut de telle sorte qu'il monta par dessus les plus haultes tours & estages de leur cité. Et sans

le domle dommage des pontz rompus, des biens, or, argent, bled, vin, draps de Soye, farines, huilles, laines, & autres meubles, iufques à la concurrence de trois millions d'or, il y eut plus de trois mille perfonnes, tant hommes, femmes, que petitz enfans qui furent fuffoquez, & exteinctz. Toutes ces chofes font efmerueillables, mais les anciens, & modernes n'ont point encores experimenté ny leu depuis le Deluge vniuerfel de Noë, le femblable de celuy qui aduint en Phrize, l'an de grace 1230. Car ainfi qu'ilz fe donnoient du bon temps, qu'ilz banquetoient, crapuloient & f'adonnoient à toutes efpeces de voluptez, voicy toutes les terres prochaines de la mer de Phrize & Halderic qui furent en vn moment fi couuertes d'eau, que la mer eftoit fi peuplée d'hommes & de beftes, qui bramoient & crioient fi fort, qu'il fembloit que Dieu euft oublié la promeffe qu'il auoit faicte à Noë, de ne plus ruiner le genre humain par eau: Car les hommes fe branchoient fur les arbres comme les oyfeaux, les autres rampoient aux montaignes, les meres mefmes gettoient leurs enfans contre terre, pour eftre plus legieres à la fuitte, & euiter la fureur de ceft element. Brief la defolation fut telle, que non feulement il y eut vne infinie multitude d'hommes, femmes, enfans & beftes noyez, mais mefmes de l'exhalation qui fortit des corps putrifiez, apres que les eaux furent retirées en leur canal, il f'efleua vne corruptiõ d'air, comme vn foubdain embrafement qui fit mourir le refte de ce que

HISTOIRES

l'eau auoit laiſſé, de ſorte que ceſte miſerable & affligée prouince demeura preſque deſerte & inhabitée. Si tu veulx voir les autres Deluges plus recens, & deſquelz les autres citez ont eſté tourmentées, liz Carion en l'abregé de ſes Croniques. Et ſur tous Gaſpard Contarenus en l'œuure docte, & plein de philoſophie, qu'il a faict De quatuor elementis.

Fin de la dixieſme hiſtoire.

PRODIGIEVSE MORT DE
Pline, auec vne briefue deſcription de la
cauſe des flammes, qui ſortent de
certains endroitz de la terre.

Chapitre II.

Il n'eſt

PRODIGIEVSES. 34

L'n'est point estrange que le feu tōbant du ciel, brusle les lieux qu'il attainct, mais il est monstreux de le voir yssir de la terre, sans sçauoir d'ou il prent sa nourriture, origine & naissance, comme celuy duquel faict mention Tite Liue, & Orose, qui sortit des entrailles de la terre, au territoire de Calene, qui ne cessa d'ardre par l'espace de trois iours & trois nuitz iusques à ce qu'il eust mis en cendre enuiró cinq ar-

Calene est ville de Champaigne dicte pour le iourd'huy Carignole, à quinze mil de Capue.

I ij

HISTOIRES

pés de terre, deſechát ſi bié tout le ſuc & humeur de la terre que, nõ ſeulement les bledz & autres fruictz, mais auſsi les arbres auec toutes leurs racines furent bruſlées & conſommées. Pour vne ſemblable violente irruption de feu qui ſortit de quelque ſouſpirail incongneu, & cauerne de terre, la pluſpart du royaume d'Eſcoſſe fut anciennement bruſlée, comme les hiſtoriens écriuent. Les philoſophes ont cherché la cauſe de ces flammes auec grande diligéce, puis ont trouué en fin, que le ſouffre, alun, le bitumen & l'eau ſont cauſe d'entretenir ce feu, meſmes aux lieux ou la terre eſt fort graſſe, & ce feu ne pouuant longuement viure ſans ſouſpirail, lors qu'il trouue yſſue il comméce à ſe produire auec violence. Ces flammes ont eſté veuës quelquefois auec grand merueille & terreur du peuple à l'entour des ſepulchres & cimetieres, & autres lieux gras & humides qui eſtoiẽt engédrées de la greſſe & humidité des corps mors, qui y eſtoient enterrez. Or que l'homme entre tous animaux ſoit de ſubſtance treſſubtille, & meſmement ſa greſſe, il eſt euidemment monſtré par ce qui a eſté deſcouuert de noſtre temps au ſepulchre d'Alexandre Duc de Florence, lequel, combien qu'il fuſt conſtruict d'vn marbre blanc fort eſpois & ſolide, ſi eſt-ce neantmoins que ledict ſepulchre eſtoit tout maculé de la greſſe du corps qui auoit paſſé outre, meſmement les gouttes de greſſe auoient penetré le fons des coulomnes. Semblablement la greſſe du corps d'Alphonſe Aualus, combié que ſon corps euſt eſté deſeché

Le peuple péſe eſtre choſe miraculeuſe de voir le feu à l'entour des ſepulchres.

Merueille de ſepulchre.

deseché par medicamens, sel & sable, il gasta neant-moins & macula les pierres de dessus le tóbeau, trauersant le plomb de part en part. Il y a vne montaigne en l'isle d'Islande nommée Hecla, de laquelle Georgius Agricola, homme de nostre temps digne de memoire faict mention, & plusieurs autres. Ceste montaigne iette de telles flammeches, & faict si grád bruyt, qu'il semble qu'elle soit enragée, elle iette & darde de fort grosses pierres, elle vomist le souffre, Ceux qui desirent en approcher pour cótempler la nature de ce feu sont incontinent engloutis comme dás vn gouffre, le vulgaire du païs est en cest erreur, qu'il croit que ce lieu soit la prison des dampnez, ioinct que plusieurs histories écriuent, qu'il se trouue lá des Phantosmes qui se monstrent visibles, & font du seruice aux hommes, & principalement apparoissent en figure de ceulx, qui ont esté tuez ou noyez par quelque violente aduéture, & quád ceulx qui les congnoissent les prient de retourner à leurs maisons, ilz respondent auec plainctes & merueilleux gemissemens, qu'ilz s'en retournent à la montaigne d'Hecla, & tout soudain disparoissent & esuanouissent. Quant à mon regard i'ay tousiours pésé que soyent quelques diables disciples de Sathan, qui ayent voué leur obedience en ce lieu pour deceuoir ce peuple, qui est de nature grosier & barbare. Et quant aux flammes hideuses & perpetuelles qui sortent de la montaigne, la cause, comme nous auós ia dict, est naturelle: C'est la gresse de la terre, & le

Islande est vne Isle qui est en Sueue bien auant en la mer Oceane.

I iij

souffre duquel les marchans emportent aux païs estranges grand nombre de Nauires chargées. Quant à la greffe de la terre d'Iflande, les anciens & modernes hiftoriés écriuent que les pafturages font si gras (mefmes au plat païs) qu'on eft contrainct chaffer le beftial des prez, autrement il auorteroit, & ne viueroit point, & feroit incontinent fuffoqué de greffe, cóme ilz experimentent tous les iours. Et fans nous amufer trop curieufement à rechercher la caufe des flammes des mótaignes qui font efloignées de nous, Nous auons le mont Vefuue pres de Naples, duquel Martial, Strabo, & Xiphilnius en la vie de Seuere l'Empereur, font fouuent mentió en leurs écritz, laquelle a efté autrefois tant fertille, & toutefois le feu qui y eft naturel a tout embrafé, gafté & ruiné, mefmes du temps de Tite Cefar, elle ietta tant de feu que deux villes en furent embrafées, & fortit du fommet d'icelle des fumées fi efpoiffes, que la lumiere du Soleil en eftoit obfcurcie, & les iours fembloiet nuictz, & tout à l'entour les champs eftoient fi plains de cédres qu'ilz egalloient la hauteur des arbres. Et comme Pline (qui regnoit du temps de Vefpafian l'Empereur) defirát de fçauoir la caufe du continuel embrafement de cefte montaigne la fuft allée voir, & fe fuft approchée de trop pres, il fut eftonné qu'il fe fentit incótinent furpris de flámes, & que fon corps fut mis en cendres cóme tu vois cy deffus en pourtraict. Ce qui f'eft encore renouuellé de noftre téps, en l'an 1538. ou elle fift de rechef vne fi grande eruption,

ption, qu'elle estonna tout le peuple circonu oisin. Nous pouuōs semblablement mettre au rang de ces prodigieuses mōtaignes le mont d'Aetna, autremēt dict le mōt Gibel en Sicille, duquel sainct Augustin faict si souuent mētion en ses œuures, & lequel Strabo atteste auoir veu, mesmes auoir monté iusques à la sommité pour considerer ses merueilleux effectz. Suetone tesmoigne que Caius Cesar Caligula Empereur des Romains, ayant contemplé ce grād Torrent de feu, que ce mont vomissoit, il fut tellement espouenté qu'il s'enfuit de nuict à Messane, & non sans cause, car depuis que l'impetuosité des vēs s'entonne dedans les souspiraux de ceste mōtaigne, elle darde de grosses pierres, & de grandz tourbillons de feuz embrasez qui consomment tout ce qu'ilz rencontrent. Thucidide faict mention de trois memorables embrasemés du mont d'Aetna, depuis que les Grecz eurent tenu la Sicile. Orose recite que du tēps que M. Aemille & L. Oreste, estoient consulz, elle desgorgea vne telle quātité de flammes sulphurées, que tout le païs circonuoisin fut gasté, & pour ceste cause les Romains remirēt le tribut ordinaire qu'ilz receuoient de ceux de Casine pour l'espace de dix ans. On auoit pensé de noz ans que la matiere, dont ce feu auoit acoustumé se nourrir fust consommée, par ce qu'il cessa pour vn temps, mais l'an mil cinq cens dixsept, on experimenta bien le contraire : Car on fut estonté qu'vne grande masse de feu auec vne lumiere obscure, ainsi que de souffre allumé tomba

HISTOIRES

du hault du sommet en bas, laquelle par aucune froideur ne peut estre si bien temperée, que courant çà & là, elle ne bruslast champs, pierres forestz, mesmes deux villages, & tout ce qu'elle rencontra. Ce feu pour le iourd'huy a cessé, à raison dequoy la terre a commencé à produire plusieurs bons fruictz, & à deuenir fertille.

Fin de l'vnzeiesme histoire.

PRODIGES DE QVELQVES horribles tremblemens de terre, aduenuz en diuerses prouinces, auec vn prestige de Sathan, lequel par son astuce feit precipiter vn cheualier Romain en vn gouffre.

Chapitre. 12.

Les histoi-

Es histoires & Annalles des Romais, Grecz, Parthes, Medes. Perses & autres semblables font si souuent mention des ruines aduenues à plusieurs citez,& prouinces par tremblemens de terre, que i'en pourrois memorer iusques au nóbre de cinq cens, bien renommées qui toutes sont peries,& desmolies par ce genre de tourment, comme Ephese, Magnese, Sardos, Cesarée, Philadelphie, Mirinne, Apolonie, Nicomedie, Antioche & plusieurs autres, de sorte que pour vne nuict, du temps de l'Empereur Tybere, soubz lequel le sauueur du monde fut crucifié, douze des plus superbes villes de l'Asie furent ruinées de nuict, par vn soudain tremblement de terre, comme Pline, & Cornelius écriuent du temps que Flaminius batailloit côtre Hannibal comme leurs deux exercites estoient prestz a se ioindre, la terre cômença si fort à souspirer, & à trébler par telle impetuosité, que beaucoup de fiers membres de citez, & plusieurs sommetz de môtaignes furent moulus & brisez, & toutefois (dit Tite Liue) les deux camps estoient si bien acharnez les vns contre les autres, qu'ilz continuerent leur rage, & n'eurent aucun sentimét de ces prodiges. Qui vouldra lire Dion, Niceus, & Xiphilinus en la vie d'Anthonin l'Empereur, il y trouuera de si estranges tremblemens de terre aduenus en l'Hellespont & en Bythinie, qu'il sembloit propremét que toutes ces prouinces deussent estre deuorées & englouties. Rhodes isle tant celebrée par les écritz a souuét esté ruinée par tremblement de terre, mesmes la grande Idole & statue du Soleil, qui decoroit tant Rhodes, que Chares Lindius disciple de Lisippus auoit faicte en douze ans de son aage, laquelle estoit de haulteur de soixante-seize couldées, fut ruinée & abatue par tremblement de terre, cinquante & cinq ans apres qu'elle eut esté erigée, laquelle estoit encore couchée par terre du temps de Pline, auec grand esbahissemét de ceux qui l'alloient veoir, de sorte que le poulce seulement de ceste statue estoit plus grand que les

2. liure de ses histoires Ro.

Liulus lib. 2. deca. 3.
Plutarchus in vita Fabij maximi.
Florus lib. 2.

que les plus grandes statues qui se peussent trouuer, & estoit la richesse de ceste statue si esmerueillable, que lors que le Soudan d'Egipte enuahit Rhodes, il emporta la charge de neuf cés Chameaux de q̃lques fragmens & reliques de l'Airain de ceste statue qu'il trouua abatue, & l'enuoya par terre en Alexandrie. Iosephe en son liure premier de la guerre des Iuifs, faict métion d'vn tremblement de terre qui aduint en Iudée, par la violence duquel trente mil hómes furent tuez. Les Arriens soubz la conduicte d'Eudoxius, voulás celebrer vn second Concile à Nice, pour oppugner les articles arrestez par le Concile general, furent estonnez qu'ainsi que leurs Euesques & Prelatz estoyent assemblez, la cité de Nice fut tellement esmeuë par tremblement de terre, qu'il y eut plusieurs edifices abismez, & plusieurs milliers d'hómes suffoquez, & congnoissans que Dieu resistoit à leurs desseins, ilz furent contrainctz d'abandonner leurs sieges, & retourner en leurs prouinces, comme Fuctius écrit. L'an mil trois cens quarante cinq, le iour de la Conuersion sainct Paul, il y eut vn si horrible tremblement de terre en Venise (comme Sabellique écrit) que par l'espace de quinze iours asidus on ne voyoit autre chose que maisons & edifices ruinez, & qui plus est toutes les femmes qui estoient grosses pendát qu'il dura, auorterent, & perdirent leur fruict: mais afin que nous ne consommions trop de temps à commemorer les playes que l'antiquité a receues par les esclatemens de la terre,

Cap. 27.

K ij

nous auons mesmes de noz ans experimenté le semblable, en l'an de nostre sauueur, mil cinq cens trête huict, le vingtsixiesme iour de Ianuier, ou le royaume de Portugal fut tellement esbranlé par le croulement de la terre, qu'il tomba à Lisbone (comme les modernes écriuent) bien mil ou douze cens edifices, & plus de deux cens autres qui tendoient à ruine, & dura ce tourment huict iours, reiterant les assaulx cinq ou six fois le iour: Dequoy tous les paures habitans furent si bien intimidez, qu'habandonnans leurs maisons ilz erroient par les cháps & logeoient soubz le ciel. Tite Liue liure 7. Decade premiere: Orose liure 3. chap. 5. Iules Obsequens, Polidore Virgile, & plusieurs autres font mention d'vn si estráge tremblemét de terre aduenu à Rome, qu'il m'a semblé digne d'estre memoré en ce lieu pour la nouueauté d'vn acte si estrangemét aduenu. Ilz ecriuent que du temps que Seruilius Hala, & L. Genutius estoient Consulz, la cité de Rome fut agitée de quelque soudain tremblement de terre, lequel cessé, laissa certaine cauerne ou abisme au meilleu de la place de la ville, lequel pour quelque grande quantité de terre ou autre matiere qu'on y peust ietter, ne peut estre comblé, mesme de ce trou ord & infect sortoient quelques vapeurs si pestilentes que la pluspart des Citoiens de la ville en estoient infectez. Et apres auoir cherché tous les moyens de remedier à leur mal, s'aduiserent (pour dernier refuge) de demander conseil à leurs Deuins & Augures. Et apres
qu'ilz

PRODIGIEVSES.

qu'ilz eurent vsé de leurs ceremonies acoustumées, ilz respondirent que ce trou par aucun artifice humain ne pouuoit estre bouché, si ce qui estoit le plus precieux en toute la cité n'estoit ietté dedans. Et apres que les dames, & autres citoiens Romains eurét liberallement ietté dedans les plus precieux ioyaux qu'ilz eussent en leurs cabinetz, sans y proffiter ou pouuoir appaiser la fureur de ce gouffre, Marcus Curtius excellent & magnanime cheualier Romain, armé de toutes pieces, & monté sur le meilleur cheual de son escuirie, se precipita en cest abisme, lequel à l'instant mesme fut bouché, tant les prestiges du diable estoient grands en ce siecle: auquel les hômes pensans faire sacrifice à leurs dieux, & liberer leur patrie de captiuité, faisoient vn volontaire sacrifice aux diables de leurs ames. Ayant mis fin à ces tremblemens de terre, reste seulement de deduire les causes dont ilz naissent. Aristote, Pline, & en general tous ceux qui ont traicté de l'emotion de la terre, attribuent les causes de ce malheur aux vapeurs & exhalations qui sont encloses aux entrailles de la terre, lesquelles cherchant à sortir, & à s'éuaporer la secouent, mouuent, & agitent, & estant ainsi esbranlée en aucuns lieux, les murailles tombent, aux autres se font des abismes, comme en celuy de Rome, duquel nous auons faict mention : aucunefois il en sort des feuz, mais deuant que l'assault se dóne, ou quelquefois à l'heure mesme, on oyt vn horrible son & murmure, semblable à des muglemens, ou à vne clameur

Le pourtraict de M. Curtius est figuré cy dessus, au commencement de ce present chapitre.

K iij

HISTOIRES

d'hommes, selon la quantité de la matiere qui est esbranlée, ou la forme de la cauerne par laquelle passe la vapeur, il y demeure quelquefois vne cauerne qui monstre ce qui est englouty, Aucunefois la terre se referme si soubdain qu'on n'y voit nulle trace, deuorant quelquefois des villes toutes entieres, mesmes engloutist toute vne contrée de païs : Et est à noter, que les tremblemés de terre aduiennent plus tost au printemps & en Autonne, qu'en autre temps ou saison.

Ein de la douzeiesme histoire.

PRODIGE DE DEVX CORPS
antez ensemble, comme deux greffes en vn tronc d'arbre: Duquel sainct Augustin fait mention en sa cité de Dieu.

Chapitre 13.

Ceux lá

PRODIGIEVSES.

Eux là ne s'estõneront point de la figure de ce Monstre, qui ont leu en sainct Augustin, chap. 8. liure. 16. de sa cité de Dieu, que peu deuãt son temps il nasquit vn enfant és parties d'Orient qui estoit double par dessus, & simple par dessoubz, ayant deux testes, deux poictrines, quatre mains, & le reste du corps n'estoit qu'vn : sçauoir est deux cuisses, deux piedz, vn ventre, & au reste depuis le nombril embas n'auoit que la figure d'vn homme, lequel comme il

HISTOIRES

tesmoigne au lieu preallegué, vescut tant que plusieurs l'allerent veoir, pour la renommée qui en estoit: Ce que i'ay bien voulu mettre en auant, par-ce que celuy duquel tu vois icy le pourtraict est tout semblable à celuy qui est descrit par sainct Augustin, reserué que cestuy lá auoit figure d'homme, & cestuy de femme, lequel fut engendré sur les Confins de Normandie, & d'Angleterre du temps de l'Empire de Henry troisiesme: & si tu le consideres bien, tu trouueras que c'est vn estrange spectacle en nature, attédu que ces deux corps estoient antez ensemble depuis le hault iusques au nombril, comme deux greffes en vn tronc d'arbre, ayant deux testes, deux bouches, deux nez, auec leurs belles faces, bien formées & acomplies de tout ce qui est requis en nature iusques au nombril, & depuis le nombril en bas il n'y auoit que la figure d'vne seule, sçauoir, de deux iambes, deux cuisses, vne nature & vn seul conduict, par ou ilz rendoient leurs excremés: Et ce qui estoit plus pitoyable, toutes leurs actions estoient le plus souuent diuerses, car quelquefois que l'vne ploroit, l'autre rioit: l'vne parloit, l'autre se taisoit: l'vne mangeoit, l'autre beuuoit: & vescurent ainsi lóguement iusques à ce que l'vne mourut, & l'autre fut contraincte de trainer ce corps mort apres elle iusques à quelques années d'apres, ou par la puanteur & corruption de l'autre elle mourut infectée. Les autheurs de cecy sont Guylerinus, Matheus Palmerius, Vincentius liure 26. chap. 38. Hierosme Cardan

excellent

excellent medecin Millanois grand rechercheur des secretz de nature, lequel est encores pour le iourd'huy viuant, liure 14. de ses liures De diuersa historia, afferme que l'an mil cinq cens quarante quatre, au moys de Ianuier, vn semblable Monstre fut engendré en Italie, lequel il décrit par les parties tout semblable à cestuy, & la mere le produict sur terre au terme de neuf moys, bien formé au reste, & corpulent : Neantmoins il mourut incontinent apres que la mere en eut acouché, par ce que les saiges femmes auoyent vsé de trop grand effort & violence à le tirer hors du corps de la mere. Et si décrit apres vne chose digne d'estre notée, c'est qu'vn Chirurgien nommé Gabriel Cuneus, homme fort expert en son art, qui auoit esté autrefois son disciple, anatomisa ceste fille monstreuse, & la mist en pieces, & apres auoir faict ouuerture des parties interieures, il y trouua double ventricule, tous les intestins doubles, reserué celuy qu'on appelle rectum : Luy trouua deux poulmons, & ainsi presque de toutes les autres parties, reserué le cueur qui estoit simple. Ce qui nous induict à penser (dit Cardan) que nature en vouloit créer deux, mais que par quelque defectuosité elle demeura ainsi manque.

Fin de la trezeiesme histoire.

L

HISTOIRES
HISTOIRE D'VN MONSTRE
duquel sainct Hierosme faict mention, lequel
apparut à sainct Anthoine au desert.
Chapitre 14.

Ainct Hierosme, Licostenes, & Isidorus, font mention d'vn Monstre lequel fortuitemét apparut à sainct Anthoine, pédant qu'il faisoit sa penitence au desert, lequel (ainsi qu'ilz décriuent) auoit forme d'homme, le nez hideux & crochu,

crochu, deux cornes en la teste, & les piedz semblables à vne Cheure, comme tu le peux voir figuré en ce pourtraict: Ce sainct homme espouenté de voir vne creature si prodigieuse en son desert, l'adiura au nom de Dieu de luy dire qui il estoit, lequel luy respondit: Ie suis homme mortel comme toy, qui habite en ce desert, l'vn de ceux que le vulgaire (deceu) appelle Satyres ou Incubes. Sainct Augustin liure premier de ses questions sur Genese, question troisiesme, faisant métion des diables Incubes, écrit ainsi: Il se dit tant de diuerses choses de quelques diables qui sont mauuais aux femmes, qu'il n'est aysé ne facile d'en donner resolution. Mais au quinziesme liure de la Cité de Dieu chap. 23. Il enfle vn peu son stile, & en parle plus hardiment, & dit ce qui s'ensuit. Que les anges ayent apparu aux hommes auec les corps, lesquelz nó seulement se pouuoient voir, mais aussi toucher, l'escriture l'afferme. Et par ce qu'il est grand bruit, & que beaucoup disent auoir experimenté, & ouy d'autres qui l'auoient aussi esprouué, qu'il y a des Faunes & des Syluains que le vulgaire appelle Incubes, qui n'ont pas seulement desiré les femmes, mais ont eu affaire à elles, & mesmes qu'il y a quelques Dæmons que les Gaulois appellét Dusiens, lesquelz aiment ceste immundicité. Il y a tant de gens qui l'asseurent qu'il est quasi honteux de l'oser nier. Toutesfois quant à moy ie n'oserois asseurer si ces espritz qui ont vn corps d'air peuuent exercer ou souffrir ceste volupté. Si tu veulx

L ij

HISTOIRES

voir vne bien ample difpute de cefte matiere, liz Guilielmus Parifiéfis, au chapitre de fuccubis & Incubis, en fa partie troifiefme, ou il a recueilly les opinions de tous les Theologiés fur cefte matiere: mais beaucoup plus doctement Ludouicus Viues fur le 23. chapitre du 15. liure de la cité de Dieu de fainct Auguftin, ou il fe mocque des Huns & de ceux de l'ifle de Cypre, qui fe glorifient par leurs écritz d'auoir prins leur origine des diables fuccubes & incubes, defquelz i'ay plus amplement traicté cy deffus.

Voy Alexander ab. Alexá. lib.2.cap. 9.

Fin de la quatorziefme hiftoire.

HISTOIRES PRODIGIEVSES
des pierres precieufes, & plufieurs autres chofes
efmerueillables, qui fe retrouuent és
entrailles de la terre.

Chapitre 15.

Il ne fe

PRODIGIEVSES.

IL ne se trouue aucune chose plus admirable en nature, ny plus digne de contemplatiõ philosophique, que l'excellence & proprieté des pierres precieuses: Lesquelles depuis qu'elles sont tirées des entrailles & matrices de leur mere nourrice la terre, elles rauissent noz sens, & esblouissent nostre veuë de telle sorte, qu'il semble que ce soit quelque charme ou nouueau spectacle que nature enuoye à noz

HISTOIRES

yeulx. Ludouicus Vartomanus Romain écrit auoir veu au Roy de Pege (qui est vne fameuse cité en l'Inde) des escarboucles dictes en Grec, pyropi, si grandes & lucides que si quelqu'vn les regardoit en lieu tenebreux, il sembloit que son corps fust diaphane, car il estoit tellement illuminé de ces pierres qui reluisoient d'vne claire lumiere, comme s'il y eust eu les plus clairs & lucides rayons du Soleil. La pluspart presque des Philosophes Grez & Latins comme Theophraste, Mutianus, Pline, Ruoffus & plusieurs autres ont tant deseré aux pierres precieuses, qu'ilz n'ont pas seulemét écrit qu'elles engendroiét, mais mesmes qu'elles souffroient maladie, la vielles-

Generatiõ des pierres precieuses. se & la mort. Les pierres precieuses sont engendrées entre les rochers, quand le suc distille des pierres dedans les lieux creux, ainsi qu'est engédré l'enfant du sang maternel. Quelquefois elles sont engédrées par le suc des metaulx precieux, cóme on les trouue aux mines d'Or & d'Argét. Et disent ces gráds secretaires de nature que leur naissance vient comme les neudz aux bois, comme les glándules aux hómes, ou comme les semences aux herbes. Il y a encore eu d'autres philosophes beaucoup plus effrontez: car ilz ont asseuré que les pierres auoient sentiment & mouuement. Ilz prouuoient le sentiment par l'Aimant qui sent le fer, & l'attire, duquel nous traicterons cy apres plus amplement: quant au mouuement, l'experience le monstre en vne petite pierre precieuse, nómée Astroïtes, fort vulgaire en France, & en Italie,

laquelle

PRODIGIEVSES. 44

laquelle se mouue de soy-mesme dans le vin aigre, ou dedans le vin, & imite & ensuit le cheminer des animaux, allant tantost d'vn costé, tantost de l'autre. J'ay bien voulu proposer toutes ces opinions, pour mieux authoriser l'excellence des pierres, desquelles nous traicterons cy apres, nompas que ie croye que les pierres ayent mouuement. Et quant à la pierre dicte Astroïtes, il est certain qu'elle se mouue toute seulle en du vin, comme i'en ay veu souuent l'experience: mais cela ne prouient pas qu'elle ayt mouuement naturel d'elle-mesme. Toutefois qui vouldra bien exactement considerer le naturel de ceste pierre, il trouuera aisémét en nature la cause de ce mouuemét: car ceste petite pierre qui n'est point lucide, & qui est couuerte de taches grises & cendrées (dót elle a prins son nom) est cōposée d'vn humeur fort subtil, lequel peut estre cōuerty en vapeur, par la force du vin portant ceste vapeur, cherchant voye pour sortir, & ne trouuant issue, elle pousse facilemét ceste pierre çà & là, qui est legiere, & le vray indice & argument de la subtille vapeur est que ceste pierre a de petites bosses: donc il fault croire qu'elle est poreuse, & qu'il y a de grandz meats & cōduitz. Nous sommes (peut estre) trop amusez à rechercher la cause du mouuemét de ceste pierre, si croy-ie que ceste philosophie n'est inutile, car elle donne estónemét à ceux qui la voyent se mouuoir ainsi seulle, sans en sçauoir la cause. Si ie me voulois employer à rechercher des prodiges plus estráges aux pierres,

Ceste pierre est à vil pris, & se trouue par tout à qui en veult voir l'experience.

HISTOIRES

que n'est le mouuement de la pierre dessus nommée d'Astroites, ie le pourrois faire ayſément, auec grād esbahissement des lecteurs, mais encores auec plus grand espouentement de ceux qui l'ont experimenté. Hector Boethius faict mention d'vne pierre spōgieuſe, qui est en Escoſſe, laquelle rend l'eau de la mer doulce quand elle est paſſée par dedans. Les historiens font mention d'vne espece de pierre perce, qui est vn peu palle, qui s'appelle Nicolus, qui rend celuy qui la porte triste & melancolique, & contrainct les espritz tāt fort, qu'elle excite de merueilleuſes perturbatiōs en l'ame. Ie croy que la pluſpart de ceux qui ont penetré aux ſecretz des histoires anciennes, ont leu la memorable & prodigieuſe vertu de la bague pandue au col de Hermion, laquelle faiſoit perir malheureuſement tous ceux qui la portoient. Il est tout certain qu'il y a en Argadie, region d'Escoſſe, vne espece de pierre, laquelle ayāt demeuré quelque temps ſur la paille, ou ſerment bien ſec, elle l'allume & enflamme ſans estre aydée du feu. Ie pourrois produyre beaucoup de telz exemples des estrāges & preſque incroyables proprietez des pierres, mais ie ne veux ennuyer le lecteur à la contemplation des choſes qui ſont ſi rares, & tāt eſloignées de noz ſens, Il nous fault doncques rechercher l'eſſence & proprieté de celles qui ſe repreſentent ordinairement à noz ſens, & qui ſont plus communes. Entre les plus riches treſors que la terre ayt iamais coué en ſes entrailles, ou enuoyé à l'hóme, le Dyamant

PRODIGIEVSES.

mant tient le premier lieu, lequel oultre le violent éclair par lequel il esblouist la veue comme s'il partoit d'vn soudain tónerre, encore a il vne dureté inuincible, laquelle ne resiste pas seulement à la lime, ny aux metaulx, mais qui plus est, elle ne peult estre vaincue des flammes. Pline au dernier liure de ses histoires naturelles écrit, que de son temps le Dyamāt ne se trouuoit qu'aux cabinetz des princes, encores bien rarement, mais nature, qui est deuenue prodigue depuis son siecle, l'a si bien prophané, qu'il n'y a si petite bourgeoise pour le iourd'huy qui n'en aorne ses doigtz. Deux des plus grans prophetes de l'eglise de Dieu, Zacharie & Ezechiel, ont honoré ceste pierre par leurs écritz, & non sans cause, car outre les communes proprietez qu'elle a de resister aux venins, poisons, charmes, songes & visions nocturnes, encore a elle vne vertu presque prodigieuse, de resister au feu, de sorte que les philosophes ont experimenté qu'elle peult durer neuf iours assidus dās les brasiers ardens sans en estre offencée. Ie ne veux obmettre en cest endroict d'aduertir les lecteurs des deux enormes faultes, esquelles les anciens & modernes se sont enuelopez, pour auoir mal obserué la proprieté de ceste pierre. Pline entre les anciens, auec tous ceux qui l'ont precedé, & entre les modernes, François Ruel medecin en son traicté des pierres, & Marbodeus poëte Latin au mesme subiect, ont grādement erré en ce qu'ilz ont écrit, que l'aymāt n'attire iamais le fer, le Diamant present, car le contraire

M

HISTOIRES

se voit à l'œil, par l'experiéce qui est ayfée. Aussi ont ilz erré en ce qu'ilz ont asseuré que le Dyamant ne peult estre vaincu par fer ny par autre moyen, que par le sang de bouc: car il est tout certain que le coup du marteau le met en pieces, quád il est assommé par quelque forte main. Ie n'ignore point qu'il n'excede toutes les autres pierres en dureté, mesmes qu'il diuise les autres pierres precieuses par sa solidité, & qu'il n'est presque poly ne lymé d'autre chose que de sa limeure, & qui plus est i'adiouste vn plus grand argumét de la subtilité & dureté du Dyamát, que les anciens ont practiqué auec grand merueille, C'est que si la poincte d'vn dard, d'vne dague, ou de

Prodige du Dyamant. quelque autre instrument trenchant, est trempée en la forgeant en la pouldre de Dyamant, facilement elle pourra penetrer les armeures, car le fer & l'acier eschauffé par le coup, auec la dureté de la trempe, penetrent aisement. Nature a encores doué le diamát, d'vne autre secrette proprieté, qui n'est pas moins esmerueillable que la precedente, C'est qu'il attire le festu eschauffé ainsi que l'Ambre, mais nompas auec telle vigueur. Les anciens & modernes ont attribué plusieurs autres proprietez estranges au Dyamant, mais par ce qu'elles sont suspectes ou fabuleuses, ie n'en feray pour le present aucune mention en mes écritz. Encore fault il noter qu'entre tant de riches aornemens, desquelz nature a decoré ceste pierre pour contrepoix de ses graces, elle l'a infecté d'vn vi-

Le Dyamant est veneneux. ce, car il est veneneux, & est mis au rang des poisons violentes,

violentes,qui foudain eftouffent,quand il eft beu en pouldre. Aucuns difent que c'eft par fon extreme frigidité,les autres difent que c'eft par la violente erofion qu'il faict aux boyaux, mais la premiere opiniō me femble plus probable. Et eft à noter que le plus grand Dyamant qu'on ayt oncques veu, n'excede point la groffeur d'vne amande, lequel eft pour le iourd'huy entre les mains de Solimā Empereur des Turcqs. Les modernes ont toufiours prefque donné le fecond lieu d'honneur à l'emeraulde, par ce que par fa viue verdeur elle ne recrée pas feulement la veuë plus que toutes les pierres, mais elle furmonte en grace & gayeté les foreftz,les arbres & les plantes, de forte qu'il femble que nature ait eu contention auec la terre, à qui remporteroit le pris en verdeur, ou l'emeraulde, ou les plantes. Tous ceux qui ont écrit de la nature & proprieté des pierres, écriuent entre autres chofes,que l'emeraulde eft amye de chafteté,& qu'elle abhorre les immundes & paillars. Et pour confirmation de leur dire, ilz citent l'hiftoire vulgaire du Roy de Hongrie, lequel eftant couché auec fa femme, ayant vne efmeraulde en fon doigt, fut eftonné qu'elle fe brifa en plufieurs pieces. Ie ne veulx affermer que ces chofes foient vrayes,ou faulfes, finon que cela fuft aduenu par cas fortuit: Car l'efmeraulde eft la plus fragile & tédre de toutes les pierres. Les proprietez les plus vrayes, qui luy font attribuées par les doctes,font celles qui f'enfuyuent. Ariftote fuade qu'on l'attache à la tefte de ceux qui

M ij

HISTOIRES

ont le mal caduc. Rabi commande qu'on en boyue la pesanteur de neuf grains, & qu'elle deseche les humeurs, Sanauorola écrit q̃ si on l'applique sur la cuisse de la femme qui sent les angoisses de son fruict, qu'elle soulage l'enfantement. Rasis & Dioscoride ordonnent au Lepreux de boire l'emeraulde puluerisée. Ie scay qu'on luy attribue beaucoup d'autres proprietez, mais par-ce qu'elles ne sortent point de bonnes boutiques, i'ayme mieux les taire que les recenser. Ie ne veux obmettre entre mes plus rares & mõstrueux prodiges, de celebrer le Roy d'Angleterre Edouart, lequel ayant receu vn liure qu'Erasme luy presenta, luy feist don d'vne Esmeraulde, qui fut apreciée, apres sa mort, trois mille escus, laquelle ce philosophe auoit si chere, qu'il l'auoit encores en son doigt à l'heure de sa mort. Suetone écrit que Nero auoit acoustumé de contempler les ieux des gladiateurs dedans vne esmeraulde. Les bonnes esmeraudes s'esprouuent à la pierre de touche, dicte Lidia, & si elles sont naïfues & vrayes, elles y delaissent vne macule d'airain. Sainct Iean en son Apocalipse a tant hõnoré ceste pierre, qu'il en a voulu faire mention. L'Escarboucle des anciẽs n'est autre chose, que ce que nous appellons en nostre vulgaire le ruby, laquelle est ainsi nommée pour la similitude qu'elle a en splendeur, auec le charbon ardẽt: icelle gettée au meilleu des flámes, les surmonte en lueur, & ne peut estre vaincue ny maculée d'icelles. Les plus communes excellences, & proprietez que les philosophes

Present du Roy d'Angleterre faict à Erasme.

Comme se cognoissent les bonnes Emeraudes.

De l'Escarboucle.

attribuent

attribuent au Ruby, sont de chasser la melancholie, Vertus du Ruby. empescher les songes & illusiōs nocturnes, & de seruir d'anthidote contre l'air pestilent & corrompu. Ie n'ignore point qu'il n'y en ayt plusieurs especes, cōme le Grenat, le Balays, & autres semblables, mais ie me reserue à en parler ailleurs. Le Saphy ne cede Le Saphy. en riē au Ruby, car si l'vn nous represente le feu, lors qu'il est en sa plus viue & penetrante ardeur, aussi l'autre nous represente le ciel azuré, lors qu'il est en sa plus grandé serenité. Il n'y a pierre plus celebrée des autheurs pour les vsaiges de medecine que le vray Saphy. Auicenne tesmoigne qu'il est de vertu si astringente pour sa frigidité, qu'il estáche promptement le flux de sang qui decoule du nez. Galien & Dioscoride asseurent qu'il reprime les excrescences & pustules qui offencent les yeulx. Les medecins mo Le Saphy desaltere. dernes auec grand effect l'ont mis soubz la lāgue de ceux qui sont affligez de fiebures chauldes & ardentes, & ont trouué que par sa grāde frigidité il desaltere & refraichist. Il sert d'anthidote, contre tous venins & poisons, & repercute le mauuais air de celuy qui le porte en temps pestilentieux, comme Isidore & Anglicus Marbodeus & Ruoffus écriuent. Aucūs Du Saphy, asseurent auoir leu en Dioscoride que le Saphy en- Voy Galiē li. clos en vne boëte auec l'Araigne la tue subitement, 19. Dioscoride tant sa puissance est violente contre le venin, mais ie li.8.cha. 100. croy qu'ilz luy imposent, car ie ne me recorde point auoir leu en Dioscoride qu'il ayt faict mention de ces choses. L'amatiste du temps d'Aristote ainsi qu'il De l'Amatiste.

M iij

HISTOIRES

Lisez Pline li. 7. chap. 9. Isidorus li. 10. Siluaticus in pandec. ca. 90.

Des vertus de Hyacinthe, Lisez Auicenne, De viribus cordis. Pli. 37. cha. 9. Serap. agre. ca. 39. Solin. 4.

écrit n'estoit point recommandeé d'autre chose que de resister à l'ebrieté. Le Hyacinthe resiste aux tonnerres, comme nous auons monstré au chapitre des tonerres, de sorte que Serapio a affirmé qu'oncques homme ne fut offencé du tonnerre qui portast le Hyacinthe sur luy. La Turquoise selon les philosophes n'a rien de propre ou excellent en elle que de chasser les espouentemens & troubles du cerueau. Les meilleures viennent de Perse d'vne ville nómée Balascha, ou il y en a en abondance. En ce qu'est de l'Agathe, Ie n'ay rien trouué de plus esmerueillable entre toutes ses vertus, que ce que les Arabes écriuét

Les anciés experimentoient si leurs femmes estoient pucelles auec l'Agathe.

des anciens, qui la donnoient pulueriseé en breuuage à leurs femmes, pour experimenter si elles estoiét pucelles, mais par-ce que ces choses me semblét vaines, ie les passe legierement. Ie pourrois semblablement traicter des Perles, du Chrysolite, de la pierre Aquilin, d'Alectre, Absynthe, Abseste, Achate, Opale & plusieurs autres, mais ie m'en deporteray pour le present par-ce que Dieu aydant ie feray voir en brief à nostre Fráce la descriptió vniuerselle de toutes les pierres precieuses, desquelles les Arabes, Hebreux, Egyptiens, Grecz & Latins ont faict mention en leurs écritz, mesme descouuiray les secretz desquelz les imposteurs vsent en leurs pierres artificielles, ce qui apportera grád profit au public, car par tel moyen on trenchera la voye aux Italiens & aux autres qui ne s'estudiét à autre chose qu'à corrompre, contrefaire, sophistiquer & adulterer ce qui nous est enuoyé

PRODIGIEVSES.

est enuoyé de nature, syncere, pur & net: ioinct aussi que les seigneurs & autres qui demeurent reclus à leurs maisons, pourront auoir le plaisir des pierres artificielles, & imiter la nature, si bon leur semble, à peu de fraiz par le moyen de mó œuure, & sans l'ayde d'aucun, de sorte que ce que i'ay obserué par longues nuictées auec grand coust & labeur, mesmes auec l'interruption de mes plus graues estudes, leur sera communiqué gratuitement, auec telle facilité que les plus grossiers pourront comprendre l'art, & s'en donner plaisir, comme i'ay faict cógnoistre par experience à ceux qui me frequentent: lesquelz scauent que par le lóg vsage & exercice quotidian que i'en ay faict, i'ay si bien trouué la perfection que les plus excellens Lapidaires trauaillent bien à discerner mon œuure artificiel d'auec le naturel sans l'esprouue du feu ou de la lime. Laissons donc les pierres en repos, iusques à ce que la saison soit venue de les produire en lumiere, & ce pendant par maniere d'anthidote nous traicterons de leurs vices, & des moyens de discerner les vrayes d'auec les faulses. Les plus commũs vices qui se retrouuent es pierres, sont certaines fumées, vmbres ou nubecules, qui les obscurcissent si bié qu'elles diminuent de leurs graces. Les autres sont cassidoniennes, & ont vne asperité, vn cheueu, vn point, vn apostume, qui rabaissent leur pris & valleur. Les vrayes sont discernées d'auec les faulses, par la veue, par la lime, par la substance & atouchement. Par la veuë d'autant que la splendeur

HISTOIRES

de la vraye pierre est plus nitide, plus cõstante, plus contentante les yeulx, & n'est tant hebetée par la lumiere de la chandelle que celle qui est faicte par artifice, de sorte que si ie voulois bien experimēter vne pierre de grand pris, ie la vouldrois contempler à la chandelle: par la lyme, semblablement se congnoissent les pierres, quand elles resistent furieusement à sa viue trépe, car ceste dureté ne se peult imiter par aucun artifice humain. Les pierres se iugent semblablement par leur substance & atouchement, d'autāt qu'elles sont plus legieres & plus froides que les fau-

Comme les Indiens experimentent leurs pierres. ces, de sorte que les Indiens, qui sont les plus excellēs Lapidaires du mõde, les approuuent par l'attouchement de la langue & celles qu'ilz trouuent tresfroides ilz y employent hardiment leur argent. Il s'engendre semblablement quelques pierres precieuses au ventre des animaux, comme celle que Georgius Agricola a obseruée aux entrailles des vieulx chappons, dicte Alectorius, de laquelle Pline faict aussi mention, parlant des victoires de Milo Crotrinates. Il y a aussi vne autre pierre qui s'appelle Borax ou Stelon, aucuns Chelonites, qui se trouue (comme ilz écriuent) en la teste des vieulx & grans crapaulx, ce que Brasauolus refere auoir trouué en la teste du Crapault, mais il dict qu'il luy semble plustost que

Pour la maladie de la pierre. soit vn os, qu'vne pierre. On écrit qu'elle resiste aux venins, & qu'elle est souueraine pour le calcul. Il se trouue des pierres dedans les fielz des beufs qui sont en trescõmun vsage de medecine pour le iourd'huy en Turquie,

PRODIGIEVSES.

en Turquie, ilz se trouuent semblablement en France en noz Beufz, mais nõ pas en tous, de sorte qu'entre vne douzaine de vessies de fielz de beufz, il s'en pourra trouuer quelqu'vne. Quelque medecin moderne écrit que depuis quelque peu de temps en ça il s'est trouué vne pierre en la vessie du fiel d'vn homme Lepreux. I'ay veu anatomiser vn corps mort en ceste ville de Paris, qui estoit mort de la maladie de pierre, qui en auoit vne en la vessie aussi grosse que vn œuf de Pigeõ. Il s'en engendre quelquefois aussi en la teste des poissons, comme Aristote écrit de la Maigre & de plusieurs autres, mais ie me reserue (cõme i'ay promis cy dessus) à traicter ailleurs copieusement toutes ces choses. L'aymant dõcques mettra fin à noz pierres, la vertu duquel a rauy en si grand, admiration, quelques philosophes de nostre temps, qu'ilz l'ont estimé auoit sentimẽt, & quelque esprit vital. Les anciens par deffault d'auoir eu congnoissance de ceste pierre, ont esté si empeschez en leurs nauigatiõs, qu'ilz ne perdoient presque point la terre de veuë, ou ne se guidoient seulement ny en paix ny en guerre que par l'adresse ou coniecture de l'Orient, du Soleil, & couchant: ou par quelques autres estoilles, mais depuis que Dieu nous a eslargy ses graces par le benefice de ceste pierre d'Aymant, la nauigation est si facile & ouuerte, que deux hommes s'oseront aduanturer de trauerser la mer en vne petite barquerotte, mesmes s'exposeront aux plus furieux abbays & tẽpestes de la mer, ce que les anciens n'eus-

Pierre de merueilleuse grosseur trouuée en la vessie d'vn homme.

De l'Aymant.

N

HISTOIRES

sent osé faire, ny entreprédre : par-ce qu'ilz n'auoiét l'aguille & Cadran frotée auec la pierre d'Aymant. On trouue en ceste pierre deux vertus bié cótraires, car l'vn des boutz faict que l'aguille regarde en tout temps la partie de Septentrion, & l'autre bout le Midy. Celuy qui fut le premier inuenteur de l'vsage de ceste pierre d'aymát auoit nom Flauius, mais le premier qui en a écrit la vertu, est Albert le Grand. Aristote auoit bien congneu qu'elle attiroit le fer, mais le bon homme n'auoit oncques sceu comprendre qu'elle seruist aux nauigations, car s'il eust eu ceste intelligéce, il eust beaucoup soulagé les anciens, lesquelz sont tombez en vn millió d'extremes miseres & naufrages en leurs guerres naualles, par default d'auoir cógneu la proprieté de ceste pierre. Ce n'est doncques point sans cause que Pline a tant exalté ceste pierre d'Aymant, & qu'il a formé ses cruelles complainctes cótre nature de ce qu'elle n'estoit pas contente d'auoir donné la voix aux rochers pour respódre aux hommes comme à l'Echo, mais encores a elle voulu donner le sentiment, & les mains aux pierres, comme à l'Aymant, auec lesquelles il retient & embrasse le fer, & semble estre touché de quelque ialousie quand on le luy rauist. La plus vulgaire dignité & excelléce de l'Aymát est d'attirer le fer, mesme de transferer sa vertu aux choses qui luy ont touché. Ce qui n'a pas seulement esté experimenté des prophanes, mais sainct Augustin mesme confesse auoir veu & manié de l'Aymát qui attiroit vn anneau de fer.

De ciuitate Dei lib. 21.

de fer. Cest anneau frotté à l'Aymant en tiroit vn autre. Le tiers tiroit le quart, & ainsi consequément des autres, de sorte qu'il se faisoit vne liaison d'aneaux, ayant forme de chesne par l'attouchement de ceste pierre. On a de nostre temps experimenté vne chose presque miraculeuse en ceste pierre d'Aymāt, qui est telle, qu'on mette vn couteau sur la table, & qu'ō ayt vne grand piece du meilleur Aymāt, & qu'on la mette soubz la table, sa vertu penetre la table interposée, de sorte que vous verrez le couteau tourner tout seul, auec grand merueille & admiratiō des assistans. Ces proprietez de l'Aymant sont vulgaires, mais il nous fault chercher ie ne sçay quoy de plus prodigieux en ceste pierre, afin que le lecteur auec le proffit reçoiue quelque plaisir. Il s'est retrouué de noz ans vne autre espece d'Aymāt qui attire la chair, de sorte que quand en l'approche de la bouche, il se prent & lye auec les leüres, mesme a vne autre vertu encore plus prodigieuse: car si vne aguille en est frottée, elle penetre toutes les parties du corps sans faire mal, ce qui sembleroit incredible si l'experiéce n'en auoit esté faicte auec grād merueille & espouëtement. Hierosme Cardan écrit qu'vn medecin empirique de Tours appellé Laurentius Grascus auoit de ceste pierre, & promettoit par le moyé d'icelle de penetrer toute la chair sans douleur, ce que ledict Cardan pensoit estre fabuleux, iusques à ce qu'il en eust faict l'experiéce, car il frotta vne aguille de cest Aymant, puis la mist au trauers de son bras, sans sen-

N ij

tir aucune douleur & la y laiſſa par pluſieurs iours. Encore eſt-ce vne choſe plus eſtrange que celuy qui auoit ceſt Aymant n'obſeruoit point le lieu des veines ou des nerfz quád il mettoit indifferemment les fers ou aguilles en ſes bras, afin qu'on congneuſt par cela la gráde vertu de ſon Aymát. Ceſte pierre d'aymant qu'auoit ce medecin de Tours n'eſtoit point plus groſſe qu'vne febue, & eſtoit de couleur de fer, diſtincte de veines, & legiere, & ne peſoit que douze grains de bléd. Ceſt Aymant a dóné occaſion de deceuoir beaucoup de peuples, & d'entretenir beaucoup de perſonnes en erreur, cóme i'ay veu par experiéce depuis quinze ou ſeize ans que i'eſtois à Poictiers aux eſtudes, ou il arriua vn quidam qui ſe diſoit Grec naturel, mónté de cinq ou ſix pieces de cheuaux & biḗ acompaigné de ſeruiteurs, lequel ſe dónoit de grans coups de dagues, & de couſteaux, par les cuiſſes, par les bras, & preſque par toutes les parties du corps, puis ſ'eſtant frotté de certaine huille qu'il appelloit huille balſamum, il conſolidoit ſes playes cóme ſi le fer n'y euſt point touché. Il y a encores pour le iourd'huy en Italie (ſ'il n'eſt mort depuis quatre ou cinq ans que i'y eſtois) vn nómé Alexandre le Veronnois, qui vſoit de ſemblable artifice: car il auoit force ſeruiteurs, qu'il bleſſoit en preſence de tout le peuple à grands coups de dagues, poinſſons, couteaux, & autres ferremens auec telle horreur que les yeulx humains abhorroiḗt preſque ce ſanglant ſpectacle, puis leur ayant frotté leurs playes

PRODIGIEVSES. 51

playes de certaine huille, il les rendoit tous sains en presence des spectateurs, & le peuple ainsi abusé & deceu acheptoit son huille ce qu'il vouloit, laquelle il asseuroit n'estre seulement proffitable aux vlceres & playes faictes par ferrement, mais à toutes autres especes de maladies, & si sçauoit si bien cõduire son affaire, qu'il n'estoit iour qu'il ne gaignast dix ou douze escuz, sans ses practiques qu'il receuoit de medeciner les malades, car il estoit en opiniõ d'estre le plus sçauant medecin du mõde, & alloit ordinairement par les villes, vestu de pourpre, monté sur la haquenée de semblable pareure, de sorte qu'il estoit plus reueré qu'vn Hipocrates ressuscité. Cardan lequel l'a veu plusieurs fois blesser ainsi ses gẽs, recherche fort curieusement, comme il a de coustume, la cause de cecy, & apres qu'il s'est profondement intrinqué en vn grand labyrinthe de philosophie, il confesse qu'il ne sçauroit asigner la cause de cecy, sinon qu'il enchantoit le peuple, & dict pour resolution qu'il fault laisser quelque chose à decider à ceulx qui viendront apres nous, & que quant à luy il ignore la cause de cecy. En ce qu'est de l'huille qu'il vendoit, & auec laquelle il faignoit guarir ses seruiteurs blessez, il confesse qu'elle ne valloit rien, & que ce n'estoit que fiction, attendu que ceux qui en achedtoient de luy, ne receuoient aucune guarison au par-apres. Pour tirer certaine resolution de toutes ces choses, il est vray semblable que le Grec duquel nous auons parlé cy dessus, & Alexandre le

Puissance esmerueillable de l'Aymant.

N iij

HISTOIRES

Veronnois, & tous les autres semblables qu'on a veu se decouper & lacerer ainsi leur chair par les prouinces ne se guarissent par leurs huilles ou pharmaques, comme ilz faignent mais ilz frottent les couteaux dagues & poinssons auec lesquelz ilz se blessent de ceste seconde espece d'Aymant, laquelle a ceste vertu occulte de consolider la partie offencée, & de resister à la douleur : Et afin que tu ne penses que ie sois autheur de cecy. Liz Paludanus en son second liure De secretis orbis & rerum miraculis.

Fin de la quinziesme histoire.

PRODIGES DE CERTAINES
Princesses iniustement accusées, lesquelles ont
eschappé, visues, la fureur
des flammes.

Chapitre 16.

Ce n'est

PRODIGIEVSES.

CE n'eſt point choſe nouuelle, & qui ne ſoit ſouuent aduenue, que les creatures innocétes n'ayét peu eſtre endómagées des flammes, cóme il eſt verifié en pluſieurs perſonnes illuſtres, qui ſe retrouuent és ſainctes lettres, mais il eſt eſtrange qu'en noz ſiecles, eſquelz le peché a plus abondé, & eſquelz nous auons moins veu de miracles, cela ſoit aduenu. Polidore Virgile liure huictieſme de ſon hiſtoire d'Angleterre, cóme auſsi atteſtent les autres qui ont écrit

HISTOIRES

deuant luy, faict mention comme Godouin, prince d'Angleterre accusa iniquement de plusieurs vices Emnia mere d'Edouart Roy d'Angleterre secõd de ce nom, lequel fist tant par ses menées, & faulses accusatiõs, que le Roy son filz la spolia de tous ses biẽs: mais par interualle de temps, ainsi qu'vn peché attire l'autre, continuant sa mauuaise volonté, apres luy auoir osté les biens, encore luy voulut-il rauir l'hõneur: car il l'accusa de rechef d'auoir commis adultere auec l'Euesque de Vincestre dequoy le Roy Edouart indigné outre mesure de voir celle qui l'auoit porté en ses flans accusée de tant d'excrables vices, resolut de la faire mourir, & ce pédant que toute la court estoit empeschée sur les enquestes du faict, il la fist mettre en vne estroicte prison, & l'Euesque en vne autre: mais elle impatiente en son mal, vn iour entre autres, demanda à parler au Roy son filz, en presence duquel elle se precipita en vn brasier ardant, criant à haulte voix: Ainsi ses viues flammes puissent ardre mon corps, comme ie suys coulpable des faictz dont on m'accuse. Et ces propos finiz le Roy fut estonné qu'il la veit yssir du feu entiere, sans qu'il apparust aucune lesion à son corps. Crautius en ses Annalles d'Allemaigne & plusieurs autres qui ont écrit les histoires des Allemans, écriuent vne histoire semblable de Henry le Boyteux quinziesme Empereur des Romains, homme fort religieux, lequel fut marié auec la fille de Sigefroy Palatin du Rhein, appellée Chimegóde, femme chaste,

& de

& de bône vie, s'il en fut onques, auec laquelle l'Empereur viuoit en merueilleuse côtinéce, & chasteté, l'aymant vniquement. Toutefois quelque gentilhôme de leurs domesticques persuadé de l'esprit maling, s'aduisa pour voir leur contenance, de semer quelque ialousie entr'eux, & trouuant l'Empereur à propos, luy raporta qu'il auoit veu l'Imperatrix regarder vn cheualier impudiquement, dequoy la la Royne aduertie, commanda en secret, qu'on feist ardre six gros fers de Charuë, & qu'on les apportast en la presence de l'Empereur, lequel ne sachant l'occasion, fut incontinent esmerueillé, qu'il veit son éspouse nuë piedz marcher hardiment & sans aucune crainéte par dessus, & ainsi qu'elle se maintenoit debout sur les fers ardens, le regardant attentiuement, luy dist : Voyez (dict elle) Empereur que le feu ne m'a pas blessée, aussi suis-ie nette de toute immundicité. Dequoy l'Empereur estonné, commença à penser en la vaine superstition qu'il auoit eüe, & soudain se prosternant en terre, requist pardon à Dieu. Ceste preuue d'innocéce faicte par les flammes, semble estrange, mais ce que les historiens écriuent de ces deux personnes, ne me semble pas moins prodigieux. C'est qu'ilz vescurent ensemble en societé virginale, sans se cognoistre toute leur vie, de sorte que cest Empereur estant proche de la mort, feist côgreger les parens de sa femme, & leur dist : Le premier iour que vous me dônastes vostre fille pour espouse, elle estoit pucelle : aussi ie la vous rendz pucelle,

O

HISTOIRES

Volateran a écrit vn semblable exéple en sa Geographie.

& vous commande fidellement de la garder. Et fut enseuely l'Empereur auec sa femme vierge, en l'eglise Cathedralle de Bamberg, qui a autrefois esté subiecte à l'Archeuesché de Maience. Ie puis à bon droict mettre au nóbre de ces deux vertueuses princesses l'histoire que recite Eusebius Cæsariensis en son Histoire Ecclesiastique, de Policarpe, lequel durant la grande boucherie, & persecution des Chrestiens, qui se faisoit soubz l'Empereur Verus, fut códuict au feu, pour estre bruslé vif, & apres qu'il eut leué les yeux au ciel, & faict sa priere à Dieu, ilz le precipiterent en vn grand feu ardent, mais au lieu que la fláme le deuoit consommer, & mettre en cendre, elle cómença (auec grand merueille) de se voulter en maniere de chambre, cóme eust faict vn voile en pleine mer agité des ventz s'esloignant du corps du martir, lequel apparut resplédissant, comme l'Or ou l'Argent qu'on fond en la fournaise: Et quád les ministres de peché veirent que le corps ne se consommoit point, commáderent au bourreau qu'il le persast du glaiue: Et voicy lors (dit il) vn grand torrent de sang qui sortoit de son corps, en si grande abondance, que le feu fut estinct: dont les spectateurs sentans vn grief remors de cóscience en leurs ames, s'enfuirent tous confus. Voy plus amplement ceste histoire au quart liure de l'histoire Ecclesiasticque d'Eusebe. chap. 41.

Fin de la seziesme histoire.

PRODIGIEVSES. 54

HISTOIRES PRODIGIEVSES
de plusieurs poissons estranges, Monstres marins, Nereïdes, Syrenes, Tritons, & autres Monstres aquatiques qui se retrouuent en la mer. Cha. 17.

'Il y a quelque chose digne de contemplation philosophique en l'vniuersel subiect des animaux irraisonnables, certainement sont ceux, desquelz la nature est plus esloignée de

O ij

HISTOIRES

noſtre ſens, comme des poiſſons, & autres Monſtres aquatiques : leſquelz cachez aux profonditez des mers, & quaſi enterrez & enſeueliz aux tenebreux abiſmes des lacs, & fleuues, deçoiuent le plus ſouuët les plus curieux rechercheurs de leurs meurs, & facultez: Et croy qu'il n'y a aucun tãt ſtupide ou groſſier, que s'il veult cõtempler de bon œil les geſtes de ces petiz animaux, lors qu'ilz ſont agitez de l'impetuoſité des ondes, ou qu'ilz exercent leurs autres naturelles actiõs, qu'il ne deſiraſt volũtiers pour quelque eſpace de temps eſtre trãsformé en leur eſpece, ou ſe precipiteroit volontiers en l'Element ou ilz font leur demeure, afin d'en receuoir quelque plus libre, & parfaicte congnoiſſance. Ce qu'eſtant viuement apprehẽdé par l'Empereur Anthonin, ayãt receu quelque œuure d'Oppian, traictant de la nature des poiſſons, & de la peſcherie, luy dõna autant d'eſcus que ſon œuure contenoit de vers. Et pour rẽdre encore ſa liberalité plus acomplie, il reuoqua ſon pe-

Geſnerus cite ceſte hiſtoire.

re d'exil Cõradus Celtis, & apres luy Geſnerus : mõſtrant lẽ deſir & affection que les Empereurs anciẽs auoient de cõgnoiſtre la proprieté, l'aage, les meurs & facultez des poiſſons, écriuent que l'an de ſalut 1497. Il fut prins vn Brochet en vn eſtang pres de Haylprun, cité Imperialle de Sueue, lequel auoit vn anneau de cuyure attaché à ſes branches & aureilles, auq̃l eſtoit écrit en characteres Grez, ce qui s'enſuit. Ie ſuys le premier poiſſon qui fut mis en ceſt eſtang par les mains de Federic ſecõd gouuerneur du mõ-

de le

PRODIGIEVSES.

de le cinquiesme d'Octobre, 1230. De sorte qu'il apparoist par le tesmoignage de ces characteres grecz, que ce brochet auoit vescu en cest estang 267 ans. Et semble que ce bon Empereur Federic secõd eust ensuyuy aux poissons ce que le grand Alexandre auoit faict aux cerfs: lequel ainsi que Pline tesmoigne leur faisoit quelquefois attacher des chesnes d'Or a l'entour du col, puis les laissoit aller à la campaigne auec ces chesnes & leurs inscriptiõs: & cent ou deux cés ans apres on les trouuoit auec leurs chesnes, mais qui ne s'esmerueilleroit de la diligéce des Romains à construire leurs viuiers, & reseruoirs de poisson, lesquelz (ainsi que Varro tesmoigne) coustent tant a édifier, tant à peupler, & tant à nourrir ce qui est dedans, & toutesfois ilz ne pardonnoient à aucune despence pour en auoir le plaisir? Quelquefois ilz ont getté les hõmes condemnez tous vifz dedãs, afin que ces petiz animaux fussent les bourreaux de leurs vices, les autres-fois ilz les domestiquoient & appriuoisoient si bien qu'au son de leur sifflet ilz venoiẽt menger en leur main au bort de leurs viuiers: quelquefois ilz leur attachoient de petitz affiquetz, & lames d'Or, ou d'Argent aux aureilles & les auoient en telles delices qu'on list que Lucius Crassus Censeur pleura & lamenta la mort d'vne Murene qu'il auoit en ses viuiers, tout ainsi qu'il eust faict celle de l'vne de ses filles: ce qui luy fut reproché par son competiteur Domitius, comme quelque vice insigne & notable, luy disant: Pusilanime & Effeminé, tu as ploré

Prodige d'vn Brochet qui auoit vescu 267. ans.

Romains amateurs des poissons.

Pollio cheualier Romain fut inuenteur de ce supplice.

Macrobe.

Pline dict, toutesfois que ce fut Hortése.

O iij

la mort de tõ poiſſon appellé Murene, & l'autre luy reſpondit: Et toy qui as eu trois femmes, tu n'en as iamais ploré vne. Ie pourrois adiouſter, pour plus grãd aornement & decoration des poiſſons, que les Empereurs Romains en leurs bancquetz ont touſiours plus eſtimé les poiſſons que les volatilles, meſmes en ont eu quelques-vns en ſi grande obſeruatiõ & reuerence, comme l'Accipenſer (qu'aucuns nomment noſtre Eſturgeon) qu'ilz vouloient que ceux qui le preſentoient ſur leur table, fuſſent couronnez de chappeaux de fleurs, & que les Trõpettes & Clairons feiſſent reſonner la maiſon de fanfares durant qu'on le mangeoit, & encores pour le iourd'huy en tout le païs de Grece, & de Turquie ilz ſont plus frians de poiſſon, que de chair, comme auſsi eſtoient les anciens, qui eſt la cauſe pour laquelle les Grecz & Latins Medecins ont touſiours plus traicté en leurs liures des alimens des poiſſons, que de chair, par ce que la chair a touſiours eſté inferieure au poiſſon. Et encores pour le iourd'huy les religieux d'Egypte s'abſtiennent toute leur vie de menger du poiſſon, penſant ſe priuer d'auſsi grandes delices comme font noz moynes, qui s'abſtiennent de menger de la chair. C'eſt doncques ce me ſemble aſſez philoſophé ſur la dignité & recõmdation des poiſſons: Reſte maintenãt monſtrer comme la mer a ſes prodiges beaucoup plus eſmerueillables, que la terre, deſquelz ie déduiray ſeulement les principaulx, & ceux qui ont engendré plus d'eſtõnement & d'admiration

Plutarque.

PRODIGIEVSES.

miration aux plus excellens philofophes du mõde. Entre les prodiges de la mer, il femble miraculeux & prefque incroyable que les poiffons volent, & que ces animaux ftupides f'efleuent de leur element humide pour fendre & penetrer l'air, & imiter les oyfeaux, & neantmoins il eft tout certain (comme on voit par experiéce en plufieurs endroictz de la mer) qu'il y a plufieurs efpeces de poiffons volans: mais ie ne t'ay icy figuré au commencement de ce chapitre que de la feulle Arondelle de mer, ainfi que Gefnerus & Rõdelet en leurs hiftoires des poiffons l'ont depeincte. Si tu en veux voir vne bien ample defcription, liz ledict Rõdelet au chapitre premier de fon dixiefme liure, ou il écrit qu'aucuns difent que ce poiffon volãt nommé Arondelle de mer, eft appellé d'autres Rate-penade, par ce que de la couleur, de la grandeur, des taches, & des ælles il reffemble à vne Chauue-fouris. Toutefois (dit-il) fi vous confiderez bien entierement ce poiffon, & fa façon de voler, il reffemble beaucoup mieux à vne Arõdelle qu'à vne Chauue-fouris. Ariftote faict métion de ce poiffon. lib. 4. chap. 9. De hiftoria animaliũ. Oppianus écrit que ce poiffon vole hors de l'eau, de peur que les grands poiffons le deuorent. Pline écrit qu'il y a vn poiffon qui vole qu'on nomme Arondelle, qui reffemble bien fort l'oyfeau qu'on appelle Arondelle, lequel eft rare, & fe mõftre par miracle auec fes grãdes ælles, lequel on defeche, puis on le péd aux maifons. Ie croy qu'il eftoit plus rare du temps de Pline,

Prodiges de la Mer.

Le pourtraict de ce poiffõ eft eft au commécement de ce chapitre.

Ariftote. Oppian.

HISTOIRES

qu'il n'est pour le iourd'huy : car il s'en retrouue en plusieurs cabinetz de France, d'Espaigne, d'Italie & d'Allemaigne. I'en ay quelquefois veu deux à Rome dessechez, en la maison d'vn medecin, nommé monsieur Crispus, mais ilz estoient tous deux dissemblables. Claudius Campensius medecin de monsieur le Marquis de Trans m'a asseuré, que depuis trois ou quatre moys l'Admiral d'Angleterre feist quelque festin, ou il fut presenté vn poisson vollát. Ceulx qui ont nauigé aux colomnes d'Hercules de nostre téps, disent qu'il y a si gráde quantité de ces poissons volans qu'ilz ne ressemblent pas que soient poissons, mais oyseaux de mer. Au reste, lecteur, ie ne veux obmettre de te monstrer icy le pourtraict d'vn poisson volant ou bien de quelque autre Móstre aquatique, lequel est cause que iay basty tout ce traicté des merueilles des poissons duquel tu sçauras gré. Au Seigneur d'Asserac, lequel ie nomme par honneur, d'autant qu'outre le cótinuel exercice & dexterité qu'il a des armes (comme il en a faict preuue par tous les endroictz, ou de son temps on a exposé la vie & le sang pour le seruice du Prince) encores a il vne singuliere affection aux lettres, ayme, cherist, honore & fauorise ceux qui en font profession. Et non cótent de tant de bonnes parties, & autres excellens aornemens de vertu, encores est-il fort curieux de recouurer plusieurs choses antiques & estranges, desquelles il a peuplé son cabinet, qui apportent vn merueilleux cótentement à ceux qui les contemplent, Entre
lesquelles

PRODIGIEVSES.

lesquelles i'ay obserué & côsideré de point en point ce poisson, ou Monstre aquatique, & l'ay faict pourtraire sur le naturel, côme plus de deux cens person-

nes notables qui l'ont veu auec moy en ceste ville de Paris, le pourrôt attester. Entre les choses émerueillables qui se peuuent contempler en cest animal, il a la teste fort hideuse, qui ressemble mieux en figure à quelque Serpent hideux, qu'à aucun poisson. Et si a deux grandz æslerons, qui ressemblent aux cartilages ou æsles de la Souris chauue, mais ilz sont beaucoup plus espois & solides. Il a enuirō pied & demy

Espece de poisson volant, pourtraict sur le naturel de celui qui est au Cabinet du Seigneur d'Asserac.

HISTOIRES

de longueur, & si n'est point encores si bien deseché, que vous n'y sentiez quelque odeur de poisson, le reste se peut voir en la figure. Plusieurs hommes doctes de cest vniuers qui l'ont visité & manié à loisir, m'ont asseuré que c'estoit vne espece de poisson volant: mais il ne conuient en rien aux descriptions qu'ont faict les anciens & modernes de l'Arondelle de mer, ne du Mugil alatus, ny des autres poissons qui volent: qui me faict penser que soit quelque sorte de poisson monstreux incongneu des anciens. Ie n'ignore point qu'on ne contreface par artifice diuerses formes de poissons, dragons & serpens, & autres choses semblables, esquelles on est deceu, côme mesmes môsieur Gesnerus a recongneu par ses écris y auoir esté quelquefois circōuenu. Si est-ce que de tous ceux qui ont contemplé ce poisson, & philosophé sur son naturel, Il ne s'en est encore trouué vn seul qui y ait recongneu aucun artifice, ains tesmoignent tous qu'il est tel que nature l'a produict. La

Autres prodiges de Mer. mer a encores quelques autres prodiges qui ne sont pas moins espouentables que les precedens: Au reng desquelz nous pouuons mettre le poisson qu'on nōme Torpille, fort vulgaire à Bordeaux & en plu-

Torpedo en latin. sieurs autres ports & haures. La Torpille est nombrée entre les poissons plats & cartilagineux. Elle a vne proprieté occulte, qui est fort estrange: car estāt cachée dedans le limon ou sable, elle endort par vne vertu secrette, & rend du tout immobiles & estourdis les poissons qui sont aupres d'elle, puis elle s'en paist, paift, & les deuore, & non feulement fa vertu d'endormir s'eftend contre les poiffons, mais mefme contre les hommes: car fi vng homme luy touche de la verge, elle luy endormira le bras, & s'il aduient qu'elle fe fente prife à la ligne, elle a bien cefte rufe & aftuce d'embraffer la ligne auec fes ælles, & le venin de ce poiffon monte du long de la ligne, & de la perche, & endort le bras du pefcheur, tellement que le plus fouuét il eft contrainct d'abandóner fa prife. Les autheurs de cecy, font Ariftote lib. 9. De hiftoria animalium cap. 37. Pline lib. 32. cap. 2. Teophraftus in libro, De his quæ hyeme latent. Atheneus. Galien lib. 1. De cauf. Sympto. Opianus In Halient. Plutarc. in libro Vtrum anima, &c. Aelianus. Platon aufsi en faict mention In Memno. ou Socrates eft comparé à la Torpille, lequel, par la violence & fubtilité de fes argumens, eftonnoit fi bien ceux contre lefquelz il difputoit qu'ilz demouroient ftupides, eftonnez & endormis cóme la Torpille endort ce qu'elle atouche. Et quád bien tous ces fameux autheurs n'en euffent faict mention par leurs écris, cela eft fi vulgaire, qu'il n'y a prefque pefcheur qui ne l'ait experimété. Ilz deffendent à Venife de védre la Torpille au marché à caufe de fon venin. En Láguedoc aufsi on n'en tient compte. La plufpart des medecins modernes écriuent qu'elle eft de chair humide, mole & mal plaifante au gouft. Si eft-ce que Galien lib. 3. De alimentorum facultatibus, & au liure. De attenuáte victu, & au huictiefme de fa Methode la loüe. Ie fçay

Plato l'a aufsi écrit. Ariftote. Atheneus. Aelian.

P ij

HISTOIRES

qu'il y a grande cõtrouerse entre les autheurs, à sçauoir en quelle partie du corps de la Torpille est ce venin, qui a puissance d'endormir les poissons, & les membres des hommes. Quelques vngs ont écrit que ce venin consistoit en certaine partie de son corps, les autres que non, & qu'il estoit diffus par tout, mesme iusques au fiel, ce qu'ilz côfirment par le tesmoignage de Pline, qui dit que le fiel de la Torpille viue, apposé aux genitoires, reprime le desir de la chair: mais par ce que le discours de ceste matiere seroit vn peu trop esloigné de nostre subiect, nous ferons fin, & poursuiurõs les autres prodiges, qui se retrouuent és poissons. Combien que l'eau soit le propre élement, manoir, & domicile des poissons, ou ilz se nourrissent, croissent, viuent, s'esgayent & exercent toutes leurs autres functiõs, si est-ce qu'il y en a qui laissent souuent la mer, les fleuues & riuieres, saillent en terre, paissent & mãgent des herbes, s'esbatẽt par les champs, y dorment quelquefois, y font leurs petiz, comme la Poulpe, la Murene, l'Exocet d'Arcadie. Teophraste afferme en ses écris, que pres Babilone, quand les riuieres se retirent, qu'il y a certains poissons qui demeurent dans les cauernes, sortent pour se paistre, & s'aydent à marcher de leurs æslerons, ou du frequent mouuement de leur queüe, & fuyent dans les cauernes quand on les chasse, & se defendent cõtre les chasseurs. Les anciens Philosophes ont écrit qu'on trouue des poissons soubz terre, lesquelz pour ceste cause, ilz appellent Focilles,

desquelz

desquelz Ariſtote entre autres faict métion, comme auſsi faict Teophraſte parlant de Paphlagonie, où on tire des poiſſons terreſtres (fort bons à manger) des foſſes profondes & autres lieux, eſquelz aucune eau ne ſeiourne, & s'esbahiſſent les hommes doctes cóme ilz ſe ſont engendrez en ces lieux ſans frayer. Polybe écrit ſemblablement que pres de Narbonne on a trouué des poiſſons ſoubz terre. Nous pouuós nombrer entre les prodiges de la mer, vne certaine eſpece de poiſſon, qu'on appellé Stella, ou eſtoille de mer, par ce que ceſt animal a la figure d'vne eſtoille peincte, laquelle Ariſtote nóbre entre les Teſtacées. Ce poiſſon eſt de nature ſi chaude qu'il digere tout ainſi que faict l'Autruche : Ce qu'Ariſtote libro. 5. cap. 15. De hiſto. anima. écrit, qu'elle eſt de nature ſi chaude, qu'elle cuiſt ce qu'elle prent. Pline, ſemblablement Plutarc. in lib. Vtrum anima, &c. Dict que l'Eſtoille de ſon ſeul attouchement fond, bruſle, & liquefie tout ce qui luy touche, & que congnoiſſant ſa vertu, elle ſe laiſſe toucher aux poiſſons, afin de les bruſler. Monſieur Rondelet qui eſt encores viuant, homme digne d'eſtre celebré de tous ceux qui écriuent, écrit en ſon hiſtoire De piſcibus qu'il a veu pluſieurs eſtoilles de mer, mais qu'il en a veu entre autres vne ſur la plage pres Maguelóne, qui eſtoit longue preſque d'vn pied, laquelle il ouurit; & l'ayant anatomiſée, il trouua en ſon ventre troys coquilles entieres & deux remollies & à demy digerées, tant la chaleur de ce petit animal eſt grande & furieuſe.

P iij

HISTOIRES.

Nous auons ce me semble proposé cy dessus grand nombre d'exemples memorables des prodiges de la mer, mais si n'y a il rien qui se puisse egaller à ce que nous dirōs cy apres, ne qui ayt engēdré plus grande terreur ou estonnement à ceux qui ont recherché les plus intimes secretz de la mer. Ce petit animal qui a ainsi espouenté tout le monde, est appellé des Grecz Echineis, & des Latins Remora, & luy ont ainsi imposé ce nom par ce qu'il arreste les Nauires, comme nous dirons plus amplement cy apres. La rarité de ce poisson est cause que les descriptions qu'en font les autheurs ne conuiennent. Oppian & Aelian escriuēt qu'il ayme la haute mer, qui est long d'vne couldée, de couleur brune semblable à vne anguille. Pline le faict semblable à vne Limace grande, & le prouue par le tesmoignage de ceux qui veirent celuy qui arresta la Galere du prince Caius Cesar, au neufiesme liure, il recite plusieurs opiniōs de diuers autheurs touchant ce poisson, combien que les Philosophes discordent en la descriptiō, si est-ce qu'ilz conuiennent tous qu'il est, & qu'il a puissance d'arrester les Nauires. Aristote, Pline, Aelian, Oppian, Plutarque, & presque tous ceux qui ont traicté de la nature des animaux. Encores y a il quelques philosophes modernes qui ont voyagé & peregriné en plusieurs portz & haures de l'Asie & de l'Affricque, qui attestent l'auoir veu anatomisé & consideré ses merueilleux effectz. C'est doncques vne chose miraculeuse ou monstreuse de trouuer en nature vn animal

mal aquatique de la grandeur d'vne Limaſſe, qui ait puiſſance par vne ſecrette proprieté de nature d'arreſter tout court la plus peſante Nauire ou Galere qui ſe retrouue en la mer, s'attachāt contre elle. Dequoy Pline rauy en admiration s'écrie: O choſe eſtrange & eſmerueillable, que tous les vens de toutes les parties du mōde ſoufflent, que toutes les plus furieuſes tempeſtes de la mer s'eſlieuent, qu'elles deſploient, redoublent & rēforcent leurs abbays cōtre vn Nauire, vn petit poiſſon de la grandeur d'vn Limaſſon, leur commande, reprime leur fureur, bride leur rage, & maugré tous leurs effortz, contrainćt le Nauire de demourer court, & immobile, ce que toute la rage du monde, auec leurs ancres, cordages & machines ne ſçauroit faire! Qui ne ſoit vray ce petit poiſſon retint la Nauire d'Antoine, en la guerre Aćtiaque. Adamus Louicerus lib. De aquatilibus, cōfirmant ce que Pline auoit dićt, eſmerueillé & quaſi rauy d'vn ſi eſtrange naturel de poiſſon, ſue, trauaille & s'employe à toute extremité d'en rechercher la cauſe en nature, puis à la fin ſuccumbant au faix, & ne pouuāt s'extrinquer de ce Labyrinthe, cōfeſſe librement qu'on ne peult rēdre aucune raiſon de cecy, diſant: Qui eſt celuy tant ſtupide, ou hebeté qui ne ſoit eſprins d'vne grande admiration, quand il contemple à loiſir les puiſſances de ce petit poiſſon? Ie ſçay(dićt il) bien que l'Aymāt a la puiſſance d'attirer le fer, que le Dyamant ſue approché des venins & poiſons, que la Turquoiſe ſe tache quād quelque

Les autres liſent En la mer Aćtiaque.

peril est preparé à celuy qui la porte. Ie sçay que la Torpille infecte & endort la main du pescheur. Ie sçay que le Basilic est si venimeux, que de son seul regard il infecte l'homme, & neantmoins de toutes ces choses estranges on peult rédre quelque raison, mais nous n'auōs rien que nous puissions produire de la merueilleuse & estrange puissance de ce petit poisson:car il vit en l'eau, préd sa nourriture en l'eau cōme les autres poissons, n'exerce ses facultez qu'en l'eau. Sa petite stature tesmoigne qu'il ne peult faire grande violence, & toutefois il n'y a puissance qui se puisse égaller à la sienne, ny force qui luy resiste. Il n'y a impetuosité ou machine qui puisse mouuoir la Nauire depuis qu'il s'y est vne-fois attaché, encores que tous les vens de la mer assemblez en vn, soufflassent à la voile, & neantmoins dés qu'il est arraché du Nauire, elle commence à voguer comme deuant. Il est doncques force aux hómes de confesser qu'on ne peult asigner aucune raison naturelle de cecy, & toutesfois on congnoist en ce petit poisson quelque presage fatal, & semble qu'il nous vueille annoncer les maulx & perilz qui nous doiuent aduenir. Ne retint-il pas la Nauire des ambassadeurs de Periádre? ne retint-il pas la Nauire de Caius Cesar, qui fut tué bien tost apres à Rome, de sorte qu'il sembloit qu'il eust pitié du malheur qui luy estoit destiné. Voyla en somme ce qu'en écrit Adamus Louicerus. Ie sçay qu'Aristote, Pline & autres luy ont encores attribué d'autres proprietez outre les precedétes, comme de seruir

Aristote toutefois dit plustost cela des opinions des autres, que de la sienne.

seruir aux amours d'attirer les enfans des corps des femmes & autres semblables choses, lesquelles ie delaisse de peur d'ennuyer le lecteur. Plutarc. In Symposiacis. 2. proble. 7. cherche la raison pourquoy ce poisson arreste les nauires. Quelques modernes ont écrit plusieurs autres choses merueilleuses de ce poisson, lesquelles (ce me semble) sõt indignes de ce lieu. Ayant mis fin aux prodiges des eaux, ie ne penserois auoir entierement satisfaict au lecteur, si ie n'expediois encores vn membre qui en dépend, lequel depuis la Creation du monde iusques à nostre siecle a tourmenté beaucoup d'excellens philosophes, pour la curiosité de sçauoir s'il y a des hommes Marins, Tritons, Nereïdes, & autres semblables mõstres ayãs figure humaine, que les anciens tesmoignent auoir veu és Fleuues, Mers, Riuieres, Rochers & Fõtaines. Ceux qui ont creu qu'il n'en est aucuns, se fortifient des passages de l'escriture saincte, laquelle n'en fait aucune mention, mesmes disent que la terre est le propre domicile & tabernacle de l'homme, en laquelle il fault qu'il demeure, & face sa residence, iusques à ce qu'il plaira au seigneur le rappeller, cõme vn prince ou Empereur faict celuy qu'il a mis en sa garnison. Ceux qui defendent le contraire, mettent en auant l'experience, & le tesmoignage de tant de doctes personnes, qui n'eussent voulu laisser à la posterité leurs écris pleins de telles fripperies & mẽsonges, pour entretenir leurs enfans, parens, amys : & generalement eux qui viendront apres eux, en er-

Q

HISTOIRES

reur: Ioinct (disent-ilz) qu'il n'est nomplus absurde ou impertinent de croire qu'il y ait des hómes Marins, que d'adiouster foy à ceux qui écriuent qu'il y a des Faunes Syluains, Satyres, & autres especes d'hómes Mõstrueux, & Sauuages que les Ecclesiastiques mesmes asseurent auoir veu par leurs écris, & ce qui presse encore dauantage, c'est que de noz ans ces hómes Marins ont esté veuz de plusieurs personnes dignes de foy. Pausanias entre les anciés asseure auoir veu à Rome vn Tritõ. Ceux qui ont écrit les Annalles de Constantinople, desquelles vne partie est attribuée à Eutrope, écriuét qu'au dixneufiesme an de l'Empire de Maurice l'Empereur, le Preuost d'vne place nommée Delta en Egypte, se pourmenant au Soleil-leuát auec le peuple, fut estonné qu'il apperceut sur la riue du fleuue du Nil deux animaux de figure humaine, dont celuy qui representoit l'hóme, estoit robuste, ayant vne mine furieuse, & truculéte, auec le poil roux & herissé, lequel s'esleuoit quelquefois de l'eau iusques aux parties honteuses, puis s'estant ainsi manifesté au peuple, il se precipitoit en l'eau iusques au nombril, dõnant quasi à cõgnoistre, que pour vne reuerence de nature, il vouloit cacher le reste. Ce Preuost ensemble le peuple estonné d'vn si estrange spectacle, commença a l'adiurer au nom de Dieu, que s'il estoit quelque maling esprit, qu'il eust à se retirer au lieu qui luy estoit ordonné du Createur: mais au cõtraire que s'il estoit du nombre de ceux qui estoiét creés pour la gloire de son nom, qu'il

Pour-ce qu'elle estoit bastie selon la figure de la lettre que ilz écriuoient par Delta.

qu'il euſt à faire là quelque ſeiour, pour contenter ce pauure peuple affamé du deſir de ce nouueau ſpectable. Ceſt animal quaſi lié & aſtrainct par la vertu de ceſte coniuration, demeura là longuement en ce lieu: Quelque peu de temps au par-aprés ſuruint vn autre ſpectacle, non moins eſtrange que le precedent: c'eſtoit vn autre animal, ayant figure de femme, lequel commença à fendre les vndes & ſ'approcher de la riue du fleuue, ayant vne grande treſſe de cheueux noirs, eſpars, vne face blanche, & l'air du viſage fort doux, les doigtz & les bras decentement ordonnez, les mamelles quelque peu enflées, & prominentes, & ſe monſtroit ainſi nue iuſques au nombril, le reſte par vne certaine reuerence de nature eſtoit caché, & enſeuely dedans les vndes. Et apres que ces deux animaux eurent ſeiourné là longuement, & contenté le peuple de leur veue, les tenebres de la nuict ſuruenues, ilz ſ'eſuanouirent, & diſparurent de telle ſorte, qu'ilz ne furent oncques veuz depuis. Et apres que le Preuoſt Memna eut prins atteſtation de tout le peuple de ces deux Monſtres marins, il deſpeſcha en diligence des ambaſſadeurs, pour aduertir l'Empereur Maurice, de ce qui eſtoit ſuruenu. Baptiſte Fulgoſe écrit vne ſemblable hiſtoire d'vn monſtre marin, qui fut veu de pluſieurs milliers de perſonnes du temps d'Eugene quart, Pape, en quelque port de mer. Ce Monſtre (dit-il) eſtoit homme marin lequel ayant abandonné la Mer, auoit faict vne courſe en terre, & rauit vn enfant qui ſe

Q ij

HISTOIRES

iouoit le long du riuage, lequel il emportoit auec luy en mer, mais le peuple à grandz coups de pierres le pourfuyuit fi viuemét, qu'il fut contrainct de laiffer fa proye, & demeura fi fort bleffé qu'il ne peut gaigner la mer. Sa figure (dit-il) eftoit prefque humaine, referué qu'il auoit fon cuir comme la peau d'vne anguille, & fi auoit deux petites cornes en la tefte. Il n'auoit que deux doigtz en chacune main, & fes piedz fe finiffoient en deux petites queues, & fi auoit aux bras de petiz æfferons comme vne Souris chauue. Conradus Gefnerus écrit qu'il fut veu à Rome vn homme marin à la grand riue, le troifiefme iour de Nouembre, l'an de falut mil cinq cens vingt trois. Theodorus Gaza homme docte, & bien verfé en plufieurs fciences, qui a regné de noftre temps, duquel Alexádro ab Alexádro écrit qu'eftant ledict Theodore en Grece, fur la cofte de la mer, apres que vne furieufe tempefte eut ietté fur la riue vne gráde quátité de poiffons, il veit entre autres chofes memorables, vne Nereïde, ou poiffon, ayant face de femme, bien acomplie de ce qui eftoit requis en nature, iufques à la ceinture, & quant au refte, par embas elle eftoit de forme de poiffon, finiffant en queuë comme vne anguille, tout en la forte que nous les voyons couftumieremét depeinctes. Cefte Nereïde, ou Syrene (ainfi qu'il écrit) eftoit fur le grauier, & móftroit par fes geftes & côtenáces qu'elle fouffroit quelque grande pafsion, qui fut caufe que ledict Theodore Gaze efmeu de pitié (confiderant au plus

pres

pres qu'elle desiroit retourner à la mer) la print, & au mieux qu'il peut la guinda en la mer. Pline semblablement écrit, que du temps de l'Empereur Tybere, les habitans de Lisbonne, ville de Portugal, enuoyerent ambassadeurs à l'Empereur, pour le certifier qu'ilz auoiët veu plusieurs foys vn Triton, ou homme marin se cacher & se retirer en vne cauerne pres la mer, & qu'il faisoit resonner certain chant dedans vne coquille de mer, & asseure ledict Pline, qu'on aduertit Octauian Auguste Empereur, aussi qu'on auoit trouué à la coste de la Fráce plusieurs femmes marines, ou Nereïdes mortes au riuage de la mer, ce qu'Aelian écrit, semblablement Georgius Trapezuntius, homme fort celebré entre les lettrez, atteste auoir veu, passant sur la riue de la mer, vn poisson s'esleuer sur l'eau, duquel tout ce qui apparoissoit estoit femme iusques au nombril, dont il se trouua fort espouenté, & ce monstre, voyant qu'il le regardoit attentiuement, se remist en l'eau. Alexander ab Alexádro grand iurisconsulte, & philosophe cha. 8. de son troiziesme liure, écrit auoir certaine asseurance qu'en Epire maintenát nommée la Romanie, y·a certaine fontaine pres de la mer, en laquelle les enfans aloient puiser l'eau pour l'vsage de leurs maisons, & que de lá aupres sortoit vn Triton, ou homme marin, qui se tenoit caché dedans vne cauerne, & espia tant, qu'il veit vne fillette seule, laquelle il emporta à la mer par plusieurs fois, puis la rendoit en terre, dequoy les habitás aduertis y pourueurent

Q·iij

HISTOIRES

si bien qu'il fut surprins, & conduit deuant la iustice du lieu, ou on luy trouua ses membres semblables à l'hôme, & pour ceste cause le mirent entre les mains de quelques gardes, luy offrans à manger, mais ce pauure animal ne faisoit que se plaindre, & laméter, & oncques ne voulut gouster de viande qui luy fust presentée, & mourut tant de faim que pour se veoir absenté de l'Element ou il auoit acoustumé de faire sa demeure. Petrus Gilius, autheur moderne racompte & décrit ceste mesme histoire en ses liures des animaux. Plusieurs modernes adioustent en leurs écritz encores vne chose plus estrange, & qui cõfirme entierement toutes les histoires precedentes, si elle est vraye: C'est que l'Archeduc d'Austriche troisiesme filz de l'Empereur Ferdinãd, fist apporter à Gennes auec luy. L'an 1548. vne Syrene morte, de laquelle on luy auoit faict present, qui engendroit si grãd esbahissement aux spectateurs, que la plus part des hommes doctes d'Italie, vindrent visiter, & contempler cest estrange spectacle. Ie pourrois encore faire mention de plusieurs Monstres aquatiques estranges, qui ont esté veuz de noz ans: comme de celuy qui auoit figure d'vn moyne, l'autre d'vn Euesque, & quelques autres semblables, mais par-ce que ie sçay que les trois plus grandz pescheurs de l'Europe, les ont figurez, & décritz par leurs liures, comme aussi ont ilz faict l'histoire vniuerselle des poissons, ie me deporteray de t'en faire plus long discours, car ilz ont tant doctemement recherché, & descouuert

Gesnerus, Rondelet, & Belon.

PRODIGIEVSES. 64

descouuert tout ce que la mer auoit iusques à nostre siecle tenu caché en ses entrailles, qu'ilz ont presque du tout retranché l'esperance à ceux qui viendront apres eux d'y pouuoir rien adiouster.

Fin de la dixseptiesme histoire.

PRODIGE DES CHIENS, QVI mengeoient les Chrestiens.
Chapitre 18.

HISTOIRES

SI les os & cendres de tous ceux qui ont esté persecutez pour le nom de Iesus Christ, estoient pour le iourd'huy en telle essence qu'ilz se peussent voir des yeux corporelz, nous côfesserions nous mesmes qu'il s'en pourroit bastir vne grosse, & superbe cité, & si tout le sang qui a esté respãdu pour le tesmoignage de son nom estoit cõgregé en certain lieu, il s'en pourroit former vn gros fleuue: Car qui vouldra lire en Eusebe, & sainct Augustin les persecutions, bruslemens, boucheries, & carnages qui ont esté faictes des pauures brebis de Iesus Christ soubz l'Empereur Domitian, Traian, Anthonin, Seuere, Maximien, Déce, Valerien, Aurelien, Diocletien, & Maximinien & plusieurs autres, il trouuera, tãt de milliers d'hommes mors, qu'à peine se list il qu'en toutes les plus cruelles guerres des anciés Tyrans a il esté tãt de sang humain respãdu. Tous ces sacrifices de tant de martyrs & gens de biẽ, qui sont amplemẽt dilatez par sainct Augustin en sa cité de Dieu, li. 18. ch. 52. & par Eusebe en son histoire Ecclesiastique, & Orose, sont estrãges & admirables: mais celuy qu'écrit Cornelius Tacitus est prodigieux, & digne d'estre mis entre les plus celebres portentes & monstres du monde: Car ce bourreau infame Neron ne fut pas content de faire ardre les corps des pauures Chrestiens la nuict, & de les faire seruir de torches & flambeaux aux citoiens de Rome, mais mesmes faisoit enueloper leurs corps tous vifs de

Damassus écrit que du téps de Maximinié, il fut occis & martyrisé en tréte iours dixsept mil Chrestiés, tãt hõmes que femmes. Voy de cecy Platine, en la vie du Pape Marcellin.

Cornelius Tacitus. lib. 15.

vifs de peaux de bestes sauuages, afin que les chiens deceuz par la similitude des bestes, les deschirassent & meissent en pieces. Voyla dõcques les furieux assaulx que Sathan & ses complices ont machiné contre les membres de Iesus Christ: car il n'y a Religion qu'il ayt persecuté si furieusement depuis le commencement du monde que la nostre: mais combien qu'il eust déployé toutes ses cautelles, astuces, malices, & inuentions pour luy courir sus, toutefois elle demeure en son entier par la vertu & ayde du filz de Dieu, lequel bride & reprime la rage enuenimée de son ennemy, & combien qu'il ayt procuré la mort d'aucuns membres de l'Eglise, comme Abel, Isaie, Hieremie, Zacharie, Policarpe, Ignace, & plusieurs autres milliers d'Apostres, & de martyrs, Toutesfois il ne la peut démolir: Car il est écrit mesmes, que les portes d'enfer ne pourront rien a l'encontre d'icelle. Et combien que pour quelque interualle de temps elle soit exposée en peril, & qu'elle soit esbrãlée, & agitée, comme vne nef par ces orages & tempestes, Toutesfois Iesus Christ n'abandonne iamais son espouse, mais il luy assiste tousiours, comme le chef à son corps. Il veille pour elle, & la garde & maintiét, comme tesmoignent les promesses par luy faictes, quand il dit: Ie ne vous lairray point orphelins, ie seray auec vous iusques à la consommation du siecle. Et en Esaie: I'ay mis mes parolles en ta bouche, & ie te deffendray de l'ombre de ma main, & les parolles que i'ay mis en ta bouche ne sortirõt hors

R

HISTOIRES

de ta ſemence, ne maintenant ne à iamais. Puis dõcques que noſtre ſeule religion eſt vraye, & pure, & qu'elle a eſté ſignée par le ſang de tant de prophetes Apoſtres & martyrs, meſmes ſellée par le ſeau de Ieſus chriſt, duquel il nous a laiſſé le vray charactere, & teſmoignage en ſa mort, & que toutes les autres ſont illegitimes, baſtardes, & inuentées par les diables, & les hommes, leurs miniſtres, à la confuſion de la noſtre, mettons peine de la conſeruer ſi purement & ſainctement que nous puiſsions vn iour dire à noſtre Dieu, ce que ce bon Roy Dauid diſoit: Seigneur i'ay hay ceux qui te haioyent, i'ay eſté marry contre ceux qui ſ'eleuoient contre toy, ie les hayoie de hayne parfaicte, & tenois pour mes ennemys.

Fin de la dixhuictieſme hiſtoire.

HISTOIRES PRODIGIEVſes de diuerſes figures, Cometes, Dragons, flambeaux, qui ſont apparuz au ciel, auec la terreur du peuple, ou les cauſes & raiſons d'icelles ſont aſsignées.

Chapitre 19.

La face

PRODIGIEVSES. 66

LA face du ciel a esté tát de fois defigurée par Cometes barbues, cheuelües, torches, flambeaux, colomnes, lances, boucliers, dragons, duplication de Lunes, de Soleilz, & autres choses semblables que, qui voudroit racóter par ordre celles seulement qui ont apparu depuis la Natiuité de Iesus Christ, & rechercher les causes de leurs origines, & naissances, la vie d'vn seul hóme n'y pourroit satisfaire. La plus me-

R ij

morable & plus digne d'estre celebrée de toutes, est celle qui conduit les sages Roys de Perse au lieu de la natiuité de Iesus Christ, laquelle n'espouuenta pas seulement le vulgaire, mais elle rauit en admiration les plus doctes hommes du monde, par-ce que contre le naturel de tous les autres astres (qui tirent de l'Orient en l'Occidét) elle dressa son cours en la Palestine, qui est située vers le midy: qui a faict peser à sainct Iean Chrisostome, que ceste estoille n'estoit point vne de celles que nous voyons au ciel, mais plustost quelque vertu inuisible, figurée soubz la forme d'vn astre. Mais laissons le discours de cest astre, & venós aux autres choses estranges qui ont apparu au ciel. Gaguin liure sixiesme des gestes des Roys de France, faict mention d'vne Comete fort esmerueillable, qui apparut en Septétrion du temps de Charles sixiesme. L'an 597. qui estoit l'année de la natiuité de ce faulx imposteur Mahomet, fut veuë en Constantinople vne Comete cheueluë, si hideuse & espouentable, qu'on pésoit que la fin du móde s'approchast. Vne autre semblable à la precedente fut veuë quelque peu de temps auant la mort de Constantin, de laquelle Orose lib. 7. chap. 19. Et Eutrope lib. 2. font métion. L'an que Mitridates fut produict sur terre, & l'année qu'il receut le Sceptre Royal, il apparut vne Comete au ciel, comme Iustin & Vincétius écriuét, laquelle par l'espace de quatre vingtz iours occupa bien la quarte partie du ciel, & si gettoit vne telle splendeur que la clarté du Soleil en estoit

Homelie. 6. sur sainct Math.
Fulgentius & autres ont écrit de ceste opinion.

estoit obscurcie. L'an que Tabeolan le Tiran tua tant d'hómes & de femmes en vne deffecte de Turcs, que de leurs testes seulement il en feist vne muraille, (cóme Matheolus écrit) il apparut vne merueilleuse Comete en Occident, de laquelle Pontanus & Ioachimus Camerarius en son liure De Ostentis, a doctement écrit. Herodien autheur Grec en la vie des Empereurs écrit, que du regne de l'Empereur Commode, on veit par l'espace d'vn iour naturel vne infinité d'Estoilles au ciel, aussi apparentes comme la nuict. L'année que Loys le Begue Roy de France mourut, on veit semblablement sur les neuf heures du matin grand nombre d'Estoilles au ciel. Hierosme Cardan liure 14. De varietate rerú, asseure auoir veu. L'an 1532. l'vnziesme iour d'Auril estant à Venise, trois Soleilz ensemble, clairs, lucides & splendides. L'an que François Sforce mourut (pour le deces duquel il s'esmeut tát de guerres en Italie) il fut veu semblablement à Rome trois Soleilz, qui espouéterent tellement le peuple, qu'ilz feirent prieres & oraisons, pensant que l'ire de Dieu fut enflammée cótre leurs pechez. Le Pape Pie secód du nom, qui fut nommé au par-auant sa dignité, Aeneas Siluius, lequel mourut l'an quatre cens soixante, écrit en sa description de l'Europe. chap. 54. que l'an sixiesme apres le Iubilé qu'il fut veu entre Sienne & Florence vingt nuées en l'air, lesquelles agitées des ventz bailloient les vnes contre les autres, chacune en son reng, reculant & s'approchát, comme si elles eussent

Muraille faicte de testes de morts.

En ses liures De nobilitate.

Estoilles veues de iour.

Bataille de nuées.

R iij

HISTOIRES

esté ordonnées en batailles, & pendāt ce conflict de nuées, les vens faisoient aussi leur debuoir d'autre costé de desmolir, abbatre, briser, froisser, & rompre arbres, maisōs rochers, mesmes, iusques à enleuer les hommes & les bestes en l'air. L'antiquité n'a rien experimēté de plus prodigieux en l'air que la Comete horrible de couleur de sang qui apparut en Vuestrie l'vnziesme iour d'Octobre, mil cinq cens vingt & sept. Ceste Comete estoit si horrible & espouëtable, qu'elle engendroit si grand terreur au vulgaire, qu'il en mourut aucuns de peur, les autres tomberēt malades. Ceste estrāge Comete fut veuë de plusieurs milliers de personnes, & dura vne heure & vn quart. Elle commença à se produire du costé du Soleil-leuant, puis tira vers le midy, l'Occident & le Septentrion. Elle apparoissoit estre de lōgueur excessiue & si estoit de couleur de sang. A la sommité de la Comete on voyoit le caractere & figure d'vn bras courbé tenant vne grande espée en sa main, comme s'il eust voulu frapper. Au bout de la poincte de ce cousteau, il y auoit trois Estoilles, mais celle qui estoit droictement sur la poincte, estoit plus claire & lucide que les autres. Aux deux costez des rayōs de ceste Comete il se voyoit grand nombre de haches, couteaux, espées coulourées de sang, parmy lesquelles il y auoit grand nombre de faces humaines hideuses, auec les barbes & cheueux herissez, comme tu la vois icy figurée.

AEneas Syluius.

Figure admirable veue en l'air.

Conradus Licostenes à décrit & figuré ceste Comete auant moy.

Quelque

PRODIGIEVSES. 68

Velque temps apres que ceste prodigieuse planette fut apparue, toutes les parties de l'Europe furét presque baignées de sang humain, tāt de l'incursion des Turcs q̃ des autres plaies que receut l'Italie par le seigneur de Bourbon, lors qu'il mist Rome à sac, & que luy mesme y laissa la vie, Petrus Creuserus & Ioannes Liechtber excellens astrologiens interpreterent par écrit la signification de ceste prodigieuse planette. Et par-ce que nous a-

Planette hideuse qui apparut l'an que Bourbon mist Rome à sac.

Planette interpretée.

uons promis en l'inſtitution de noſtre œuure d'aſsigner les cauſes & origines des prodiges, il eſt maintenát requis de rechercher la matiere de plus loing, & de decider la queſtiõ ſi ſouuent agitée par les anciens & modernes philoſophes. Ces figures fantaſtiques, comme dragons, flammes, Cometes & autres ſemblables de diuerſes formes, qui ſe voyent quelquefois au ciel, ſi elles portendent, prediſent ou annoncent quelque choſe à venir. Albumazar, Dorotheus, Paulus Alexandrinus, Epheſtion Maternus, Aomar, Thebith, Alkindus, Paulus Manlius, Aberäger, & generalement la plus part des anciens Grecz, Hebreux, Caldées, Arabes, & Egyptiens qui en ont écrit deferent tant aux aſtres, & à leurs influences, qu'ilz ont aſſeuré la pluſpart des actions humaines dependre des cõſtellations celeſtes. Cicero premier liure De fato ſemble leur fauoriſer beaucoup, quád il écrit aſſez obſcurement que ceux qui naiſſent ſoubz la planette de Canis ne meurét point par eau. Faber Stapulenſis en ſa paraphraſe des Metheores écrit que les Cometes qui apparoiſſent au ciel ſignifient ſterilité de biés, abondáce de grans vens, guerres, effuſion de ſang, & mort de princes. Hieroſme Cardan, philoſophe moderne lib. 4. De ſubtilitate, & lib. 14. De varietate rerum, écrit que les Cometes cheuelues, barbues, & autres ſemblables figures mõſtrueuſes qui apparoiſſent au ciel, ſont comme indices & auantcoureurs de famines, peſtes, guerres, de mutatiõs de royaumes, & autres ſemblables playes qui ſur-

L'opinion de ceux qui ont penſé que les figures celeſtes denõcent quelques futurs éuenemens.

qui furuiennent au genre humain. Encore adioufte il, que tant plus que leurs figures font eftranges & hideufes, elles portendent & annoncent de plus grãds maulx. Proculus l'vn des plus excellens Aftrologues qu'ait produict la Grece, pourfuit l'interpretation de telles predictions par tous les fignes du ciel, ou il racõpte par ordre les merueilleufes puiffances qu'õt les aftres fur les actions humaines. Il y en a eu d'autres, comme Ptoloméee qui ont écrit, que fi quelque enfant à fa natiuité fe rencontroit foubz certaines conftellations, il auroit puiffance fur les Dæmons. Il y en a encores d'autres, mais bien plus effrontez & & plains de blafphemes, qui ont tãt deferé aux aftres qu'ilz ont ofé écrire, que fi aucuns à leur natiuité fe rencontroient foubz l'afpect de certains aftres, qu'ilz auroient le don de prophetie, & qu'ilz prediroiẽt les chofes à aduenir, mefmes que Iefus Chrift fauueur de tout le monde, pour f'eftre rencontré foubz certaines heureufes conftellations, auoit efté aorné de tant de perfections, & faifoit les miracles. Voyla les cruelz & horribles blafphemes qu'a enfanté cefte deteftable & infame Aftrologie iudiciaire. C'eft pourquoy fainct Auguftin les bannift de fa cité de Dieu, fainct Hierofme les appelle Idolatres. Bafille & fainct Ciprian les deteftent, Chrifoftome, Eufebe, Lactance & fainct Ambroife les aborrent. Le Concille de Tollette les reiette, les Loix ciuilles les puniffent de mort, les Ethniques mefmes, cõme Varro, Cornelius Celfus, & plufieurs autres les diffament,

Blafphemes des Aftrologues.

S

HISTOIRES

mais beaucoup plus diuinemēt que les autres se mōstre entre les princes Picus Mirandula, lequel les a si
bié rembarrez, & descouuert le Labyrinthe de leurs
mensonges en vn œuure latin qu'il a faict cōtre eux,
qu'ilz n'osent plus leuer les cornes. Reste doncques
maintenāt retourner à nostre propos, & rechercher
de plus pres si telles figures estranges, & Cometes que
nous voyons au ciel annoncent quelque chose, ou si
elles se font naturellemēt. Aristote liure premier de
ses Metheores, traictant copieusement de la nature
des Cometes & de ses autres impressions, caracteres
& figures qui se font au ciel, dit seulemēt qu'elles se
font par nature, sans faire aucune mention qu'elles
predisent ou designent quelque chose pour l'aduenir, & est à présumer que si Aristote, qui est le premier & le plus excellent de tous ceux qui écriuirent
oncques en son art, eust peu trouuer quelque coniecture ou raison en nature qu'elles eussent deu desi-
gner quelque chose, il ne l'eust nomplus supprimé
ou teu qu'il a faict les autres secretz de philosophie
qu'il nous a laissé par ses écris. Il est dōcques certain
que ces flammes fantastiques & autres figures que
nous voyōs au ciel, sont naturelles, & se forment en
la maniere qui s'ensuyt. Il y a trois regions au ciel,
l'vne qui est treshaute qui reçoit en soy vne merueil
leuse chaleur pource qu'elle est prochaine & voisine de l'Elemēt du feu: L'autre qui est basse reçoit les
rayons du Soleil reuerberez de la terre, de laquelle
i'ay faict mention en ma description de la cause des
tonnerres,

Docte traicté de Picus Mirā-dula contre les Astrologues.

PRODIGIEUSES. 70

tonnerres: La troisiesme est au meillieu de ces deux, à laquelle la force de la chaleur qui vient de la partie superieure, ensemble l'ardeur des rayons du Soleil, reuerberez de la region inferieure paruiennent: Et pour ce que selon le tesmoignage de Pline les astres sont cōtinuellement nourriz de l'humeur terrestre, de là procede premierement la cause des flammes celestes: Car la terre (cóme Aristote enseigne en son liure premier des Metheores) estant échauffée du Soleil, rend double aërieuse substance, l'vne que nous pouuons propremēt nommer exhalation chaude & seche, l'autre vapeur est chaude & humide: Et d'autant que la premiere vapeur est plus legiere, elle paruient à la supreme region de l'air ou elle s'enfláme, si que d'icelle sont faictz feuz, & flámes au ciel, qui en formes diuerses & estranges resplendissent entre les nues de diuerses figures, cóme de torches allumées, de nauires, testes, lances, boucliers, espées, Cometes barbues, & cheuelues, & autres choses semblables, desquelles nous auōs faict mētion cy dessus: lesquelles engendrent grand terreur & estonnement à ceux qui en ignorēt les causes. Ce qui est quelquefois aduenu aux Romains en la guerre de Macedone, lesquelz furent tellement effrayez & espouentez que le cueur leur commença à faillir, pour vne soubdaine eclipse de Lune qui apparut, & persisterent en ceste crainéte iusques à ce que Cneus Sulpitius par vne admirable eloquence commença à leur déduire par viues raisons que telle mutation en l'air estoit natu-

Les astres sont nourriz d'humeurs, selō Pline.

En quel temps les Romains eurent cōgnoissance de l'eclipse.

S ij

HISTOIRES

relle, & que l'eclipse ne procedoit d'autre chose que d'vne interpositiõ de la Lune entre le Soleil & nous, & de la terre entre nous & la Lune, & par ce moyen ilz furét deliurez de leur erreur, la cause de l'eclipse leur ayant esté iusques à ceste heure lá incongneue. Le semblable se peut dire de la pluye de sang, laquelle a tát intimidez de peuples les ans passez par l'ignorãce de la cause dont elle procede, comme celle qui tomba du ciel, l'an de salut 570. du temps que les Lombars soubz la cõduicte d'Albuin s'espácherent par l'Italie: mesmes celle qui de recéte memoire tõba pres Fribourg, l'an 1555. Laquelle tachoit les robes & les arbres qu'elle attaignoit, de couleur rouge, & neantmoins cõbien que cela semble prodigieux, si est-ce toutefois que cela est naturel, car tout ainsi que la terre donne diuersité de couleurs à plusieurs corps, aussi semblablemẽt elle couloure l'eaue de la pluye, car si la terre est rougeastre elle rendra ses vapeurs & exhalatiõs rouges, lesquelles estans conuerties en pluyes, le ciel les nous rẽd ainsi rouges & coulourées comme elles auoient esté attirées & esleuées en hault, & tombant sur quelque habit, elles le peuuent coulourer & tacher de rouge. Voyla pourquoy plusieurs historiés Grecz & Latins entre leurs grãds merueilles & rares prodiges du ciel, ilz ont faict mẽtion des pluyes sanguinolentes. Reste donc seulement pour mettre le dernier seau à ce chapitre, d'assigner les causes de la pluralité des Soleilz & des Lunes qui apparoissent quelquefois au ciel, comme les trois

Cause de la pluye de sang.

trois Soleilz que Cardan dict auoir veuz de noſtre temps eſtant à Venize. Et tout ainſi que nous auons dit les figures qui apparoiſſent au ciel eſtre naturelles, autant en pourrós nous dire de la multitude des Lunes & des Soleilz, leſquelz apparoiſſent, par-ce que toutefois & quátes que quelque eſpeſſe nuée eſt preſte à getter pluyes, & qu'elle ſe treuue à coſté du Soleil, ſi iceluy par vne precedente refraction de ſes rayons imprime ſon Image en icelle, comme nous voyons qu'il faict en vn acier bien bruny & poly, lors il apparoiſtra en diuers endroitz double ou triple, & autant en pourrós nous dire de la Lune. Voila doncques la vraye cauſe pourquoy ſont veuz quelquefois deux ou trois Soleilz ou Lunes. Cherchons doncques deſormais en nature les cauſes & eſſences des choſes, ſans nous arreſter aux friperies, preſtiges & menſonges des Aſtrologues iudiciaires, leſquelz nous ont tant de fois deceuz & trompez, qu'ilz deuroient eſtre banniz & exilez de toutes Republiques bien conſtituées: mais quel trouble, perplexité & terreur engendrent ilz en vne infinité de conſciences de pauures creatures? L'an mil cinq cḗs vingtquatre, lors qu'ilz publierent par tout auec obſtination qu'il y auroit au moys de Feburier vn deluge preſque vniuerſel pour la conionction de toutes les planettes au ſigne de Piſces, & neantmoins le iour auquel ſe deuoient produire ces eaux fut l'vn des plus beaux & plus temperiez de l'année: Combiḗ que pluſieurs gráds perſonnages intimidez de leurs

La cauſe de la multitude des Soleilz & Lunes qui ſe voyḗt au ciel.

HISTOIRES

propheties, eussent faict prouision de biscuitz, farines, de nauires, & autres choses semblables, propres pour la marine, craignans estre surprins & submergez de ceste grãde inundation d'eaux qu'ilz auoient prédicte. Apprenons donc desormais auec Henry septiesme Roy d'Angleterre, qui a regné de nostre temps, à ne faire compte de leurs bourdes, mesmes à les chastier de leurs mésonges, lequel soubdain qu'il eut entēdu qu'vn des plus fameux astrologues d'Angleterre eust publié par tout, qu'il auoit trouué entre ses plus recluz secretz d'astrologie, qu'il deuoit mourir dedans la prochaine feste de Noel cõmanda soudain qu'on le feist venir deuant luy. Et apres l'auoir interrogué si telz propos estoient veritables, & que le Prognostiqueur luy eust respondu qu'il estoit certain & qu'il auoit trouué cela infallible en sa constellation & natiuité, mais dy moy ie te prie, dist le Roy, ou te predisent les astres que tu feras ton Noel ceste année, & que l'autre luy eust respondu, que ce seroit en sa maison auec sa famille. Or congnois-ie bien dist le Roy que tes astres sont menteuses, car tu ne verras, ny Lune, ny Soleil, ny astres, ny ciel, ny famille de Noel, & épouseras tout maintenant la plus estroicte prison qui soit en la grãd' Tour de Lõdres, & ne bougeras de lá que la feste ne soit passée. Voila comme fut traicté ce venerable Astrologue demourant prisonnier en extreme misere iusques apres la feste dédiée à la natiuité de Iesus Christ.

Fin de la dixneufiesme histoire.

S'il n'y

PRODIGIEVSES. 72
HISTOIRE ADMIRABLE,
des flammes de feu, qui ont sorty des testes d'aucuns hommes.

Chapitre 20.

'Il n'y auoit qu'vn seul autheur qui eust faict mention de l'histoire qui s'ensuyt, combié que sa fidelité fust assez prouuée, ie ne l'eusse toutefois inserée en mes prodiges, par-ce que

HISTOIRES

nous n'auons aucun argument ou coniecture en nature, sur lequel on la puisse fonder, neātmoins puis que tant de doctes pleumes se sont empeschées à la décrire, & si grand nombre d'autheurs fideles l'attestent en leurs œuures, nous debuons soubz leur foy croire ce qu'en disent Tite Liue liure 3. Decade 3. Ciceron liure 2. De diuinatione, Valere le Grand, liure 1. chap. 6. Frontinus liu. 2. chap. 10. Stratagemat. écriuent: Qu'apres que les Scipiõs, surprins par leurs ennemys eurent esté deffaictz & tuez en Espaigne, & que Lucius Martius cheualier Romain faisoit vne harengue à ses soldatz pour les exhorter à vengeance, ilz furent estõnez qu'ilz veirent vne grand flamme de feu qui sortoit de sa teste, sans qu'il en feust aucunement endommagé, qui fut cause que les gendarmes esmeuz de la vision de ceste flamme prodigieuse reprindrent cueur, & se ruerent si furieusement sur leurs ennemys qu'ilz en deffirent trēte sept mille, sans le grand nombre de captifz, & inestimables richesses quilz rauirent aux Carthaginiens. Ces feuz fantastiques qui ont sorty de certains corps d'hommes ne sont pas apparuz en vn seul, mais en plusieurs: Car le mesme autheur Tite Liue écrit (en son premier liure des choses memorables depuis la fondation de Rome) le semblable estre aduenu à Serue Tulle, qui succeda en la dignité Royalle à Tarquinius Priscus: Du chef duquel (estāt encore ieune enfant) ainsi qu'il dormoit, on veit vne flamme de feu sortir, dont la Royne Tanaquil femme dudit

Priscus

Priscus afferma à son mary que ceste flâme luy promettoit quelque grand heur & prosperité : Ce qui aduint, car non seulement espousa sa fille, mais il fut Roy des Romains apres son mary. Plutarque & les autres écriuent le semblable d'Alexandre lors qu'il combatoit contre les Barbares, estant au plus aspre du conflict, on la veit tout en feu, ce qui causa vne merueilleuse terreur à ses ennemys. Ie sçay qu'il y a quelque medecin moderne qui écrit en ses diuerses histoires le semblable estre aduenu de nostre temps à vn sien amy en Italie, nompas vne seule fois, mais plusieurs. Pline au lieu ou il fait mention du Lac Trasimene qui fut veu tout en feu, fait aussi quelque discours de ces flâmes admirables qui sont veuës autour des corps humains. Aristote au premier liure de ses Metheores en traicte aussi, mais pour confesser ce qui en est, ny de l'vn ny de l'autre, ie n'ay sceu colliger sur quoy elles sont fondées, encores que i'eusse promis d'asigner les causes & raisons des aduenemens de noz prodiges. Si nous ne voulons dire que cela fust faict par art, attendu que nous auons veu souuent de nostre temps certains bateleurs vomir & ietter de leurs bouches flammes de feu ardentes, desquelles Athenæus liure premier de ses Dipnosophistes chap. 14. fait aussi mentiõ, ce qui ne peut estre aduenu ce me semble aux histoires mentiónées cy dessus, par ce que c'estoient de grands seigneurs, sur lesquelz ces choses ont esté experimentées, mesmes entre si grande multitude de personnes, que la

Cardanus, De varietate rerũ.

T

fraude euft efté defcouuerte. Le plus expediét doncques eſt de croire que c'eſtoient preſtiges de Sathã, leſquelz luy eſtoiét ſi familiers en ces ſiecles lá, qu'il en inuétoit tous les iours de nouueaux, comme il eſt teſmoigné en l'Exode, des Magiciés de Pharaon, qui cóuertirent les verges en Serpens, & les eaux des fleuues en ſang, qui ſont choſes auſſi difficiles, que faire ſortir des flammes du corps humain.

Fin de la vingtieſme hiſtoire.

AMOVRS PRODIGIEVSES.

Chapitre 21.

I'ay

PRODIGIEVSES. 74

'Ay honte, & suis presque confuz en moy-mesme, de ce qu'il fault que ie donne commécement à ces amours prodigieuses par les trois plus excellens philosophes qui furent oncques renómez en la terre. Dont l'vn a tant diuinemét philosophé de l'ame, de la nature diuine, & de la structure admirable de l'vniuers, que sainct Augustin a osé écrire & affirmer de luy, que peu de choses chágées, il seroit Chrestié.

Platon, Aristote & Socrates amoureux.

Platon.

T ij

HISTOIRES

Aristote. Le second a tant bien voltigé par les elemens, tant methodiquement traicté les secretz de nature, & autres choses sensibles, qu'il reluist entre le reste des *Socrates.* philosophes cóme le Soleil entre les astres. Le tiers, outre la doctrine qui luy a esté commune auec les deux autres, encore a il eu vne telle sanctimonie & aornement de meurs, qu'il a esté nombré entre les sept sages de Grece. Et neantmoins combien qu'ilz ayent curieusement recherché les secretz des cieux, la nature, essence & ressort de toutes les choses contenuës au pourpris de la terre, si est-ce qu'ilz n'ont point encore esté si rusez, ne si bié armez des secretz de leurs sciences, qu'ilz ayent peu congnoistre la nature d'vn si pusille, & delicat animal comme est la femme, ny mesmes se garder de ses furieux assaulx. *Isocrates.* *Demosthenes.* Tout ce grand tourbillon de philosophie, auquel Aristote s'est plongé depuis le berceau iusques au sepulchre, ne l'a peu si bien mortifier qu'il n'ayt esté *Hermia amye d'Aristote.* amoureux d'vne femme publique nómee Hermie, l'amour de laquelle l'enflamma si bien, que nó seulement il se consommoit à veuë d'œil, mais ce qui est plus aliene d'vn philosophe, & qui merite d'estre compté entre les prodiges, il l'adoreroit & luy faisoit des sacrifices, comme Origene écrit: dequoy accusé par Demophilus, il fut contrainct d'abandonner Athenes, ou il auoit enseigné trente ans, & se sauuer à la fuitte. Platon (lequel seul entre les philosophes a merité le nom de Diuin) n'a point esté si supersticieux, qu'il n'ayt voulu sçauoir que c'estoit que

que l'humanité, & ne s'eſt point tant arreſté à recher
cher les Idées, qu'il n'ayt quelquefois voulu auſsi cō
templer & manier les corps ſolides, comme il eſt no-
toire en Archenaſſa, laquelle combiē qu'elle ſe feuſt *Archenaſſa a-*
proſtituée à vne infinité d'autres en ſa ieuneſſe, ſi eſt- *mye de Platō.*
ce que lors qu'elle fut abandonnée des autres, Platō
en fut heritier, & demeura ſi bien embabouyné ce
pauure philoſophe, qu'il ne l'aymoit pas ſeulement,
mais reſonnoit ſouuent certains vers à ſa louenge,
& ſe lamentoit de ce qu'amour le tenoit intrinqué
aux rides d'vne vieille, comme Athenæus autheur
Grec enſeigne au liure 13. de ſes Dipnoſophies. Socrates duquel la maieſté & grauité a tant eſté celebrée par les anciens, qu'on a écrit de luy ce prodige,
qu'il eſtoit touſiours de meſme face, ſans que pour
aucune eclipſe de fortune proſpere ou aduerſe on
ayt trouué mutation en luy, ſi eſt-ce qu'il n'a point
eſté ſi refroigné, critique, ou ſeuere en ſes actions,
qu'il ne ſe ſoit quelquefois adoucy aupres de ſa fauo
rite Aſpaſie, comme Clearchus nous a laiſſé par écrit *Aſpaſia amye*
liure premier de ſes amours. Et comme i'ay mis en *de Socrates.*
ieu ces trois, encores en pourrois-ie recenſer grand
nombre d'autres, comme Demoſthene, Iſocrate, Pe-
ricle, & pluſieurs autres, les amours laſciues deſquelz
ſont ſi ſouuent deſcouuertes par les hiſtoriēs Grecz,
qu'en les liſant, ie me ſuys eſmerueillé cōme ce grād
torrent de ſcience & ſageſſe n'a peu ſi bien moderer
leurs flámes, que la fumée n'en ſoit paruenue à la po
ſterité. C'eſt pourquoy Laïs, tāt renommée entre les

T iij

femmes perdues, se mist vn iour en colere cõtre quel cun qui louoit fort affectueusemẽt la vie, les meurs, & sur tout la doctrine & sagesse des philosophes d'Athenes, & luy dist, ie ne sçay (dist elle) quel est leur sçauoir, n'en quelle science, n'en quelz liures estudient voz philosophes que vous celebrez tant, mais bien sçay-ie que moy estant femme & sans auoir esté à Athenes, ie les voy souuẽt venir icy à mõ escolle, & de philosophes deuiennent amoureux. Laissons doncques les philosophes en repos, & recherchons les autres : car qui voudroit faire vn Catalogue de tous ceux qui se sont laissez transporter à l'amour, il n'en faudroit pas seulemẽt faire vn chapitre, mais vn liure entier. Menetor (comme Athenée recite) fait mention d'vne histoire amoureuse digne de noz prodiges, par-ce qu'il n'est riẽ plus rare en nature, que de voir celle qui ayme biẽ, vouloir faire part à vne autre de ce qui luy est si cher, ce qui est toutefois aduenu en la notable histoire que nous allons décrire, Athenée doncques fait mentiõ d'vne dame impudique fort renommée en beauté, qui se nommoit Plangon Milesienne, laquelle ainsi qu'elle estoit extreme en beauté, aussi estoit elle souuent requise de plusieurs grandz seigneurs, mais entre autres elle auoit pour ses ordinaires delices vn ieune enfant Colophonien de beauté fort exquise, lequel auoit meilleure part en elle que les autres, neantmoins cõme ces amours lasciues ont le plus souuent vn si legier fondement, que tout l'edifice s'en va à la
fin en

fin en ruyne. Ainsi suruint il vne eclipse entre Plangon & son amy, par-ce qu'elle entendit qu'il auoit quelquefois esté aymé d'vne autre qui s'appelloit Bachide Samienne, qui ne luy estoit en rien inferieure en beauté ou bonne grace. Assaillie doncques de ceste nouuelle ialousie, elle delibera de faire tresves d'amours, & donner congé à ce ieune gentilhõme. Ce ieune enfant qui eust mieux aymé mourir mille-fois que de se veoir estranger de celle qui estoit le siege de sa vie, commença à la cuider cherir & caresser comme de coustume, mais elle ia refroidie comme vn glaçon de montaigne, ne tenoit compte de toutes ses plainctes, souspirs, & lamentations: ains elle le pria de ne se trouuer iamais en part ou elle le peust voir, sans luy faire autrement entendre la cause de sa hayne, l'enfant touché au plus vif de son cueur de ce nouueau refuz, se prosternãt à ses piedz tout baigné de larmes, luy dist qu'il se defferoit promptement luy mesme, si elle ne soulageoit son martyre par l'influence de quelque gracieux rayon de pitié. Plangon combatue de rage, de pitié & d'amour, luy dist: ne te trouue de ta vie deuant moy, si tu ne me faiz present de la chesne d'Or tant celebrée qu'à Bachide Samiéne. L'enfant sans autre replique s'en part en diligence pour rencontrer Bachide, à laquelle ayant faict entendre de point en point la fureur de ses flámes, & l'ardante amitié qu'il portoit à Plangon vaincue de pitié & d'amour luy donna sa chesne, auec la charge qu'il en feroit vn present soudain, à celle qui le tourmentoit ainsi, en quoy elle se môstra fort liberalle & magnifique, veu que les historiés écriuent que tous les tresors qu'elle auoit peu épuiser toute sa vie de ceulx qui l'auoient aymée estoient fonduz pour mettre en ceste chesne, qui estoit de monstrueuse grosseur, mesmes qu'elle la gardoit auec grande curiosité pour se soulager en vieillesse, si la fortune eust permis qu'elle eust esté surprinse de pauureté. L'enfant se voyant posseder ce qu'il auoit tant souuent desiré, s'en vint trouuer Plangon, & luy offrant la chesne, luy feist entédre la liberalité de son anciéne amoureuse, de laquelle ny le téps, ny la distance des lieux n'auoit peu esteindre l'amitié. Plangō espouentée de l'amitié & liberalité de sa compaigne en amours, qui auoit bien osé dōner en vn coup ce qu'elle auoit amassé toute sa vie, & mesme à son ennemye & compaigne en amours, ayant le cueur genereux, & ne luy voulant ceder, ny en amitié ny en liberalité, luy renuoya sa chesne, ayma l'enfant plus ardemmét qu'elle n'auoit oncques faict, mesme ce qui est plus prodigieux, fist part à Bachide de ses amours, & voulut que l'enfant fust cōmun à elles deux: Dont les Grecz en admiration la nommerent depuis Pasiphile. Puis que nous sommes si auant ancrez en la matiere des amours prodigieuses, il nous fault rechercher les histoires les plus rares & esmerueillables, entre lesquelles ie ne me recorde point qu'il y ayt eu dames en tout le monde qui ayent demené l'amour auec plus grád merueille, ne le,ne qui ayent laiſſé vn plus eternel teſmoignage à la poſterité de leurs vies diſſolues & laſciues, que Lamie,Flore,& Laïs, deſquelles ie décriray la vie ſelon que Pauſanias Grec, & Manilius Latin en leurs liures qu'ilz ont écrit des illuſtres femmes amoureuſes.Mais ſur tous i'enſuiuray Anthonius de Gueuara Eueſque de Monodemo en vn docte traicté qu'il a faict de ceſte matiere. Ces trois dames ont eſté les trois plus belles, & plus fameuſes femmes mondaines qui furent iamais nées en l'Aſie, & nourries en l'Europe,& deſquelles les hiſtoriographes ont plus parlé, & par qui plus de princes ſont venuz à perditió. Il eſt écrit de ces trois quaſi par prodige,qu'elles charmoient ſi bié ceux qui les aymoient, qu'elles ne furent oncques laiſſées d'aucun prince qui les ayt aymées, & ſi ne feirent oncques requeſte de choſe qui leur fuſt refuſée. Et ſi eſt encores écrit de ces trois femmes,qu'elles ne ſe moquerent iamais d'hóme,n'auſsi oncques hóme ne ſe mocqua d'elles. Les hiſtoriés écriuent ces trois Courtiſannes durát leur vie auoir eſté les trois plus riches Courtiſannes du monde,& apres leur decés auoir laiſſé plus grande memoire d'elles: car chacune eut ſtatue des peuples ou elles moururent. Chacune de ces trois, outre le don de beauté, auoit encore quelque choſe de particulier pour alecher à les aymer. La Páthiere ou Lamie prenoit ſes amoureux,procedoit du regard, car par les traictz de ſes yeulx elle enflammoit les hommes.Flore par ſon eloquence admirable. Laïs par ſa

V

douceur, & par l'harmonie de son chant plaisant. Le Roy Demetrius soudain qu'il eut receu vn traict d'œil de Lamie, il fut prins au filé, & ce nouueau feu par interualle de temps gaigna tát sur son ame, qu'il ne viuoit plus qu'en elle, & non seulement luy donnoit tout ce qu'il auoit, mais d'auantage abandonna sa femme Euxonie pour suyure sa Lamie. Plutarque recite en la vie de Demetrie, que luy ayant les Atheniens donné douze cens talens d'Argent pour ayder à payer sa gédarmerie, il fist present de toute la somme à Lamie : Dequoy les Atheniens furent fort indignez de veoir leur argét si mal employé. Ce miserable Roy Demetrie estoit si extremement passionné de sa Lamie, qu'il la reueroit comme quelque deité, iuroit par elle, cóme il eust faict par ses Dieux, mais la fortune qui tréche le fillet aux delices, & qui met fin à toutes entreprinses, permist que Lamie mourust, dequoy ce pauure Roy se sentit tellement outré, qu'aucuns ont écrit de luy qu'il la baisa & embrassa apres sa mort, & non content de ceste Idolatrie, il la fist enseuelir au deuant d'vne fenestre de sa maison & quand quelqu'vn de ses fauoritz l'interrogea pour quelle occasion il l'auoit faict inhumer en ce lieu, il luy respondit en souspirant profondemét : Le lié d'amitié de Lamie me serre si fort le cueur, que ie ne sçay en quoy satisfaire à l'amour qu'elle m'a porté, & à l'obligation que i'auois à l'aymer, sinõ de la mettre en tel lieu que mes pauures yeux s'exercent tous les iours à la plorer, & mon triste cueur à la péser. Le

fer. Le dueil & regret qu'eut Demetrie pour la mort de Lamie fut si grād & si extreme, que tous les philosophes d'Athenes furēt empeschez à disputer, laquelle des deux choses estoit plus à estimer, ou les pleurs & dueil qu'il menoit, oū les richesses qu'il auoit dépendu en ses obseques & pompes funebres. Vn an & deux moys mourut le Roy Demetrie apres la mort de Lamie. La secōde amoureuse dont auōs faict mētion cy dessus, se nōmoit Laïs, qui estoit fille du grād sacrificateur du temple d'Apollon, homme si experimenté en l'art de Magie, qu'il prophetisa la perdition de sa fille incontinent apres sa natiuité. Ceste Laïs comme sa compaigne eut vn Roy pour amy, ce fut le renōmé Pyrrhus, auec lequel elle alla en Italie lors qu'il y alla pour faire la guerre aux Romains, & demeura long temps à son camp, puis s'en retourna auec luy de la guerre : Toutesfois il est écrit d'elle, que iamais ne se voulut abandonner à vn homme seul. Ceste Laïs estoit tant bien acomplie de toute perfection de beauté, & autres dons de grace, que si elle eust voulu se contenir, & n'en aymer qu'vn seul, il n'y eust eu si constant prince au monde qui ne se fust perdu apres elle, & qui ne luy eust octroyé ce qu'elle luy eust demandé. Estant de retour de l'Italie en la Grece, elle se retira à Corinthe, cōme écrit Aulugele, & lá fut poursuyuie de maintz Roys & Seigneurs, qu'elle pluma si bien, qu'elle ne leur laissoit que la parolle pour racompter leurs pasions, car elle a esté celebrée pour l'vne des femmes du monde

V ij

HISTOIRES

qui sçauoit aussi bien faire profiter ses amours. Il se list vn prodige d'elle qui ne fut oncques leu ny enté du d'autre que d'elle, c'est qu'elle ne se monstra oncques affectionnée à homme, ny ne fut iamais haye d'homme qui l'eust congneue. Ceste Laïs mourut en la ville de Corinthe, aagée de soixante & douze ans: La mort de laquelle fut par beaucoup de matrones desirée, & de beaucoup d'amoureux plaincte. La troisiesme dame mondaine se nomma Flora, qui estoit Italienne, qui surmonta en extraction & generosité, les deux autres: Car elle estoit yssue d'vn certain cheualier Romain fort renõmé en faict de guerre, lequel deceda auec sa femme, & laisserent ceste fille aagée de quinze ans, chargée de richesse, douée de grand beauté, & orpheline de tous parens: En sorte que comme la ieune dame Flore, eust ieunesse, richesse, liberté & beauté, lesquelz sont les plus grands maquereaux du mõde, pour faire glisser vne femme, se voyant auec tous ces moyens, determina s'en aller à la guerre d'Afrique, ou elle mist à l'enquant sa personne & son honneur. Ceste Flora florissoit & triompha du temps de la premiere guerre Punique, Lors que le Consul Manile fut enuoyé à Carthage, lequel despendit plus d'argent à faire l'amour à Flora, qu'auec ses ennemys. Et comme Flore estoit yssue de race plus genereuse que les deux autres, aussi voulut elle voler plus haut, & se ressentir de sa grandeur: car il ne se list point qu'elle se soit prostituée à petiz compaignons, comme Laïs, ou
Lamie,

Lamie,& partant elle mist vn écriteau à sa porte, qui disoit:Roy,Prince,Dictateur,Consul,Censeur,Pontife & Questeur pourront heurter & entrer ceans:& ny mist point Empereur ny Cesar: car ces deux nos illustres ne furent de long temps créez apres, par les Romains: de sorte qu'elle ne se voulut oncques abandonner qu'à personnes de haute lignée, de grade dignité,& de grandes richesses,& disoit ordinairement que la femme de grãd beauté sera autant estimée qu'elle se prise & estime. Laïs & Flore estoiẽt de contraire façon de faire: car Laïs premier se faisoit payer qu'on eust sa iouissance, mais Flore sans faire semblant d'Or ny d'Argent,se laissoit gouuerner. Et estant vn iour interroguée de cela,respondit: ie donne ma personne aux princes,& barõs illustres, afin qu'ilz facent auec moy comme illustres: car ie vous iure par tous nos dieux qu'oncques homme ne me donna si peu, que ie n'eusse plus que ie ne pretẽdois,& au double de ce que i'eusse demandé: Et disoit que la sage femme ne deuoit demãder pris à son amoureux pour le gracieux plaisir qu'elle luy faict, mais plustost pour l'amour qu'elle luy porte,par-ce que toutes choses du mõde ont certain pris, excepté l'amour, lequel ne se peut payer qu'auec amour. Tous les ambassadeurs du monde qui venoient en Italie aportoient autant de comptes de la beauté & generosité de Flora, que de la Republique Romaine,pource qu'il sembloit chose monstreuse de veoir la richesse de sa maison, sa beauté, les princes & sei-

V iij

HISTOIRES

gneurs dont elle eſtoit requiſe, & les preſens qu'on luy faiſoit le iour qu'elle ſe pourmenoit à Rome à cheual, elle donnoit aſſez d'occaſion de parler d'elle pour vn moys entier. Elle mourut aagée de ſoixante ans, & laiſſa le peuple Romain ſon heritier : & auoit tant de ioyaux & richeſſes, que lon eſtimoit la valleur de ſes meubles ſuffiſans pour refaire les murs de Rome, & encores pour deſengager la Republique : Faiſant fin à ces femmes, il nous fault rechercher quelque choſe de plus eſtrange en noz amours prodigieuſes : Mais que dirõs nous des amours monſtrueuſes de ce Taureau banier Nero, qui ne ſe contentoit pas d'auoir diffamé vne infinité de filles, femmes, & vierges Veſtales : mais encores fiſt-il chaſtrer vn beau ieune enfant, qui ſe nommoit Sporus, le peſant transformer en femme, lequel il eſpouſa publiquement auec grãde ſolemnité, luy aſſigna douaire, & le retint pour femme, comme Corneille, & Suetone écriuent. Ie ne ſçay ſi ie dois appeller amour prodigieuſe ou folie prodigieuſe, celle qu'écrit Herodote, de la fille de Cheopes Roy d'Egipte. Ledict Cheopes ayant eſpuyſé tous ſes treſors, meſme employé cent mille ouuriers pour faire conſtruire vne Piramide, ſe voyant deſnué de finances commanda à ſa fille qu'elle ſe proſtituaſt, & qu'elle expoſaſt ſon honneur au plus offrant, ce qu'elle executa, requerãt à chacũ qui venoit deuers elle luy dõner vne pierre, & du gaing qui ſortit de ſon impudicité fut baſtie la Piramide qui eſt au meilleu des trois, vis à vis de la

grande,

grande, portât en chacun front cent cinquāte piedz: laquelle a esté celebrée entre les merueilles du monde. Ludouicus Vartomanus écrit vne autre façon de faire l'amour, qui est pour le iourd'huy en vsage, en certaine prouince de l'Indie nommée Tarnassari, laquelle n'est pas moins prodigieuse que la precedéte & si en a veu l'experience, il écrit que quād quelque ieune hōme est amoureux de quelque dame, & qu'il desire luy faire entendre le feu de ses amours, il préd vne piece de drap trempée dans l'huyle, y mettant le feu, puis la couche sur son bras tout nud & endure ceste flamme iusques à ce que la piece soit toute consommée, sans mōstrer aucū signe ou indice de douleur, testifiant par cela qu'il est si fort embrasé des amours de sa dame, qu'il n'y a espece de tourment ou martyre soubz le ciel qu'il ne vousist patir pour elle. Mais afin de nous degouster des amours sales & ordes, ie veux mōstrer qu'il se trouue des prodiges aux amours chastes & vertueuses, combien que i'en aye assez proposé d'exéples en mes histoires tragiques. Que se peult il produire de plus prodigieux en nature, que de se vouloir sacrifier soy-mesme pour acompagner à la mort la personne qu'on ayme? Et neantmoins il se trouue vne infinité d'exemples de femmes, lesquelles sont plus tendres, apprehésiues, & timides que les hommes. La chaste Porcia fille de Catō fut si feruente en l'amitié qu'elle portoit à son mary Brutus, qu'apres qu'elle eut entédu qu'il auoit esté tué en Thessalie aux champs Philippiques, ne

HISTOIRES

<small>Valere liu.4.</small> pouuant promptement recouurer de couteau pour se sacrifier, elle deuora des charbons vifz & ardens. Cleopatra derniere Royne d'Egypte ne ceda en rien en amitié à la precedente: car ayant entendu la mort de son mary Anthoine, encores qu'elle fust curieusemét gardée par Octaue Cæsar, qui auoit peur qu'elle ne se tuast, si est-ce qu'on ne la peut empescher qu'elle ne luy feist bié tost compagnie apres sa mort, & par vn genre de tourmét bien cruel: car elle se fist deuorer aux serpens comme Apianus Alexandrinus écrit. Mettrós nous en oubly Arthemise royne de Carie en Grece, laquelle apres qu'elle eut entendu la mort du Roy Mausolus son mary, elle espuisa presque toute l'humidité de son corps par larmes, & apres l'auoir bien lamenté, elle feist faire vn monumét si excellemment elabouré qu'il a esté mis entre les merueilles du monde: mais encores non có tente de cela, estimant que le corps de celuy qui auoit esté l'organe de sa vie n'estoit assez honoré d'vne tant superbe sepulture, elle voulut luy seruir <small>Valere liu.4.</small> de sepulchre, & feist rediger tous les os de son mary en pouldre bien subtile, & ne cessa d'en vser ordinairement en son breuuage, tant qu'elle les eust tous cósommez. Qui ne sera doncques esmerueillé de ces flammes prodigieuses d'amour? lesquelles enchantent & charment si bien les sens humains, que non seulement elles cheminent incurables par toutes les plus sensibles parties de noz ames: mais, qui plus est, le plus souuent elles nous font deuenir insensez, frenetiques,

PRODIGIEVSES. 81

netiques, & brutaux, côme il eſt monſtré en ce ieune enfant de l'vne des meilleures maiſons d'Athenes, lequel mourut de dueil, pour-ce qu'on ne luy vouloit permettre cherir vne ſtatue de Venus, de laquelle il eſtoit furieuſemét enamouré. Encore eſt-il bié plus eſtráge que l'aguillon contagieux de ceſt amoureux venin, ne touche pas ſeulement les creatures raiſonnables, mais meſmes le ſentiment en paruient & penetre iuſques aux beſtes brutes, côme Plutarque teſmoigne, d'vn Elephát qui fut corriual d'Ariſtophanes Grámarien d'Alexandrie, car tous deux aymoiét vne chapeliere, mais l'Elephant ne faiſoit pas moins ſon deuoir de luy exprimer & môſtrer par ſignes & geſtes amoureux l'amour qu'il luy portoit, que faiſoit le Grámarié auec ſon eloquéce. C'eſt vne choſe eſtrange que les beſtes brutes n'ayment pas ſeulemét les creatures raiſonnables, mais elles ſe ſentent quelquefois ſi preſſées de leurs paſsions, qu'elles vſent de violence à l'endroit des filles & femmes. Edouart en ſes liures de l'hiſtoire des animaux écrit, qu'il y a certains genres de Singes roux aux regions d'Indie, deſquelz ilz ſont côtrainctz de ſe prendre garde qu'ilz n'aprochent des vilages, par-ce que quand ilz ſont eſchauffez de leurs fureurs naturelles, ilz ne pardonnent ny à fille ny à femme: de ſorte qu'il ſ'en trouue ſouuét de violées, principalemét celles que ces méchantes beſtes peuuent appreheder au deſpourueu. Il n'eſt rien plus certain ny vulgaire en Allemaigne que ce que décrit Saxo. lib. 10. de ſon hiſtoire des

Voy de cecy vn exemple pareil en Athenée lib. 13. cap. 29.

Plutarque au dialogue ou il diſpute ſi les beſtes brutes vſent de raiſon.

X

HISTOIRES.

Dannois, qu'vn Ours en Sueue cherchant sa proye par les montaignes, rencõtra de fortune vne bergere, laquelle il emporta en sa cauerne, & au lieu de la deuorer, il cõuertit sa faim en plaisir, laquelle échapée de ses mains suruescut tant de temps apres, qu'elle a depuis esté veuë viue de plusieurs milliers de personnes. Encore est il plus esmerueillable, que la fureur & violence de l'amour est si grãde, que les bestes brutes, farouches & cruelles ne s'en ressentét pas seulement, mais (qui plus est) les arbres & plátes vegetables, esquelz nous recongnoissons certains simulachres & rayõs d'amour: de sorte qu'ainsi que Theophraste & Pline ont écrit, il y a quelques arbres & plantes, esquelles si vous tollissez les masles, & les esloignez des femelles, elles flaitriront, & demeurerõt en perpetuelle sterilité, comme nous voyons à l'œil de la vigne qui embrasse l'Ormeau, s'esgaye, & s'esiouist de sa presence: mesmes le Liarre qui est si amoureux de certains arbres, qu'il leur faict compa-
<small>Altiat en ses Emblemes.</small> gnie apres leur mort: Ce qui a dõné occasiõ aux anciens, lors qu'ilz vouloient despeindre vne parfaicte amitié, de l'exprimer par vn tronc d'arbre mort, enuirõné d'vn Liarre. Encore adiousteray-ie (pour faire fin) vne chose plus prodigieuse, que les bons secretaires de nature ont recõgneu quelque rayon de secrette amitié entre les metaux & les pierres. Pour ce regard l'Aymãt ayme le fer, l'attire, l'ayãt attiré le retient, de sorte qu'il semble estre touché de quelque ialousie ou regret quand on le luy tollist: puissance

mer-

merueilleuse d'amitié, qui s'estend mesmes iusques aux metaux, esquelz on descouure de prodigieux effectz d'amytié: ce qui se peut experimeter en l'Or, lequel nous voyons si manifestemét affecté au Mercure, qu'il se plonge incontinent dedans, comme quasi rauy, & forcé par quelque furieux amour.

L'or & le vif-argent amoureux l'vn de l'autre.

Fin de la vingtvniesme histoire.

HISTOIRE PRODIGIEVSE d'vn Monstre, du ventre duquel il sortoit vn autre homme tout entier, reserué la teste.

Chapitre 22.

HISTOIRES

Cellus Lucanus Philosophe Grec, en certain opuscule qu'il a faict de la nature de l'vniuers, traictāt de la generatiō, nous enseigne que nous n'alliōs pas au sacré mariage pour la volupté & plaisir (lequel toutefois n'en peut estre absent)mais que nostre principale intention doit estre de procréer lignée, car les desirs que la diuine prouidence a dōnez aux hommes pour la cōgression, n'ont pas esté ordonnez pour le plaisir

plaisir seulemét, mais pour la perpetuelle conserua-
tion & permanéce de l'espece. Et pource qu'il estoit
impossible que l'homme nay mortel, vescust per-
petuellement, Dieu a supplié ce default par côtinue,
& perpetuelle generation, afin que la terre fust mul-
tipliée, les Republiques peuplées, & les societez humaines côseruées. En consideration dequoy, il fault
retrácher toutes generations qui se font contre l'or-
dónáce de nature, par-ce que le plus souuét le fruict
qui en sort est immunde, miserable, monstreux, vi-
cieux, odieux & detestable aux espritz, aux Dæmons,
aux hommes & familles. Et de telz attouchemés illi-
cites naissent quelquefois plusieurs enfantemés mô-
streux, comme celuy lequel nous voyons figuré cy
dessus, du ventre duquel il sortoit vn autre homme,
bien formé de tous ses membres, reserué la teste. Et
cest homme estoit aagé de quaráte ans, lors qu'il fut
veu en la Fráce, l'an mil cinq cens trente. Et portoit
ainsi ce corps entre ses bras auec si grand merueille
que tout le monde s'assembloit à grandes troupes
pour le voir. Et dit on qu'il auoit esté engendré de
quelque femme perdue, qui se prostituoit à tout le
monde indifferemmét. Ie me recorde de l'auoir veu
à Valence, ainsi que ie te l'ay faict pourtraire icy, du
temps que monsieur de Coras y enseignoit les Loix
Ciuiles. Depuis on l'a veu pres Paris en vn bourg appellé Montlehery, comme plusieurs m'ont attesté,
mesmes le bô homme Iean Longis, Libraire en ceste
vniuersité, lequel m'a asseuré qu'on l'auoit prins au-

X iij

HISTOIRES

dict Montlehery pour celuy qui portoit ce Monstre, de sorte qu'on l'interrogeoit, qu'estoit deuenu ce Monstre qu'on auoit veu le temps passé sortir de son corps.

Fin de la vingtdeuxiesme histoire.

HISTOIRES MEMORABLES

de plusieurs Plantes, auec les propriétez & vertuz d'icelles, ensemble de la prodigieuse racine de Baara, décrite par Iosephus autheur Hebreu. Chapitre 23.

L'histoire de l'herbe à laquelle ce chien est ataché, n'est descrite qu'à la fin de ce chapitre.

PRODIGIEVSES. 84

S'Il y a quelque chose digne d'estre consideréeen toutes les principales parties de Medecine, certainement c'est celle qui verse en cognoissance & recherche de la nature & proprieté des plantes: car outre la commune vtilité qu'elles apportent au gére humain, encores y descouurirós nous vne antiquité si grande, que nous ne la pourrós apprehéder, sans vne extreme admiration: Car estát presque tous les ars inuentez si tost que l'homme fut crée de Dieu, & par apres augmentez par l'industrie de plusieurs, les seules herbes, & plantes soudain apres la Creation des Elemens, & lors qu'il n'y auoit encores homme viuant sur terre, sortirent (suyuant le commandement du Seigneur) des cauernes & entrailles de la terre, garnies de leurs propres & diuines vertuz. Car outre l'asseurance que ce grand legislateur de nostre Dieu, Moyse, nous dóne de cecy en l'Exode, encores y pourrós bié adiouster le tesmoignage des anciens Poëtes Grecz, comme d'Orphée, Musée, & Hesiode, qui ont traicté la louége du Pouliot, comme aussi a faict Homere celle de l'Alisier & autres, comme en semblable Pithagoras a loué l'Eschallotte, Crysippus le Chou, Zeno le Caprier, Encore est-ce chose plus estrange que Salomon Roy des Iuifz, Euax Roy des Arabes, Iuba Roy de Mauritanie ontesté fort curieux, non seulemét de cógnoistre les plantes, ains la plus-part d'eux en ont diligément écrit. Autres ont entretenu grás Philosophes & Ar-

L'antiquité des herbes.

Les anciés poëtes Grecz ont traicté des plátes.

HISTOIRES

boristes en plusieurs desers de l'Asie, Europe & Afrique, pour descouurir les secretz des herbes & plantes. Encores est-ce chose plus esmerueillable, que grand nombre de plantes biē renommées, ont prins leurs noms de plusieurs Roys, Princes, Empereurs & Monarques, comme la Gentiane a prins son nom de Gentius Roy des Illyriens, La Lymachie de Lyzimachus Roy des Macedoniés. Teucrium a esté inuētée par Teucer, l'Achilea d'Achiles, l'Arthemisia d'Arthemise Royne de Carie. Mais nous nous arrestons, ce me semble, par trop à rechercher l'antiquité & louenge des plantes. Reste doncques, suyuant nostre coustume, d'aduiser si nous pourrós trouuer és herbes quelque chose de monstreux, prodigieux ou estráge, cóme nous auós faict en la plus part des autres choses contenues soubz la concauité des cieux.

Herbes qui ont prins leurs nós des Roys.

Les anciens ont recongneu, ie ne sçay quoy d'esmerueillable en vne plante qu'ilz appellent l'Agnus castus, qui a les fueilles semblables à celle de l'Oliuier: car presque tous ceux qui ont écrit de la nature & proprieté de ceste plante, disent qu'elle resiste au peché de la chair: Et que ceux qui la portēt sur eux, ou qui en boyuent le suc, ne sont iamais tentez d'incontinence, & pour ceste occasion les filles anciennement portoient des branches & rameaux de ceste herbe en leur main, ou en couronnoient leur chef, pensant par ce moyen amortir & exteindre les ardeurs de la chair. Dioscoride chap. 15. de son premier liure de l'histoire des plantes, dict que les Grecz ont nommé

En Grec Agnos & ligos. Ceste plante croist en arbre.

Il y a deux sortes d'Agnus Castus, l'vn blanc & l'autre noir, le noir croist à la grandeur des saulx.

nommé cest arbre Agnos, c'est-adire chaste, par-ce que les dames qui iadis en la cité d'Athenes gardoient chasteté, es sacrifices de Ceres, faisoiết leurs couches d'Agnus castus.

Tout ainsi que nous auons décript la singularité de l'Agnus castus, qui red les personnes chastes, aussi nous fault il maintenant faire mention d'vne autre herbe du tout contraire à la precedente, & quasi son ennemye capitalle, car elle rend ceux qui en vsent lascifz, promptz & desreiglez aux actes veneriens. *Herbes propres pour les filles & femmes lasciues.*

Les anciés ont nómé ceste herbe Satyrium, par ce que ce furent les Satyres & Dieux sauuages qui furết inuenteurs de ceste plante, pour mieux satisfaire à leurs lasciuetez & concupiscéces, lors qu'ilz alloient iouer par les forestz & cauernes auec les nymphes. *Le satyrium viết en abondance en Allemaigne, & se trouue coustumierement es iardins, prez & lieux sablōneux.*

Les Grecz l'ont nommée Orchis, ou Cynosorchis, pour-ce qu'elle a sa racine semblable à deux couillons de chien, de sorte qu'il semble que nature ait voulu laisser quelque marque & enseigne en ceste plante, pour monstrer ses merueilleux effectz aux œuures naturelles. Ceux doncques dict Dioscoride au 22. chap. de son troisiesme liure des plátes, qui desirent auoir la compagnie des femmes, doiuent vser de ceste racine, pourautant qu'elle rend les hommes plus própts à l'exercice de Venus, mesme à ce qu'on dict sa racine tenue en la main prouoque à desirer le plaisir de la femme. Encore y a il vne chose digne de consideration en ceste plante, & quasi prodigieuse, c'est que l'vne de ses deux racines, qui ressemblent *On l'appelle en Fráce couillon de chien.* *Herbe propre pour les hommes, qui ne peuuent satisfaire à leurs femmes.*

Y

HISTOIRES

(comme nous auons dict)aux genitoires d'vn chien, excite defmefurément aux actes veneriques. L'autre racine qui est vn peu plus petite, esteinct & empesche le desir de la chair, de sorte qu'vne mesme plāte apporte le mal & le remede. Pline, Dioscoride & Galien sont autheurs de cecy, mesmes Dioscoride écrit que les femmes en Thessalie dōnent à boire de la racine de celle qui est la plus charneuse aux hommes, pour les induire aux actes de Venus. Aussi, lecteur, ne veux-ie oublier à t'aduertir que tu n'esperes point de moy en tout ce traicté de prodiges des plantes, les descriptions, facultez, temperamens, & diuisions d'icelles, par-ce que cèst œuure seroit excessif, & excederoit les limites de mon subiect: mesme que Dioscoride, Theophraste, Galien, Pline, Matheolus, Fusche, Ruel & plusieurs autres, t'ont tāt biē satisfaict en cela, qu'il ne se peult riē desirer qu'ilz n'ayēt décrit: ce que i'ay bien voulu mettre en auāt pour ceux qui penseroient que i'eusse icy confondu les diuerses especes de Satyrium, comme celuy que les Grecz ont appellé Orchis Serapias, duquel Paulus Aegineta & Aetius font mention, lequel aucuns disent auoir receu ce nom de Serapius Dieu des Alexandrins, pour raison de la grande & impudente lasciueté, pour laquelle on l'adoroit en vn lieu dit Canope, là ou il auoit son temple de grande reuerence, & religion, comme Strabo recite au 17. liure de sa Geographie. Il me suffira doncq' en ce chapitre de descrire simplement ce qu'il y a de plus esmerueillable, & prodigieux

gieux en chacune plante en particulier.

Les anciens, comme Chrysippus, ont trouué ie ne sçay quoy de prodigieux en la plante que nous appellons vulgairement le Basilic, ilz ont eu opinion qu'il faisoit venir l'homme incensé, & lithargique, & que les cheures n'en vouloyent point manger, à ceste occasion que l'homme le deuoit fuyr. Ilz ont adiousté, que le broyant, & le mettāt soubz vne pierre, il engendroit vn scorpion, & si on le masche, & qu'on le mette au soleil, il procrée des vers· qui plus est, aucūs disent que si quelqu'vn est picqué du scorpion le iour qu'il aura māgé du basilic, il n'en pourra guerir : mesmes asseurēt que broyant vne poignée de Basilic auec des Cancres marins ou de riuiere, que tous les Scorpions de lá aupres viennent à luy. Ie n'ignore point que ceux qui sont venuz apres Chrysippus n'ont pas ainsi abhorré le Basilic, & en ont vsé plus hardiment. Les Greczl'ōt nommée Ocymon, & les Latins Ocimum.

L'herbe à puces appellée des Latins Herba pulicaris, a vne si grande vertu refrigeratiue, que si vous la iettez dedās l'eau bouillante (ainsi que Dioscoride écrit) sa chaleur s'amortira. De l'herbe à Puces. L'herbe qui empesche que l'eau ne bouille.

La Carline, que les Latins appellent Chamæléon albus, sert à l'hōme de theriaque & d'anthidote contre les poisons & venins, comme Dioscoride & Pline écriuent, & toutesfois elle tue les ratz & les chiēs. L'herbe qui tuë les bestes & saulue l'hōme.

L'herbe nommée Scilla, en François Squille, penduë à l'entrée d'vne maison empesche les charmes, sorceries, & enchantemens, comme Dioscoride, Pli- Herbe qui deliure des enchātemens.

Y ij

ne,& Pithagoras écriuent.

Les bons rechercheurs des secretz des plantes ont trouué par experience, que nostre Persil, que les Latins appellent Apium hortense, & les Grecz Selmõ, par vne secrette proprieté engendre l'Epilepsie, que nous appellons mal caduc, de sorte que Symeõ Selhi écrit qu'il fault que ceux qui sont subiectz à ceste maladie se gardent entierement d'en vser: car il est souuent aduenu qu'aucuns qui estoient presque venuz à conualescence de ceste maladie, vsant de Persil, sont retombez du hault mal. Pline écrit que les nourrisses se doibuẽt garder d'vser de Persil, par-ce que les enfans qui tetent le laict d'vne femme qui en aura mengé, seront persecutez de mal caduc.

Persil dangereux aux nourrices.

La Consyre, que les apothicaires frians de motz barbares, ont appellée Consolida maior, a si grande vertu de reünir, rassembler & reioindre les playes fresches faictes ensemble, que mesme mise auec les pieces de chair, quand elles cuisent au pot, elle les reioinct (cõme tesmoigne Pline & Dioscoride, c'est pourquoy les Grecz l'ont nõmée Symphyton, pour la grande vertu qu'elle a de reioindre & reünir.

Les anciens Grez & Romains ont tousiours celebré entre leurs plantes excellentes, celle qui est dicte en Grec Peristereon, en Latin Verbenaca, & en Frãçois Veruaine. Elle a esté nõmée anciennemẽt Hierabotane, & sacra herba, c'est-a dire herbe sacrée, par-ce qu'à Rome, le temps passé, elle seruoit à purifier les maisons, & tous les domestiques estoient ceincts

Histoire notable de l'herbe appellée Veruaine.

ceincts de ceste herbe, & en ballayoit on l'Autel de la table de Iupiter, auant que luy faire sacrifices. Les ambassadeurs aux legatiõs sainctes en estoient couronnez, ou (cõme dit Dioscoride) par-ce qu'elle estoit fort propre pour chasser les malings espritz, & purger les maisons pendue ou attachée à icelles. Les anciens ont tousiours esté en ceste opiniõ qu'elle chassoit la melécholie. Dioscoride & Pline écriuent que la salle arrousée d'eau ou la veruaine aura trempé, rend les personnes ioyeuses, & que ceux qui assisteront au bancquet seront gays & resiouys.

Herbe qui chasse la melécholie.

La plãte que les apothicaires appellẽt Nenuphar, & les Grecz & Latins Nymphea, qui croist és Estãgs, & Riuieres, qui a de grandes fueilles verdes, a si grãd vertu contre ces ardeurs furieuses qui bouillonnent en la ieunesse, que prise en breuuage vne fois le iour, par l'espace de quarante iours elle exteinct du tout entieremẽt l'appetit de paillardise, & la prenãt à ieun auec les viandes, elle chasse tous songes impudiques, & veneriẽs: mais il fault entendre cecy de la premiere espece de Nenuphar, qui a la fleur iaune, semblable au Lys. Pline & Dioscoride sont autheurs de cecy, mesme l'experience en faict foy: car on en ordonne coustumierement pour refrigerer les religieuses, moynes, & autres gẽs de deuotion, qui veulent mortifier leur chair. Les anciens la nõmerent Nymphea, par ce que la pucelle Nympha (d'ou ceste herbe a prins son nom) estant ialouse d'Hercules, deuint si maigre, pasle, deffaicte & langoureuse, que la mort

Nenuphar propre pour ceux qui se sentent pressez des aiguillons de la chair.

Y iij

HISTOIRES

s'en ensuyuit. Et apres, ainsi qu'ilz croyent, elle fut muée en ceste herbe marescageuse & aquatique, pour luy refroidir ses chaleurs. ceste plante est vulgaire par tout. Nous l'appellons en François blanc d'eau, ou iaune d'eau, ou Lys d'Estang, & y en a de deux sortes, l'vne qui a la fleur blanche, l'autre iaune.

Du Liarre.
Pline & Dioscoride.
Combien que le Liarre, dict en Latin Hædera, en Grec Cissos, soit vulgaire par tout, si est-ce qu'il contient en soy beaucoup de choses, dignes de consideration: *Le Liarre trouble l'esprit.* En premier lieu, il trouble l'esprit, si on en prend par trop, il produict vne larme & gomme, laquelle *Gomme de Liarre brusle comme le feu.* (ce dict Galien) brusle occultemét comme vn cautere, sans s'en apperceuoir: mesme sert de depilatoire, pour faire tomber les cheueux, & tout autre poil qui est sur le corps de l'hôme ou de la femme.

Les grains du Liarre rendent l'hôme sterile. Les petitz Raisins ou grains du Liarre, que les arboristes appellét Corymbes, prins en breuuage, font deuenir les hommes steriles.

Les grains des Corymbes qui ont le ius safranné, prins en breuuage deuant toute autre viande, engardent qu'on ne s'en·yure.

Vaisseau à boire propre pour les melancholiques. Ie trouue d'auantage, dict Pline, que les gens melancholiques, & subiectz aux maladies de la rate, se guerissent s'ilz boyuent és tasses ou gobeletz faictz de bois de Liarre.

Papauer en Latin.
Lithargie est vne maladie mortelle, en laquelle on dort tousiours.
Toutes les especes de Pauotz ont vertu de refrigerer, de prouoquer le sômeil, & principalemét le Pauot noir faict dormir, & si on prent par trop de son ius, ou liqueur, il fait venir les gens lithargiques, & les tue.

PRODIGIEVSES.

les tue. Pline, Dioscoride, & Simeon Sethi, sont autheurs de cecy. Le Pauot est pour le iourd'huy en si grand vsage en Perse, Iudée, & toute la Turquie, que si vn homme n'auoit vaillant qu'vn aspre, il en emploira la moitié en Pauot: ce qui faict qu'il est en si frequent vsage, & qu'en plusieurs lieux on en seme les champs comme de blé, c'est pource que les Turcs ont vne certaine opinion, qu'ayant mangé du Pauot ilz sont plus furieux, adroictz, vaillans & desesperez en la guerre, de sorte qu'ayans prins de ceste herbe, ilz s'exposent temerairement à tous les perilz, & hazards de la guerre: Et s'il aduient que le Turc dresse quelque armée, ilz deuorẽt tãt de ce Pauot, & en font si grande dissipation, qu'ilz en desgarnissent tout le pays, & en portent tousiours auec eux, du temps de guerre, ou de paix: ilz en tirent le ius, qu'ilz appellent Opium: voy ce qu'en escrit Pierre Belon au liure de ses Peregrinations de Leuant, ou il en a veu l'experience deuant ses yeux. *Merueilleuse superstitiõ des Turcs en l'vsage du Pauot.*

La Mandragore a apporté grand esbahissement à ceux qui ont décrit ses proprietez, facultez, & puissances. Pithagoras l'a nommée Antropomorphon, pour raison qu'il semble que sa racine represente la forme humaine. Autres l'ont nommée Circea, & luy ont baillé le nom de Circe, pour-ce qu'ilz auoient opinion que sa racine estoit bõne pour faire aymer, & qu'il y auoit quelque charme amatoire en ceste plante. Ie vei dernierement à la foire sainct Germain en ceste ville de Paris, vne racine de Mandragore, *Des merueilles de la Mandragorie.*

qu'vn Sophiſtiqueur auoit contrefaicte par art, qui auoit certaines racines ſi bien entaſſées l'vne dedans l'autre qu'elle repreſentoit proprement la forme de l'homme, & aſſeuroit ce dõneur des bons iours, que c'eſtoit la vraye Mãdragore, & demãdoit vingt eſcus de ceſte racine: mais ſa fraude fut incõtinẽt deſcouuerte, & croy qu'il fut contrainct en fin emporter ſa racine en Italie, dont il diſoit qu'elle eſtoit venuë. Laiſſons doncques les fraudes, & retournõs aux ſingularitez qui ſe retrouuent en ceſte plante. Dioſcoride parlãt des merueilles de ceſt'herbe, écrit qu'elle a le bruict d'amolir l'Yuoire, & la rẽdre ayſée à tourner, & mettre en œuure en quelque forme qu'on voudra: faiſant cuire ladicte racine auec l'Yuoire par l'eſpace de ſix heures. Il eſt tout certain qu'elle a vne merueilleuſe efficace d'endormir, & d'enſeuelir ſi bien les ſens à ceux qu'on veult cauteriſer, ou couper quelque membre, qu'ilz ne ſentent aucune douleur, s'ilz ont premieremẽt prins du ius de Mandragore. Les autres l'ordõnent en parfum, pour ce meſme effect. Il y a deux eſpeces de Mandragore qui naiſſent en pluſieurs lieux es montaignes d'Italie, & principalement en Pouille, au mont S. Ange, dont les arboriſtes en apportent les pommes & racines.

Yuoire amolie par vertu de la Mandragore.

Plante qui rẽd l'hõme inſenſible.

Plante ſalutaire aux hõmes, & mortelle aux beſtes.

C'eſt vne choſe eſtrãge de ce que les Philoſophes attribuent à la plante, que les Latins appellent Nerion, & les Grecz Rhododẽdros, en françois Roſage. Ceſte plãte a les fleurs de Roſe, & fueilles de Laurier, mais c'eſt choſe merueilleuſe que les fueilles de ceſte plante

plante tuent chiens, afnes, muletz, & plufieurs autres beftes à quatre piedz: mais aux hommes prinfes en breuuage auec du vin, elles feruent de contrepoifon, & remede fouuerain contre morfures de toutes beftes venimeufes: Et neantmoins fi les cheures, brebis, & autres beftes debilles boyuent feulement de l'eau, en laquelle les fueilles de cefte plante ayent trempé, elles font incontinent eftouffées, & meurent foudainement.

Pline & Dioscoride.

La Lentille, que les Latins nomment Lens, ou Lenticula, fait fonger fonges efpouëntables, & terribles, fpecialement fa premiere decoction, felon Pline & Dioscoride: Et ceux qui ne tiennent moyen à manger de cefte viande, deuiennent ladres, felon Galien & Pline. C'eft affez doncques (ce me femble) curieufemét recherché les proprietez eftráges de plufieurs plantes. Refte maintenant de monftrer les vertus admirables de celles qui ont puiffance de deffaire l'hô me, pour l'vfage duquel non feulement les plantes, mais tout ce qui eft côtenu au pourpris de ce monde vifible, eft, & a efté creé: Et neátmoins afin de le tenir en bride, & qu'il ne dreffaft fes cornes trop hault, ou qu'il ne fuft par trop enflé d'orgueil & d'ambition, le feigneur a voulu créer de petites plantes & racines, qui ont pouuoir à tous les moments du iour de rabatre & brider fon audace, mefme de luy auancer fa mort.

Plante qui fait fonger fonges efpouentables.

Plante qui fait deuenir les hômes Lepreux.

La Cigue, appellée Cicuta des Latins, affez cogneuë par tout, eft du genre de ceux qui tuét: laquel-

HISTOIRES

le suffoque & esteinct la personne, qui en prend en breuuage : Et pour-ce les Atheniés voulās faire mourir le tressage philosophe Socrates, lequel auoit esté faussement accusé par Anytus & Melnirus d'auoir mal parlé des Dieux, vserent de ceste herbe, comme de supplice publiq', luy faisant faire l'office de bourreau. Dioscoride au traicté qu'il a faict, des venins & poisons, & de leurs remedes, exaggere auec vn merueilleux artifice les accidens & symptomes de celuy qui a beu ou mangé la Cigue. Celuy (dit il) qui en a beu ou mágé, il a la vertu visiue des yeux offusquée, & a si bié l'esprit troublé, qu'il ne peut discerner aucune chose, il sanglotte à toute heure & a toutes les extremitez du corps froides. Et finablement le venin de ceste plante restrainct si bien l'alaine & le souflet en la canne du poulmon, que les patiens meurent estrāglez, & spasmez : Et pour-autant (dit il) ce venin se doit au commencement tirer hors du corps auec vomissemens, & par apres auec clysteres, afin que ce qui est descendu aux boyaux sorte pareillement. Pline escrit que ceux à qui on auoit baillé à manger de la Cigue, estans ainsi tuez, certaines taches & pustules apparoissoyent sur leurs corps.

Ciceron en ses questions Tusculanes, & Plutarque en la vie de Socrates.

L'If, qu'aucuns appellent Thymio, & les Latins Taxo, prins par la bouche est venimeux, & enfroidist si bien tout le corps, qu'il estrāgle & tuë en peu de temps.

L'If mortifere.

L'herbe de Sardeigne māgée, faict deuenir l'homme insensé, & engendre vn certain spasme es leures, en sorte

Herbe qui fait rire en mourāt.

en sorte qu'il semble que ceux qui l'ont mágée rient tousiours,& de là est né le malheureux prouerbe, Le ris de Sardeigne. Voy de cecy Solin, Dioscoride, & sur tous Erasme en ses Chiliades, en l'explication du Prouerbe, Risus Sardonius.

La plante semblablement que les Latins appellent Hiosciamus, & les Grecz Hyosciamos, les François Iusquiame, principalemēt celle qui a la gréne noire, rend l'homme insensé, endormy, & le faict perdre le sens, selon Pline, & Galien, & selon Dioscoride beu ou mangé, il faict faire les mesmes folies que l'yurongnerie de vin. Aelian recite en son histoire que les porcs sangliers se paissans de ceste herbe, viennent à se pasmer, & sont en danger de mort, s'ilz ne se lauent incontinent en de l'eau. *Iusquiane mortel.*

Il y a vne espece de plante appellée en Latin Aconitum, en François Aconit, qui mettra fin à noz herbes venimeuses, par ce que c'est la plus prompte, & plus subite à faire mourir, de toutes les plantes, specialemēt celuy qu'on appelle Pardalianches, qui tuë les Pards, & a les fueilles semblables aux concombres sauuages: mais elles sont plus petites & aucunement aspres & rudes. La seconde espece d'Aconit se nomme Lycothonon, par-ce que les loups en ayans mágé, meurent incontinent. La premiere espece croist par tout, la seconde espece es profondes vallées d'entre les mōtaignes. Leonarthus Fuschius dit qu'il y en a grande quantité en la montaigne pres Tubinge. Toutes especes d'Aconit tuent prōptement par ero- *De l'Aconit le plus cruel de tous venins.*

sion d'entrailles, & putrefactiõ de bõnes humeurs. La premiere espece tue les pards, porcs sangliers, & toutes bestes sauuages, mise dedãs de la chair: Et ceux qui chassét aux loups souuét en vsent pour les faire mourir. Pline suyuant sa coustume depeinct l'Aconit de toutes ses couleurs, & n'a rien laissé entieremét de ce qui appartiét à la descriptiõ & vertu de ceste cruelle plante. Il est tout certain (dit il) que l'Aconit est le plus soudain de toutes les poisons & venins, & que mesmes les femelles de quelques bestes que ce soyét, meurét le iour que leurs membres genitaux ou honteux ont esté touchez de cest' herbe. Puis il adiouste vn autre prodige merueilleux de ceste pláte. L'Aconit (dit il) donné à l'homme en du vin chauld, est de ceste nature, qu'il le tue promptement, s'il ne trouue quelque chose au corps de l'hõme qui le puisse tuer: car lors il luicte & combat là dedans, ayant trouué son pareil, comme s'il rencontroit quelque autre poison dedans les parties interieures, & la chose est esmerueillable, que deux mortelles poisons estans en l'homme se tuent & deffont l'vn l'autre, & l'homme demeure sain & sauue.

Le Nappellus produict ses fueilles, non trop dissemblables à la grand Armoise, les fleurs purpurines, quand elles ne sont ouuertes, semblables à testes de mors, & ouuertes, semblables à celle de l'ortic morte, la graine petite & noire, recluse en de petitz cornetz. Ce Nappellus icy est le plus contagieux de tous les venins: mesmes a vne proprieté, par laquelle il excede les

Galié & Dioscoride.

les autres, car les couteaux, dagues, & autres armes trenchantes qui sont trempées en son suc, rendēt les playes mortelles ou elles attouchent, & font promptement mourir ceux qui en sont blessez.

Laissons les herbes veneneuses, & venons aux autres qui sont plus familieres & amyes de l'homme, entre lesquelles les anciens ont tousiours celebré le Baulme entre les plus rares prodiges des plantes. Aucuns écriuent que ceste herbe excellente du Baulme a creu autrefois seulement en la seule ville de Ierico, d'ou elle a prins son nom: car Ierico en Hebreu signifie bōne odeur. Pline écrit que le Baulme est preferé à toutes odeurs, & qu'il n'y a que la Iudée qui en ayt. Il ne croissoit le temps passé qu'en deux Iardins, qui estoient tous deux Royaulx. Il croist hastiuement, & ne se peult soustenir s'il n'est appuyé, & le fault lyer comme la vigne. La fueille du Baulme ressemble à la Rue, & tousiours est verde. Il ne souffre point qu'on le coupe, ou blesse auec le fer. Cornelius Tacitus écrit, que quand on met du fer aupres, il s'effraye de peur qu'il en a, & partant il le fault entamer auec instrumens d'os ou de verre: car si on l'attouche auec le fer, pour en auoir sa liqueur, ou huille, il se meurt incontinent apres, quand il est coupé il rend vn suc qu'on appelle Opobalsamum, qui est d'vne merueilleuse doulceur, mais la goutte qu'il rend est bien petite. Ce pendant qu'Alexandre le grād estoit en ce lieu, on n'en pouuoit remplir que vne coque d'escaille d'huistre tout au lōg d'vn iour

Le Baulme.

Le Baume se meurt si on le touche auec du fer.

HISTOIRES

d'Efté. La principale vertu de cefte plante, eft en la larme, la feconde en la feméce, la tierce en l'efcorce, la moindre eft au boys. Apres que Titus prince Romain eut deftruict Ierufalem, vengeant la mort de Iefuschrift, l'herbe & plante du baulme fut tráfportée en Aegypte. Pierre Belon fort diligent rechercheur de plufieurs chofes rares, écrit que du temps de fa peregrination de Leuát, il alla voir le iardin ou croiffent les baulmes, qui n'eft qu'à vne bonne lieuë du Caire, il dit n'en auoir veu que neuf ou dix plantes, lefquelles eftoiét enfermées de murailles, & fort curieufement gardées: Il écrit amplement de cefte matiere, voy ce qu'il en dit en fes obferuations. Plufieurs en ont écrit, comme Diofcoride Pline, Diodore Sicilien, Cornelius Tacitus, Strabo, Paufanias: mais ilz difcordent prefque tous en la defcriptió de cefte plante. Ce precieux baulme a vne merueilleufe efficace de preferuer de corruptió (par longue efpace de temps) la chair qui en fera frottée.

Il y a vne herbe qui a efté autrefoys rare, qui commence à deuenir vulgaire, qu'on appelle Pied de Lion, qui naift es montaignes, & a fes fueilles reffemblantes à celles de la Maulue, mais elles font plus dures, plus nerueufes & plus crefpes. Elle naift en May, & florift en Iuing: elle eft admirable pour confolider les playes interieures & exterieures, & fort familiere aux Chirurgiens d'Allemaigne pour ceft effect. Les Medecins modernes mettent cefte plante au rang des prodigieufes, pour la merueilleufe puiffance

P. PRODIGIEVSES.

sance qu'elle a de consolider. Ilz écriuent que si les filles & femmes corrōpues en vsent, elle les faict apparoir vierges, principalement quand elles continuent aucuns iours en sa decoction. Les pieces de toille baignées dans son eau, appliquées sur les mammelles, les faict retirer: de maniere qu'elles deuiennent rondes & dures. Elle commence pour le iourd'huy d'estre congneuë en Italie, specialement des femmes qui l'ont en particulieres delices.

Le Corail qui est appellé Lithodendron, c'est à dire arbre de pierre, merite biē d'estre mis au rang des plātes qui ont ie ne sçay quoy d'esmerueillable, veu que c'est vne pláte qui croist en la mer (ainsi que tesmoigne Dioscoride) qui s'endurcist quād on la tire du profond de la mer, de l'aer qui l'enuironne, & deuiēt pierre, cest arbrisseau de Corail est verd, & mol estant en la mer, & porte du fruict semblable à des cormes tant en grādeur, qu'en figure. Quand on tire ceste plante de l'eau, elle est toute mousseuse, & n'est point rouge, mais venant par-apres és mains des ouuriers, ilz la polissent artificiellement sur le tour, ou par force de lime, & la brunissent auec la pouldre de Tripoli, pour luy donner le lustre. Toutes les especes de Corail sont trescongneuës & vulgaires en Italie, par-ce que lon en pesche en diuers lieux de la mer Thirhene. Les Corailz ont vne vertu occulte contre l'Epilepsie, ilz conseruent les maisons de foudre, & restraignent le flux menstrual, ilz valent aux corrosions des genciues, aux vlceres de la bouche, à

Plante qui se conuertist en pierre, tirée hors de la mer.

Proprietez du corail aux vsages de Medecine.

la disenterie, au flux de semence. Auicenne le nombre entre les medecines cordialles, pour engendrer ioye & gayeté de cueur. Dioscoride ne faict que deux especes de Corail, des rouges & des noirs, si est-ce qu'il s'en trouue aussi es mers de l'Europe de fort blancs: mais ilz sont plus spongieux, & plus legiers.

Prodige merueilleux d'vne plante enseignée en dormant à Alexãdre le grand.

Diodore Sicilié en son 17. liure, racompte vne histoire admirable d'vne pláte qui fut enseignée à Alexandre en vision, dont il guarit ses gẽs qui estoient blessez de ferremens enuenimez, laquelle m'a semblé digne d'estre recensée en ce lieu, par-ce que l'effect de ceste plante fut prodigieux. Apres (dit-il) qu'Alexandre eut eu la victoire contre les Brachmanes, & qu'il les eut tous tuez ou prins prisonniers, il fut estõné quand il trouua plusieurs Macedoniés blessez, & qui estoient en tresgrand dãger de leur vie, pour-ce que le fer des Barbares estoit enuenimé, & sur ceste confiance, auoient prins la hardiesse de venir à la bataille. Le venin estoit faict de quelques Serpens que ces Barbares prenoient, & les mettoient tous mors secher au Soleil, la chaleur duquel en faisoit sortir vne sueur, & parmy celle sueur sortoit aussi le venin du Serpent, lequel estoit si violent, que l'hóme blessé du ferremẽt qui en estoit enuenimé perdoit incontinent tout sentiment, & tãtost apres venoit à sentir les douleurs tresangoisseuses, auec retractiõ de nerfz, & tremblemẽt de toute sa personne: la chair en deuenoit noire & plombée, & luy prenoit vn tremblement de tous les mẽbres, & par vomissement rédoit grande grāde quātité de colere: Outre tout cela, il fortoit de la playe vne efcume noire, & f'y engēdroit vne putrefaction, laquelle fi toft qu'elle eftoit formée, gaignoit incontinent les parties nobles, & faifoit ainfi mourir le patient en grād martyre, & aufsi biē mouroiēt ceux qui n'auoiēt qu'vne legere égratigneure, cōme ceux qui auoient efté bien fort bleffez. Et quāt aux autres qui mouroient de ce venin, il n'en faifoit pas fi grand mal au Roy: mais il eftoit dolent à l'extremité de Ptolomée, qui eftoit pour lors l'vn de fes plus fauoritz, qui depuis la mort d'Alexādre fut Roy bien voulu, & aimé de tous, tant pour fa vaillance, que pour fa liberalité & beneficence, de laquelle il vfoit enuers tous. Comme chacun eftoit dolēt pour le martyre de Ptolomée, il aduint vn cas rare, & digne de grand merueille, de maniere (dit Diodore) que plufieurs le referent à vne expreffe preuoyance des Dieux: Car le roy Alexādre en dormant eut vne vifion, en laquelle il luy fembla voir vn dragon, qui tenoit vne herbe en fa gueule, de laquelle il luy enfeignoit la vertu, & le lieu ou elle croiffoit. Alexādre f'efueillant lá deffus, alla incontinent chercher cefte herbe: & l'ayant trouuée, la pilla, & en emplaftra tout le corps de Ptolomée, & luy en donna du ius à boire. Cefte herbe eut telle efficace, que dedans peu de iours il retourna à cōualefcence, & fut rendu fain & net. Le remede eftāt ainfi efprouué, les autres malades qui en furent medicinez puis apres guerirent tous. Diodore racontant cefte hiftoire, n'exprime

AA

point le nom de ceste herbe: mais Pline racomptant vne autre histoire, semblable à la precedente, exprime le nom de certaine herbe, qui guarist aussi vn soldat, disant ainsi: Quelque-fois l'vsage, & l'experiéce de certaines plantes se trouue fortuitement, ou, pour en parler à la verité, par certain oracle des Dieux, côme est celle de la plante dicte Cynorrhodon, qui est vne espece de rose sauuage, qui guarist de la morsure des chiens enragez. La vertu de ceste plante fut trouuée par fortune: Car quelque femme ayant vn sien filz qui estoit à la guerre en Espaigne, lequel auoit esté mordu d'vn chien enragé, & estoit desia en tel peril, qu'il commençoit à craindre les eaux, & autres choses liquides, qui est vn indice de mort. Ceste femme songeant de nuict en ceste maladie, luy fut aduis qu'elle enuoyoit à son filz ceste herbe, appellée Cynorrhodon, pour boire en du laict, laquelle le iour precedét elle auoit veuë en quelque lieu aux cháps: & donnant foy à ce songe, elle enuoya à son filz vne lettre, par laquelle elle l'acertenoit de ce qu'elle auoit songé. Le filz obeïssant au contenu de la lettre, fut guary par le moyen ceste herbe, & depuis les autres qui ont esté persecutez de semblables maladies, ont vsé du mesme remede de ceste herbe. Voyla côme sa proprieté & vertu nous a esté manifestée: chose certainemét esmerueillable, que la bonté de Dieu est si grande, qu'en dormant mesmes il nous aduertist des remedes qui nous sont salutaires. Nous trouuons encores de plus grádz & esmerueillables prodiges

diges en certaines plátes, desquelles les anciés philosophes ont faict mention par leurs écris, mais par ce qu'ilz n'ôt point exprimé les nôs de leurs plátes prodigieuses, plusieurs modernes auec grad' curiosité se tourmétét à les chercher. Theophraste a faict métió de certaine herbe Indique, laquelle esmouue tellement le corps humain, qu'elle espuise tout ce qu'il y a de semence en nature: Ce qui a donné occasion à aucuns d'écrire, qu'Hercules auoit depucelé en vne nuict vn grand nombre de vierges, par le secours de ceste pláte. Les Scythes semblablemét ont vne herbe frequente en leur pays, qu'on ne nomme point autrement que l'herbe Scytique, laquelle retenuë en la bouche reprime la faim & la soif, dix ou douze iours. AElian historien Grec faict mention d'vne herbe, qu'il appelle l'herbe à la huppe, qui enseigne les tresors cachez. Pline faict mention de l'herbe au Piuert, qui ouure les conduictz fermez.

Nous auós racompté cy dessus les vertus & essences de plusieurs plátes admirables, si est-ce qu'il n'y a rien qui se puisse égaller en dignité, en merueille, miracle ou prodige, à la racine de Baara, tant celebrée par Iosephe autheur Hebreu, & par-ce que son histoire sort d'vne boutique qui n'est point suspecte, & d'vn autheur qui tient le premier lieu entre tous les historiens ecclesiastiques, elle nous a semblé digne de ce lieu. Au temps passé (dit Iosephe) il croissoit vne racine en Iudée, nommée Baara, ayant couleur & splédeur de fláme, & esclairoit la nuict com-

AA ij

me vne lampe, laquelle eſtoit de nature ſi eſmerueillable, qu'elle faiſoit mourir promptement ceux qui
la penſoient attoucher pour la recueillir, ſi premierement elle n'eſtoit arrouſée de ſang ou d'vrine de
femme : encores pour cela n'eſtoit on pas en ſeureté :
car elle tuoit celuy qui la touchoit : de ſorte qu'on
fut contrainct apres auoir experimenté le venin de
ceſte herbe, d'atacher à la fin vn chien à la plante, lequel voulant ſuyure ſon maiſtre l'arrachoit en ſe ſe-
couant. Ceſte racine auoit vne proprieté eſmerueillable & monſtrueuſe : car depuis qu'elle eſtoit arrachée on la pouuoit maniër ſans peril, & ſi auoit encores auec cela, vne autre proprieté & vertu : car pen
due au col des forcenez, demoniacles & autres qui
eſtoient poſſedez des diables, elle les guariſſoit. Hieroſme Cardã medecin Milannoys trauaille (comme
il a de couſtume) à rechercher en nature la cauſe de
ceſte plante, & dit : qu'il ne trouue pas eſtrãge qu'elle
feiſt mourir celuy qui l'arrachoit, & que le petit na-
uet dict Napellus (duquel i'ay parlé cy deſſus) ne ſe
peult arracher ſans peril : puis ſe plongeant en vn
grand abiſme de philoſophie, il adiouſte ce qui ſ'en-
ſuyt : Baaran, dõt ceſte racine eſt dicte Baara, eſt vne
vallée en Iudée, region treſchaulde, & abondante en
Bitumen, duquel Bitumen la portion trop cuitte &
treſſubtile diſtilloit des mõtaignes, de laquelle (com
me il eſt vray-ſemblable) ceſte racine eſtoit engendrée, & par-ce que ceſte racine (peut eſtre) croiſſoit
en l'ombre perpetuelle, le venin ne ſ'expiroit en riẽ,
& eſtoit

PRODIGIEVSES.

& eſtoit de ſubſtance chaulde, comme feu, laquelle quand elle eſtoit arrachée, la vapeur ardente, & putride, receuë au cerueau de celuy qui l'arrachoit, incontinét le faiſoit mourir. Il adiouſte encores quelques autres raiſons de l'vrine & du ſang de la femme, par lequel la fureur de ceſte racine eſtoit adoucie: mais pour dire la verité cóbien que le bon homme face l'office d'vn bon bracque, & qu'il trace, qu'il flaire & qu'il ſente ſil pourra trouuer le ſentier & ſecret de ceſte plante, ſi eſt-ce que ie croy infaliblement que tous les philoſophes du monde congregez enſemble n'en ſçauroient aſsigner autre raiſon, que celle du prophete, ou il dict: Le Seigneur eſt eſmerueillable en toutes ſes œuures. Qui eſt-ce qui a congneu ſes ſecretz, ou qui a eſté ſon conſeiller? Ie t'ay monſtré le pourtraict de ceſte plante, au commencement de ce chap. ou tu voys le chien attaché.

Fin de la vingtroiſieſme hiſtoire.

HISTOIRE PRODIGIEVSE
d'vn Mõſtre ayant figure humaine, qui fut prins
l'an mil cinq cens trente & vn, en la foreſt
de Haueberg: Duquel Georgius Fa-
bricius enuoya le pourtraict à
Geſnerus, tiré au naturel,
comme il eſt icy figuré.

Chapitre 24.

HISTOIRES

Eux qui mesurent la grandeur des œuures de Dieu selon la capacité de leurs entendemens, à peine se pourront persuader que ce monstre qui est icy figuré, ait esté en nature: mais quant à mon regard, i'ay protesté plusieurs fois que ie ne répliray mes écritz d'aucune chose fabuleuse, ny d'histoire aucune, laquelle ie ne verifie par autorité de quelq̄ fameux auteur Grec, ou Latin, sacré ou prophane. Gesnerus en son histoire De quadrupedibus viniparis écrit qu'en la forest de Saxonie du costé de Dace, il fut pris quelques animaux monstreux, ayans figure humaine, dõt la femelle fut tuée des chiés des veneurs, le masle fut prins & amené vif, lequel fut domestiqué & appriuoisé,

uoiſé, de telle ſorte qu'il aprit à parler quelque peu mais ſa parole eſtoit imparfaicte, & rauque comme celle d'vne cheure, au reſte, quant à ſes actions, elles eſtoient plus brutales qu'humaines, & lors que ſes ardeurs naturelles le preſſoient, les femmes n'eſtoient point en ſeureté auec luy, car il ſe mettoit en effort de les violer publiquemẽt. Vn ſemblable à ceſtuy fut prins l'an mil cinq cens trente & vn, en vne foreſt de la ſeigneurie de Salcebourg en Alemaigne, lequel ne peut oncques eſtre apriuoiſé, ny meſme endurer le regard des hommes, de ſorte qu'apres auoir veſcu quelques iours, il ſe laiſſa mourir de faim, ſans vouloir receuoir paſture de creature viuãte. Du tẽps que Iaques le Quart Roy d'Eſcoce regnoit, qui fut l'an mil quatre cens & neuf, & qu'il enuoya Iacobus Egilinus en ambaſſade vers le Roy de France, ledict ambaſſadeur par tẽpeſte de mer fut reietté en quelque iſle en Noruagie, ou il veit de ſemblables monſtres à ceux cy, comme il a atteſté à ſon retour, & ſ'eſtant enquis des gens du pays quelles eſpeces d'animaux c'eſtoient, ilz luy reſpondirent, que c'eſtoient quelques beſtes de figure humaine, leſquelles de nuit venoiẽt quelquefois iuſques à leurs maiſons, & ſans qu'elles eſtoient repouſſées des chiens, elles euſſent mangé & deuoré les hommes, & les enfans. Ie me recorde que ſainct Auguſtin en ſa Cité de Dieu, faiſant mention de certains monſtres de formes eſtranges, qui ſe retrouuent es deſers, & ailleurs, ſuſcite la queſtion, ſ'ilz ſont deſcenduz du premier hõme Adam,

Tu en as la figure pourtraicte ſelon le naturel au cõmencement de ce chapitre, enuoyée à Geſnerus, par Georgius Fabricius.

& s'ilz ont ame raisonnable ou non, & s'ilz ressusciteront au iour de la generale resurrection, comme les autres : mais par ce que la decision de ceste matiere est vn peu trop prolixe, pour la brieueté de ce chapitre, ie me reserueray en autre lieu plus commode, à la dissouldre.

Fin de la vingtquatriesme histoire.

BANQVETZ PRODIGIEVX.
Chapitre 25.

PRODIGIEVSES. 97

SI ie n'auois assez amplement traicté au premier liure de mõ Theatre du mõde, les infirmitez & maledictiõs, que le malheureux vice de Gloutõnie apporte au genre humain, i'aurois maintenant vn subiect assez ample pour m'esgayer & dilater le vol de ma plume: mais sans resonner si souuét vne mesme chanson, il me suffira pour le present de décrire en ce lieu nompas seulemét les prodigalitez, mais mesmes les prodiges & móstreux appastz de gueulle desquelz les anciés & modernes ont vsé en leurs festins & banquetz. Les Perses & les Grecz (comme Herodote tesmoigne) ont esté si dissoluz en leurs festins, qu'ilz proposoient vn pris public par le cry d'vn Herault à ceux qui inuéteroient nouueaux delices, & qui mieux boiroient, ou mengeroient à outrance. Encores se reprochoient ilz les vns aux autres par maniere de mocquerie & gayeté, qu'ilz ne partoient iamais de leurs festes qu'affamez, & leur raison estoit telle, par-ce qu'ilz farcissoient si bien leurs corps de toutes especes de viãdes & breuuaiges, qu'ilz estoient contrainctz rendre compte à nature, & faire inuentaire de ce qu'ilz auoient prins auant partir de table. Et ainsi ayans l'estomac vuyde, la faim les reprenoit. Athenée faisant mention de l'excessiue prodigalité de Xerxes Roy des Perses, asseure que depuis qu'il demeuroit vn iour en vne cité, & qu'il y soupoit & disnoit, le vulgaire appauury s'en resentoit vn an ou deux par-apres, cõ-

Abhominable infamie des Perses & des Grecz.

En ses Dipnosophi. liu. 4.

BB

me s'il y eust eu quelque famine ou sterilité de biens en leur prouince. Puis continuant son propros, il fait mention de la superflue & sumptueuse despence de Daire Roy des Perses, lequel (dict-il) auoit quelque-foys pour tel souper quinze mille hommes pour l'acompaigner, & despendoit pour les festoyer quatre cens talens: lesquelz si vous les diuisez en quinze mille, vous trouuerez que chacun de ses hostes despendoit seize escuz pour son souper. Ce grand gourmand Alexandre n'a en rien esté inferieur à Daire, ou Xerces, en crapules, ou excessiues despences, car depuis qu'il eut penetré aux Indes, il commença à se donner en proye aux delices, & proposa vne bataille publique de bien boire, auec pris ordonné pour celuy qui reporteroit la victoire, qui se montoit quelques fois iusques à la concurrence de trente mines, sont troys cés escuz: ou d'vn talent, sont six cés escuz. Et combien que ce combat ne fust ordonné qu'à coups de verres, si est-ce qu'il se trouuoit à la fin si tragique & sanglant, que pour telle fois il y en est mort iusques au nombre de trête-six: lesquelz noyez, & suffoquez du vin, terminoient ainsi miserablement leur vie, comme Chares Mitylenæus écrit aux gestes d'Alexandre. Combien qu'Esope n'egalast ny en biens ny en dignitez les precedens, si est-ce que Pline recite au dixiesme de ses liures, qu'entre les plus renommées friandises & prodigalitez, le plat d'Esope a esté en grande admiration. Ce plat estoit d'vne inuention estrange

Incroyable prodigalité de Darius.

Athenæus.

PRODIGIEVSES. 58

strange & prodigieuse: car il rechercha auec grande curiosité en vn bâquet qu'il feist ce qu'il peut trouuer en toute la cité de Rome de petitz oyseaux enclos es cages, qui sçauoient mieux imiter la voix humaine: comme lynotes, alouettes, estourneaux, merles, calendres, & autres semblables, lesquelz se vendoyent plus cher que l'Or, à cause de leurs chants harmonieux, & du plaisir qu'on receuoit en les escoutant. Puis en ayant assemblé iusques au nombre d'vn cent, il les feit deuorer en vn repas à certains citoyens qu'il auoit conuiez: lesquelz (si nous voulons receuoir Pline pour tesmoing) auoyent cousté six mille sesterces la piece, qui se peuuent apprecier (selon Budée) à quinze mille escuz. Ce qui ne sera trouué estrange ou aliene de verité de ceux qui ont leu aux autheurs, que non seulement ce tragique Esope estoit fort riche: mais encores apres tant d'exces & despences, laissa il son filz si riche qu'il exerçoit la mesme, ou plus grande prodigalité que son pere. Ces choses sont admirables, mais il ne se list rien de si monstrueux en nature, que la richesse & magnificence de Pithius, lequel n'estoit ny Roy ny prince, ny auoit aucun tiltre de dignité: & neantmoins il receut & traicta par l'espace d'vn iour naturel l'exercite de Xerces filz du grand Roy Darius, lequel se montoit iusques au nombre de sept cens octante & huict mil hômes. Encore te semblera il plus estrâge ce qu'Herodote, Pline, & Budée ecriuêt, qu'il offrit à Xerces (partant de sa maison) de luy soudoyer son

Pithius le plus riche homme de l'Asie.

Liure de Asse.

BB ij

camp cinq moys, & le fournir de Blé. Mais sans nous escarter ou desuoier par trop de nostre premier sentier, Reprenons les erres de noz magnificéces & bāquetz. Il nous fault mettre Cleopatra Royne d'Egypte sur les rangs, laquelle (cōme dit Plutarche) auoit la parole si douce & armonieuse, que lors qu'elle vouloit desployer sa lāgue pour entretenir quelque grand seigneur, elle la faisoit resonner cōme vn instrument armonieux de plusieurs cordes, qui fut la premiere pēthiere & filé ou ce pigeō de Marc-Antoine se laissa prendre: Car depuis qu'il fut emmiellé de la douceur de ceste diuine eloquēce assaisonnée d'vne rare & prodigieuse beauté, auec vne incroyable magnificéce de festins & banquetz, au lieu de poursuyure le proces de grand' consequence qu'il auoit intenté contre elle, il demeura si bien captiué de ses bonnes graces, qu'il auoit plus besoing de pitié que de proces: Et combien qu'il fust au commencement acteur, il demeura neantmoins vaincu. Pour donner doncques commencement à la magnificéce de Cleopatra, il faut entendre, ainsi que descrit Plutarque, Qu'Antoine allant contre les Parthes, l'enuoya adiourner à cōparoistre en personne deuant luy, quād il seroit en Cilicie, pour respōdre aux crimes & charges dont elle estoit accusée, sçauoir est d'auoir donné confort & ayde à ses ennemys contre luy, mais celle qui auoit le cueur hautain, ne peut oncques estre abaissée, n'autrement intimidée, & tant s'en faut qu'elle eut acoustrement de personne accusée (cōme
estoit

estoit la coustume des anciés) qu'elle se orna des plus somptueux habitz qu'elle eust encore porté. Et pour ne laisser rien derriere de ce qui appartenoit à l'entier aornement & decoration d'vne grande princesse, elle fist equipper vn Galion, pour venir vers luy, par le fleuue Cydnus, dont la poupe estoit d'or, les auirons d'argent, & le voile de pourpre, estant asise souz vne tente dorée, enuirōnée de chantres & d'autres instrumens armonieux, & de toutes autres choses qui peuuent apporter plaisir ou contentement à l'homme. Antoine sachāt sa venue l'enuoya prier de venir souper auec luy, mais celle qui auoit le cueur hault, se sentāt éguillōnée de telle requeste, luy manda que s'il luy plaisoit de venir vers elle, il seroit le tresbien venu, tant elle se confioit en sa beauté & facōde, & à bon droit: Car oultre la perfectiō de beauté, dont nature l'auoit doüée, encores auoit elle vne parfaicte intelligence de la diuersité des langues, tellement qu'elle respondoit aux Arabes, à ceux de Syrie, aux Hebreux, aux Medes, aux Parthes, aux Ethiopes & Troglotides, sans interprete ou truchement: qui fut cause qu'Antoine (voyant ce torrēt de perfections en cest admirable subiect) fut incōtinent surprins, ce qu'il nous a fallu deduire vn peu de plus loing, d'autant que la magnificence du banquet que fist puis apres Cleopatra à Antoine en despend. Antoine doncques assailly de ceste nouuelle beauté, cōmença à mettre en oubly Octauie seur d'Octaue Cesar son espouse legitime, pour se donner en proye

HISTOIRES

& dependre du tout des mignotifes, bládices & pópes de fa nouuelle amye, laquelle par traict de temps fceut fi bien gaigner & cõfire en delices, que fi ie racomptois par ordre la prodigalité de laquelle elle vfa en la reception d'Anthoine (comme Athenæus autheur Grec l'a décrit) i'aurois peur de n'en eftre pas creu, tant elle fe mõftra prodigieufe en defpence, mais ie feray feulement mention de ce que prefque tous ceux qui ont traicté les geftes d'Antonius & de Cleopatra racomptent. Cleopatra doncques apres auoir defployé tout l'artifice que nature luy auoit donné à inuéter nouuelles diffolutions en defpence, pour mieux entretenir fon Anthoine en delices, elle fe voulut monftrer extreme en vne chofe, car ainfi que propos f'eftoient meuz entre-eux de leurs defpences & magnificences ordinaires, elle dift à Anthoine: Ie feray plus: car vous ne me fçauriez fi bien furprendre au defpourueu, que ie ne defpende cent foys f'efterces, pour vous traicter en vn feul feftin. Anthoine, qui eftoit vn vray formulaire de prodigalité, defirant veoir l'experience de fon dire, luy cõtredift: en forte qu'il y eut Iuges efleuz de tous coftez, & gages mis en fequeftre pour l'efprouue de leur contétion. Quelque temps apres, Anthoine la voulant furprendre, vint foupper auec elle, & combien qu'il trouuaft fa table bien peuplée d'vne infinité de viandes exquifes, fi ne peut il onques imaginer que telle defpence fceuft refpondre à la fomme qu'elle auoit promife iufques à ce qu'il
apperceut

Sont deux cens cinquante mille efcuz.
Il y en a d'autres qui apprecient cefte fomme à deux cens trente quatre mille trois cés foixante cinq ducatz.

apperceut Cleopatre tirer deux grosses perles qu'elle portoit pendātes à ses oreilles, dōt elle en feit promptement dissoudre l'vne en sa presence, & la beut. Et voulāt faire le semblable de l'autre, les Iuges l'ayant asseurée de sa victoire, l'empescherēt. Ceste perle estoit de si mōstrueuse grosseur (ainsi que Pline tesmoigne) qu'elle pesoit demye once, qui sont quatre vingtz quaratz, & la plus grosse qui se puisse auiourd'huy retrouuer, à peine poise elle vn quart d'once. C'est pourquoy Pline, parlant de l'excellence de ceste perle, l'appelle l'vnique, & le singulier chef d'œuure de nature en son espece & nō sans cause : car par la plus commune appreciation qu'en font les historiens, ilz la prisent deux cens cinquante mille escuz. L'Empereur Getta a vsé d'vne si estrange & curieuse magnificence en la solennité de ses banquetz, que ie ne me recorde point iamais auoir leu en aucun historien le semblable : Car il se monstroit si honorable & magnifique en ses festins publiques, qu'il se faisoit seruir de diuersité de viādes, de chair, & de poisson, par ordre alphabetique : car toutes les volatiles, quadrupedes & poissons qu'il pouoit recouurer, qui commençoyent par A, il en faisoit couurir sa table pour le premier seruice, cōme Alloüettes, Autruches, Anchois, Aloses, & autres sēblables. Puis quād ce venoit au secōd seruice, il pratiquoit le semblable : car il auoit des cuisiniers expressemēt deputez pour luy acheter toutes especes d'animaux & de poissons qui se commençoient par B : cōme Becasses, Butors, Brochetz, & autres: lesquelz ne faisoyent faulte incontinent que le premier seruice estoit leué, de presenter le second en pareil ordre. Autāt en faisoyent-ilz au tiers, qui se commençoit par C: auquel on ne failloit à presenter ce qui s'estoit peu retrouuer, qui se commençoit par C: comme Connils, Canes, Coulombs, Cailles, Carpes, & ainsi cōsequemment de toutes autres viandes, iusques à ce que toutes les lettres contenues en l'alphabet fussent accomplies & parfaictes. Mais sans nous amuser si curieusemēt à chercher la magnificéce des anciés banquetz, ie veulx décrire ce qui est auenu de nostre tēps en Auignō, lors q̄ i'estudiois en droict, souz feu de bōne memoire Aemilius Ferretus, Iurisconsulte excellent, du temps duquel il y eut vn Prelat estranger, duquel ie tairay le nō, tant pour sa dignité, que pour sa trop grande superstition. Ce magnifique prelat, pour laisser quelque tesmoignage à la posterité de sa magnificence, conuia vn iour entre les autres les plus illustres & notables citoyens d'Auignon & leurs femmes. Et pour le cōmencement de sa magnificence, entrant en la salle ou le banquet estoit appareillé, vous voyez vn grand beuf escorché, & purgé d'entrailles, lequel auoit vn cerf entier, acoustré de semblable pareure dedans le ventre, & tout farcy de petits oyseaux entiers, comme Cailles, Perdrix, Allouettes, Phaisans, Aesgrettes, Pales, Herons, & autres semblables irritemēs de gueulle, qui estoient tous enclos au ventre du second animal, le tout si bien agencé par ordre,

Prodigalité d'vn Prelat Italien.

& pro-

& proportioné l'vn auec l'autre, qu'il sembloit que quelque bon mathematicien en eust faict l'ordonnance. Et ce qui rédoit encores ce spectacle plus celebre, c'estoit que tous ces animaux ainsi assemblez, se cuysoyent & tournoyét tous seuls en vne broche par certains compas, mouuemens & conduits, sans que personne y mist la main. Pour l'entrée de table de ce banquet (combien que cela soit vulgaire) ie n'obmettray toutefois de l'escrire:Il fut presenté force patisserie, en laquelle il y auoit plusieurs petits oiseaux vifs enclos, lesquelz incontinét que la crouste fut ostée, commencerent à voleter (auec grand merueille) par la salle. Et, ce que ie ne veulx obmettre, digne d'admiratiõ, c'est que parmy les autres seruices il fut presenté de grás plats d'argét, pleís de gelée, si industrieusemét elabourée, qu'on voyoit au fons des plats grand nombre de petits poissons vifs, qui nageoyent, & sauteloyét en l'eau succrée & musquée, auec grand merueille & plaisir des spectateurs. Encores n'est il moins estrange, que toutes les volatiles qui furent seruies sur table, estoyent lardées de Lamproyon, combien que ce fust en saison qu'il coustoit demy escu la piece. Ce que i'ay dict est admirable, mais ce qui sensuyt est quasi prodigieux : c'est qu'il fist presenter autant de volaille viue, qu'il en fut seruy de morte sur table : de sorte que si on seruoit vn Phaisát cuict sur table, il y auoit quelques gétilz hõmes deputez qui en presentoyent vn autre vif, qu'ilz tenoyent en leur main, pour monstrer la magnificé-

CC

HISTOIRES

ce de la maison, puis le remportoyent à la cuisine. Que restoit-il plus à monsieur le prelat, pour la consommation de ses delices, sinon de se faire servir le visage couuert d'vn crespe, de peur que l'aleine des gentilz-hommes (qui le seruoiét) ne touchast à son boire, ou à ses viádes, comme Paul Venitien écrit, du grand Cam ? I'ay bien voulu décrire, & mettre au rang des autres le banquet prodigieux de ce Prélat, nompas pour l'imiter, mais pour le detester, car peut estre, que ce pendant qu'il auoit les reims au feu, & qu'il iouissoit ainsi à pleine voyle de ces delices, le pauure Lazare estoit à sa porte, qui transsissoit de froid, de faim & de soif : mais bon Dieu ! qu'eussent peu dire, ou penser sainct Iean & sainct Pierre, qui n'auoient pas vn denier pour donner l'aumosne au pauure boyteux, qui la leur demandoit à la porte du temple, & les autres apostres qui estoient côtrainctz par faim de manger les espiz de blé tous crudz, s'ilz eussent veu leur successeur (mais nompas imitateur) en vne cuisine si chaude, & tant peuplée de viures? Mais que ce mauuais garson Iudas eust eu bóne occasion, s'il se fust trouué en ceste, assemblée de crier hault sur eux : Vt quid perditio hæc ? potuisset hoc multum vendi, & dari pauperibus. Si tu veulx voir quelques autres prodigieuses despéces d'autres prelatz, lis Platine au traicté qu'il a faict De honesta voluptate. Encores si tu veux penetrer les autres monumens des anciens historiens, tu trouueras vn'autre histoire de quelque Cardinal du temps du Pape Sixte,

Le grand Chá se fait seruir le visaige couuert, de peur que l'aleine n'attouche les viandes.

Sixte, lequel defpendit en deux ans en banquetz, feſtins, diſſolutions, & autres telles eſpeces de vanitez, la ſomme de troys cens mille eſcuz, deſquelz pluſieurs pauures membres de Ieſus Chriſt (qui peult eſtre ſont morts de faim, & de pauureté) depuis euſſent peu eſtre longuement ſuſtantez, & beaucoup de pauures eſcoliers maintenuz & entretenuz aux eſtudes. Laiſſons doncques les noſtres en repos, & retournons aux anceſtres : car tant plus leurs vices ſont eſuentez, le ſcandalle en eſt plus grand, & la tragedie de leur vie moins honorable. Tout ce que nous auons donc dit cy deſſus, n'eſt que vn vmbre, ou figure de magnificence, eu eſgard aux monſtreux & diaboliques feſtins de ce grand gouffre de viandes, Heliogabalus Empereur des Romains, lequel a eſté ſi desbordé en ſes delices, qu'il a faict employer toute la vie d'vn excellent hiſtoriographe à les deſcrire. Ce malheureux organe de Sathan, & ceſte cloaque inſatiable de viandes, ne feiſt oncques repas, depuis qu'il fut crée Empereur, qui ne couſtaſt du moins ſoixante marcs d'Or, leſquelz (ſelon noſtre computatiõ) reuiennét à la ſomme de deux mille cinq cens ducatz : Encores eſtoit il ſi fantaſtique & deſreiglé en ſes appetitz, qu'il n'vſoit point de viandes vulgaires en ſes repas, mais il ſe faiſoit faire des paſtez de creſtes de coq, de langues de Paon, de Roſſignolz, d'œufz de Perdrix, de teſtes de Papegaulx de Faiſans, de Paons, & meſmes par-ce qu'il auoit entédu ou leu quelque choſe de la rareté

Aelius Lampridius.

HISTOIRES

du Phenix (que lon dict estre seul au mõde) il estoit enuieux d'en méger, & promettoit ie ne sçay quátz mille marcs d'or à qui luy en pourroit fournir, & disoit en cõmun prouerbe, qu'il n'estoit saulce que de cherté: & ne luy suffisoit de se paistre de telles viandes rares & exquises, si d'abondãt il ne conuioit ses satrapes & gentilz-hommes à faire le semblable: mesmes iusques à ses chiens & Lyons qu'il faisoit nourrir de chairs de Phaisans, de Paons & d'Oyes, encores n'exerçoit il pas sa prodigalité seulemét en despence de bouche, mais (qui plus est) il estoit extreme en tous autres appareilz de seruice: car il se faisoit seruir à table à quatre filles nues, & quelque foys trainer en vn chariot par la cité de Rome en tel estat. Il ne beuuoit ny ne mãgeoit iamais en vn vase qu'vne foys, & si tous les vtencilles de sa maison estoient d'Or ou d'argét tout pur, mesmes iusques au pot ou il rendoit ses excremens. Au lieu du feu de cire pour luy donner clarté, il faisoit mettre en ses lampes du basme fort excellent, qu'il faisoit apporter de Iudée & d'Arabie. Ce malheureux Empereur estoit si frenetique en toutes ses actions, qu'il inuentoit des choses dont les diables ne s'en fussent oncques peu aduiser: car il faisoit contrefaire des viandes artificielles de marbre, de boys & d'autres choses, puis faisoit affamer des gens, & les contraignoit asseoir à table, regardant ces viandes en pitié. Il faisoit quelque foys des festins ou il conuioit huict chauues, huict bossus, huict boyteux, huict

gouteux,

gouteux, huict sourds, huict noirs huict blācs, huict maigres, huict gras: afin d'acouſtrer à rire à ceux qui afsiſtoyḗt à ſes bāquetz, il faiſoit quelquefois yurer ſes hoſtes, puis leur faiſoit fermer les portes des lieux ou ilz eſtoient endormis, & y faiſoit enclorre auec eux des Ours, des Lyṓs ſans ongles ny dens, afin que quand ilz ſeroient eſueillez, ilz mouruſſent de peur de ſe trouuer entre ces beſtes cruelles & hideuſes. Encore en faiſoit il boire d'autres iuſques au creuer, puis quand ilz auoiḗt bien beu, il leur faiſoit lier les piedz, les mains & tous les conduictz de l'vrine: de ſorte qu'ilz ne pouuoyent piſſer, & les laiſſoit ainſi mourir. Puis quand on le reprenoit de ſes folies, & qu'on luy remonſtroit que l'exces de ſes deſpences le pourroit vn iour faire tomber en pauureté, il ne reſpondoit autre choſe, ſinon qu'il n'eſtoit que de ſe faire heritier de ſoy meſme & de ſa femme, & qu'il ne deſiroit aucūs enfans: de peur qu'ilz ne conſpiraſſent contre luy. Voyla doncques les charitez, voyla les prodigieux banquetz, eſquelz ce venerable Empereur deſpendoit le reuenu de ſon empire, Mais par-ce que telles prodigalitez te ſembleront (peut eſtre) incroyables, lis Aelius Lampridius en ſa vie. Sextus Aurelius victor. Eutrope, Iule Capitolin, & Spartian en la vie de Septime Seuere, & tu troueras que ie n'ay pas ſeulement cōmemoré la moitié de ſes profuſions, & deſpēces. Que nous reſte il plus maintenāt, ſinon de mōſtrer quelle a eſté la fin

Aucuns attribuent cecy à l'Empereur Tybere.

Lampridius en a écrit plus copieuſemēt que les autres.

HISTOIRES

de toutes ces delices, & quelles confictures a apprefté nature à ces gloutons pour le deſſert de leurs banquetz? Quelle a eſté la fin de Daire, & de Xerxes, leſquelz nous auons au cómencemét mis sur les rangs? Ces canaulz & gosiers par lesquelz ilz auoient tant faict paſſer de viandes, ne furent ilz pas à la fin miſerablement tranchez? Mais quelle fut l'iſſue de ce grád crapulaire Alexádre? Vn petit scrupule de poiſon luy fiſt digerer en vn coup ce qu'il auoit deuoré toute ſa vie. Succeda il point mieux à ce prodigue MarcAntoine, ou à ſa friáde Cleopatra? quel miroir, quel ſpectacle pour ceux qui viuét en ce móde cóme en vn eternel paradis de delices? Mais quelle punitió plus digne pouoit il receuoir de ſa vie Epicurienne, que de ſe ſeruir luy meſme de bourreau? Sa cópagne en delices Cleopatra receut elle meilleur traictemét? laquelle ainſi qu'elle auoit eſté deſreiglée & diſſolue en appareil de viandes, elle fut en fin deuorée d'vn Aspic, qui eſt preſque le plus venimeux de tous les animaux? Que deuint ſemblablement ceſte grande fournaiſe de biens, Heliogabale? eſchappa il la fureur de la iuſtice de Dieu, nomplus que les autres? Non certainemét: car ainſi qu'il auoit englouty vne infinité de diuerſes eſpeces d'animaux, auſsi fut il en fin deuoré d'iceux: car apres que ſes ſuiectz furét ennuyez de ſes tyrannies & diſſolutions, ilz coniurerent en fin contre, luy & le tuerent: puis l'ayant trainé comme vn chien mort par les carrefours de Rome, ilz le precipiterent au Tibre, ou il fut fait proye

des

Xerces occis par ſon preuoſt, Daire par Alexandre.

Alexandre empoiſonné.

Marc-Antoine ſe tua ſoy-meſme. Paulus Oroſius.

Cleopatra ſe feiſt mordre à vn aſpic. Appianus Alexandrinus.

des poiſſons auſqlz durãt ſa vie ſa gueule auoit faict la guerre. I'ay honte encores qu'il fault que ie paſſe oultre, & que ie die qu'il y en a eu qui n'ont pas eſté contens de faire boire ou mãger les autres à outrance, comme les precedens, mais eux meſmes en ont tant prins, que nature ſe trouuant vaincue & accablée, ilz ſont en fin demeurez ſuffoquez, comme ceſt infame Roy d'Angleterre Andebout, lequel farcit ſi bien ſon corps de liqueurs & viandes en vn ſouper, que faiſant ceſſion à nature, il fut incontinẽt eſtouffé. L'Empereur Iouian, & Septimius Seuerus (cõme Baptiſte Ignace teſmoigne) moururẽt de ſemblable maladie. Il y a encores eu vne autre eſpece de bãqueteurs, qui ne ſont point mors pour auoir trop beu ou mangé: mais ilz engreſſoyent ſi bien leur pance, qu'ilz n'en valoyẽt gueres mieux. Entre leſquelz Maximin l'Empereur a eſté le premier patriarche, lequel apres ſes feſtins & bãquetz ſe trouua tellemẽt chargé de cuiſine, qu'il euſt bien faict tourner vn moulin à vent de force de ſouffler, & ſi auoit couſtumierement deux hommes deuãt luy à luy porter le ventre, & deuindrẽt ſes mẽbres par ſucceſſion de temps ſi chargez de greſſe, que les braceletz de ſa femme luy ſeruoient d'anneaux à ſes doigtz, comme les hiſtoriens écriuent. Comme en ſemblable ce grãd Tyrant Denis Heracleot ſe laiſſa ſi bien trãſporter à ſes delices, qu'il s'habitua en fin de ne faire autre choſe que boire, manger & dormir tout le iour, & feiſt en ſorte que la greſſe gaigna tãt ſur luy & ſes membres

Andebout mourut yure.

HISTOIRES

qu'ilz deuindrent si gros & monstreux, qu'il n'osoit se manifester au peuple, de peur d'estre mocqué, & demeurãt ainsi reclus, il s'enfla si bien de graisse qu'il

Figure & pourtraict de Denis Heracleot, qui deuint si gras qu'il estoit cõtrainct se faire tirer la gresse auec les Sangsues.

Voy vne semblable histoire en Galien, de Nicomachus Smyrneus, lequel deuint si gras qu'il ne se pouoit remuer

Athenæus lib. xij. estoit contrainct iour & nuict se faire apliquer grãde quantité sangsues sur les membres, pour luy tirer l'humeur qui le rendoit si gras, autremẽt il eust estouffé, comme tu le vois en ce present pourtraict.

Fin de la vingtcinquiesme histoire.

Afin

PRODIGIEVSES.

VISIONS PRODIGIEVSES,
auec plusieurs histoires memorables des Spectres, Fantosmes, figures & illusions qui apparoissent de nuict, de iour, en veillant & en dormant.

Chapitre 26.

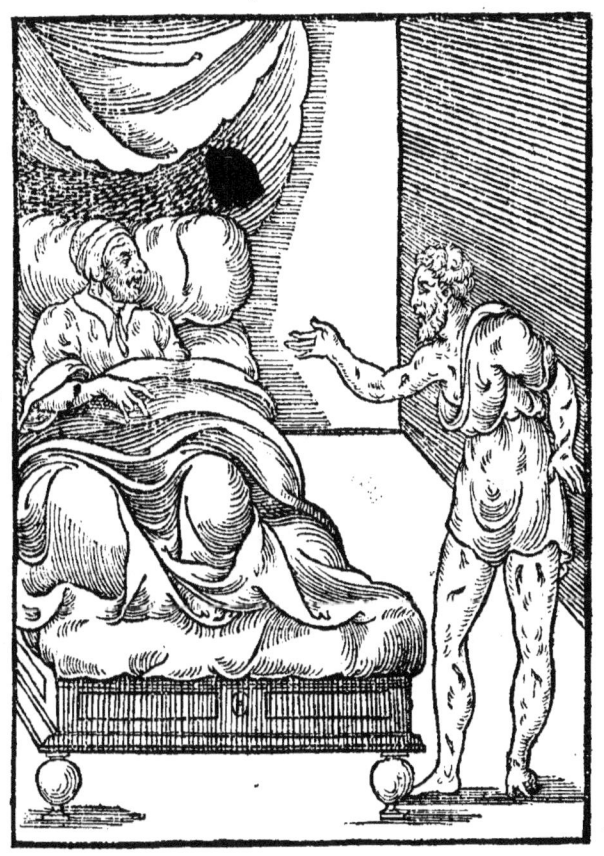

IE ne me veux point icy plonger en ce labyrinthe doubteux de rechercher si les ombres des mortz retournent, ou si les espritz ayans eschappé le naufrage de ceste vie mortelle nous visitent quelquefois. Ie sçay

HISTOIRES

comme ces deux bons Prelatz sainct Augustin & sainct Hierosme, & presque tous les Ecclesiastiques se sont tourmentez à dissoudre le doubte de Samuel, pour sçauoir si c'estoit le vray esprit du Prophete qui retourna par l'euocation de la femme enchanteresse, ou si ce fut vn prestige que Sathan laissa à la posterité: il me suffira seulemét en ce chapitre de racompter fidelement & en termes de Philosophe, ce que les autheurs plus fameux en ont éscrit, donnons doncques commencement à noz visions prodigieuses. Les anciens ont tousiours eu entre leurs plus grands merueilles l'histoire des deux Arcades, laquelle est si souuent recensée en leurs histoires, qu'ilz l'ont tousiours tenuë pour vn vray & infallible oracle de verité. Entre les modernes le Pape Pie second du nom, en faict souuent mention, cóme de chose veritable: entre les anciens Valere, & plusieurs autres, qui ont traicté les gestes des Grecz & des Romains, écriuét qu'il y auoit deux Arcades qui s'aymoient vniquemét, & symbolisoient si bien en humeurs & actions, que ce n'estoit presque qu'vn mesme cœur. Vn iour ilz prindrent complot de venir à Megare, ville de Grece, pour certains affaires, à laquelle arriuez, l'vn se retire en quelque maison de sa cognoissance: l'autre suyuant la coustume, va loger en vne hostelerie, celuy qui s'estoit retiré chez son familier, ayant soupé, pressé du sommeil, & ennuyé du chemin, se coucha, & incontinent qu'il fut au lict, il cómença à entrer en vn parfond sommeil,
qu'il

qu'il cõtinua l'eſpace d'vne heure ou de deux. Ce repos ne fut point tranquille, mais il fut inquieté d'vn terrible & eſpouëntable ſonge: Car il luy ſembloit aduis qu'il voyoit ſon compagnon paſle & hideux deuãt luy, qui imploroit ſon ayde pour le deliurer des mains de ſon hoſte qui l'auoit aſſailly. Donnant foy à la viſion, & ſolicité par la feruente amitié qu'il portoit à ſon cõpagnon, il ſe leue, & ſe miſt en voye, pour l'aller trouuer, mais il ne cõtinua gueres en ce vouloir qu'il ne ſe perſuadaſt que ce n'eſtoit que reſuerie: & changeant propos ſ'en retourna coucher: mais il ne tarda gueres au lict, qu'il ne fuſt de rechef aſſailly de ce fantoſme, & biẽ d'vne façon plus eſtrãge: Car il auoit la figure d'vn mort, & ſi eſtoit couuert de ſang en pluſieurs endroictz, lequel luy diſt: Puis que tu as tenu ſi peu de cõpte de me ſecourir en la vie, aumoins venge ma mort: car ce meſme corps que tu vois ainſi meurtry & mutilé deuant toy, eſt à la porte de la ville, couuert de fient en vne charette, par la cruauté de mon hoſte. Ce ieune homme ſe ſentant importuné de la ſeconde requeſte de ſon amy, pria quelques vns de l'accõpagner iuſques à la porte de la ville, ou ilz trouuerent le corps mort de l'Arcade, caché en du fient, cõme il l'auoit veu figuré en dormant: & ſoudain que ce malefice fut deſcouuert, il fiſt prendre l'hoſte, & ayant faict entendre tout le ſucces des choſes aux Poteſtatz de la ville, le meurtrier auoüant le faict, eut la teſte trenchée. Alexander ab Alexãdro. chap. 9. du ſecond liure de ſes iours

DD ij

HISTOIRES

Autre histoire. Geniaux, racompte vne histoire admirable, & bien cõforme à la precedente de ces Spectres, Fantosmes & figures, qui apparoissent quelque fois, laquelle il disoit auoir entendue d'vn sien familier & intime amy, homme graue, docte, & duquel la vertu & integrité de vie estoit tãt cogneuë de tous, que pour mourir il n'eust voulu mentir, cest homme estant à Rome fut prié de quelque sien amy, de luy faire compaignie iusques aux baings de Cumes, pensant trouuer allegeance d'vne maladie incurable qui l'auoit vexé par plusieurs années: ce qu'il luy accorda voluntiers. Et apres auoir cheminé quelques iournées, ce malade attenué du labeur nõ accoustumé, ne peut passer outre, ains fut arresté par la violence du mal, & vaincu de douleur, rẽdit l'esprit à dieu en certaine hostelerie. Les funerailles faictes, & ce corps rendu à la terre, l'autre voyant qu'il ne luy estoit besoin passer outre, reprint la route de Rome: mais surprins de la nuict, il fut contrainct de demeurer en quelque hostelerie champestre, soudain qu'il fut au lict, veillant encores, voicy l'image & figure de son compagnon qu'il auoit enterré le iour precedẽt, palle, maigre & defaicte, qui se vint presenter à luy en l'estat qu'il estoit durant sa maladie, le regardant intentiuement. L'autre presque transi de peur, l'interrogea qui il estoit: mais sans luy rendre aucune responce, despouilla ses vestemens, se vint coucher aupres de luy, & s'approchant commença à l'embrasser, comme s'il luy eust voulu faire feste Ce pauure hõme demy

mort

mort de crainéte, s'eslançant hors du lict, se sauua promptement à la fuitte, sans que depuis ceste vision luy ait apparu: mais si ne se peut il si bié asseurer au par-apres, que de la crainéte & apprehension de ceste vision il ne tumbast en vne grosse maladie, laquelle le mina si bien à la longue, qu'il cuida rendre l'ame. Retourné à conualescence, entre les choses esmerueillables qu'il racomptoit de ce fantosme, il asseuroit n'auoir oncques senty glace qui se peust egaller en froideur au froid qu'il auoit senty lors que ce mort le touchoit de ses piedz s'estát mis en son lict. Le mesme autheur chapitre vnziesme du premier liure de son œuure cy dessus allegué, racōpte vne semblable histoire, laquelle il n'a point leuë ny entendue d'aucun, mais luy mesme l'a experimétée en vn sien fidelle seruiteur, hōme sincere, vetueux & entier: lequel couché en son lict, & dormāt profondemét, cōmença à se plaindre, souspirer & lamenter si fort, qu'il esueilla tous ceux de la maison: son maistre (lequel le feit esueiller) l'interrogea de la cause de son cry. Le seruiteur luy respōdit: helas dit-il, ces plainéctes que vous auez entendues ne sont point vaines, car lors que ie me tempestois ainsi, il me sembloit aduis que ie veois le corps mort de ma mere passer par deuant mes yeux, que lon portoit en terre. l'obseruay (dit Alexandre) l'heure, le iour & la saison, en laquelle cecy estoit aduenu, pour sçauoir si ceste vision annonceroit point quelque desastre au garçon. Et ie fuz, dict il, estonné que quelques iours apres ie

HISTOIRES

veis venir à ma maison vn seruiteur de sa defuncte mere, qui nous annōça sa mort, cōbien qu'aucun de nous n'eust encores entēdu nouuelles de sa maladie, & m'estant enquesté du iour & heure de sa mort, & l'ayant conferé auec ce que i'en auois écrit, ie trouuay infalliblement qu'elle estoit morte le mesme iour, & la mesme heure qu'elle s'estoit representée morte à son filz. Ce qui ne pourra (dit-il) sembler fabuleux ou esloigné de verité à ceux qui sçauent que pour le iourdhuy il y a encore des maisons à Rome si infames & odieuses, qu'il n'y a aucun qui y ose habiter, pour les espritz qui y frequentent. Ce que Plutarque écrit de Damon, au cōmencemēt de la vie de Cimon. Semblablemēt ce qu'on écrit de Pausanias, de Cleonice, & de Bizātia vierge, confirme toutes les histoires precedentes, mesmes ce que Pline écrit au septiesme des Epistres du phantosme & vision qui estoit en vne maison d'Athenes. Encores plus ce que Suetone écrit quand Caligula fut occis, duquel la maison estoit agitée & inquietée de monstres & visions prodigieuses par plusieurs ans, tant qu'elle fut bruslée. Ce qui encores mieux est confirmé par Marcus Paulus Venicien, qui escrit que pour le iour dhuy les Tartares sont tant puissans par les enchantemēs des espritz, qu'ilz font venir les tenebres quād ilz veulent, & là ou leur plaist : & qu'vne fois circonuenu par tel art, à peine il eschappa. Haytonus est tesmoing de cecy en son histoire des Sarmates, qui a escrit que l'armée des Tartares presque deffaicte, fut

restituée

PRODIGIEVSES. 108

restituée, & demeura victorieuse par l'enchantemét d'vn portenseigne, qui fist venir les tenebres si obscures, que toute l'armée de sa partie aduerse en fut enuelopée. Mais nous nous arrestons trop (ce me semble) à commemorer les exemples des prophanes: cófirmons maintenát les histoires precedentes par l'authorité des Ecclesiastiques. Sainct Augustin liure 12. chapitre 17. sur Genese, racompte vne semblable histoire, d'vn Phrenetique qui predist la mort d'vne femme. Quelques vns estans à la maison de ce Phrenetique, ainsi qu'ilz entrerent en propos de certaine femme qu'ilz cognoissoyent, laquelle estoit viue, faisant bonne chere, & sans aucune apprehension de mal. Le Phrenetique leur dict: Commét parlez vous de ceste femme? elle est morte, ie l'ay veuë passer par icy deuant auecques ceux qui portoient son corps en terre. Vn iour ou deux apres elle mourut, & ceux qui portoient le corps en terre passoient deuant la porte du Phenetique, comme il auoit predict. Combien qu'elle ne sentist aucun mal à l'heure de sa prediction, Le mesme sainct Augustin au lieu dessus allegué racompte vne histoire si estrange de ces visiós prodigieuses, que ie n'en eusse voulu faire métion en cest œuure sans l'authorité, fidelité & saincteté de celuy qui l'a décrit. Il y auoit (dit-il) vn ieune enfant en nostre cité qui fut si apremét vexé d'vne douleur de genitoires, qu'il crioit cóme vn demoniacle, lors que la fureur de son mal le pressoit ayant, toutesfois l'entendement sain: lequel entre les grands combatz

Histoire admirable.

HISTOIRES

de ſes douleurs demeuroit quelquefois immobile cõme vn tronc, ayant les yeux ouuers, ne recognoiſſoit aucun des aſſiſtans, & eſtoit ſi bien abſtraict & rauy de ſes ſens, qu'il ne ſe mouuoit pour aucune poincture ou agitation. Sa douleur quelque peu ſedée, il retournoit à ſon bon ſens, & racomptoit ce qu'il auoit veu pendãt ſon extaſe. Entre autres choſes il aſſeuroit que par toutes ſes viſions ſe preſentoient à luy deux hommes, dont l'vn eſtoit de figure d'enfant, l'autre eſtoit d'aage plus parfaict, au commencement du Careſme ces deux hommes ſe repreſenterent encore de rechef à luy, & luy dirent qu'il ſe feit coupper le prepuce, & que de quarãte iours il ne ſentiroit aucune douleur: ce qu'il feit, & de quarãte iours apres il ne ſentit douleur. Ce tẽps expiré, ſes douleurs ſe renouuellerent, & ces deux hõmes commencerent encores à ſe repreſenter deuant luy, leſquelz luy conſeillerent qu'il ſe precipitaſt en la mer iuſques au nombril, & qu'il y demeuraſt quelque temps, & que ſa grand douleur ceſſeroit: toutesfois qu'il reſteroit touſiours quelque humeur viſqueux qui decouleroit: ce qu'il feit, & luy aduint comme ces deux hõmes luy auoient predict. Qui ne ſera eſmerueillé de ceſte Philoſophie de ſainct Auguſtin, enſemble de la viſion: mais qui pouuoyent eſtre ces fantoſmes, ou qui leur auoit enſeigné ces ſecretz de Medecine? Ces choſes ſont eſtranges, & engendrent terreur à ceux qui les liſent, mais encore n'ay ie rien leu ny aux prophanes, ny Eccleſiaſtiques plus eſmer

ueillable

PRODIGIEVSES.

üeillable que la vision de Catalde Euesque de Taré-
te, laquelle est apparue de noz ans, & non sans engendrer de grands scrupules aux cósciences humaines:
car par sa vision il a laissé assez de matiere à empescher tous les Theologiens & Philosophes du monde. Catalde homme de saincte vie auoit esté erigé de-

*Tarente est e-
uesché, située
en Pouille, ti-
rant en Sicile.*

puis mille ans, en la dignité episcopale de Tarente,
lequel neátmoins apres tant d'années expirées, se re-
presenta vne nuict en vision à vn ieune enfant, qui
estoit du tout dedié à Dieu: & luy enchargea expres-

HISTOIRES

sement, qu'il eust à cauer certain lieu de la terre qu'il luy enseigna, auquel il auoit caché & enterré vn liure écrit de sa main, pendant qu'il estoit au monde, & qu'incontinét qu'il auroit recouuert le liure, il ne faillist à le faire tenir à Ferdinád premier Roy d'Arragon, & de Naples, qui regnoit de ce temps. Ce ieune enfant n'adioustant point de foy à ceste vision, n'en tenoit compte: laquelle neantmoins ne delaissa à le soliciter par diuerses fois de ce faire: Mais l'enfant ne peut estre persuadé d'y entendre, iusques à ce qu'vn matin auāt iour, ainsi qu'il faisoit sa priere en l'Eglise, il aduisa Catalde en son habit Episcopal, lequel se presentant deuant luy auec vne contenance seuere, luy dist: Tu n'as tenu conte par cy deuant de chercher le liure que ie t'auois enseigné, & de l'enuoyer au Roy Ferdinád: soys asseuré ceste fois pour toutes, que si tu n'executes ce que ie t'ay commandé, que mal t'en aduiendra. L'enfant intimidé de ses menaces, publia le matin le contenu de sa vision à tout le monde. Le peuple esmeu de ce nouueau message, s'assembla auec grande curiosité, pour acompagner l'enfant au lieu designé pour ce liure: auquel arriuez & ayant foüy & caué la terre, ilz trouuerent vn petit coffre de plomb si bien cloz & cimenté, que l'air n'y eust sceu entrer, & au fond du coffre trouuerent le liure, ou toutes les miseres, playes, & maledictions, qui deuoyent aduenir au Royaume de Naples, au Roy Ferdinád, & à ses enfans, estoyent descriptes en forme de Prophetie: lesquelles ont depuis si bié succedé

cedé par ordre, qu'il ne s'en est pas trouué vne seule syllabe fauce. Mais quelle a esté l'infortune de ce miserable Roy Ferdinand, lequel fut tellemēt pressé de la fureur de l'ire de Dieu, qu'il fut tué au premier cōflict? Quelle infortune aduint-il apres à son filz aisné Alfonce, lequel n'eut pas à peine loisir de s'emparer de son Royaume, qu'il ne fut mis en route par ses ennemys, & contrainct de mourir en vn miserable exil? Mais que deuit apres Ferdinād son filz puisné? lequel ainsi qu'il pēsoit heriter au royaume de Naples, mourut miserablemēt en la fleur de son aage, si enuelopé de guerres, qu'à peine pouoit il respirer? Et que deuint apres Federic filz du filz du defunct Ferdinād? ne vid-il pas deuant luy saccager, brusler & ruiner son païs, & presque baigner toute sa terre de sang? Puis vint à la fin se rēdre entre les mains de son ennemy. Or-ça aduisons maintenant quelle a esté la fortune du royaume de Naples, & si noꝰ voulōs estre iuges equitables, & adiouster foy à ce qu'en écriuent les histories, nous trouuerōs qu'entre tous les royaumes du monde à peine s'en trouue il aucun qui ait enduré de plus furieux traictz de fortune, ne qui ait esté plus subiect à mutation, ne pour lequel il y ait eu plus de sang respandu que ce petit Royaume de Naples: de sorte qu'il semble proprement à le bien considerer, que ce fust la butte & le blanc ou la fortune a descoché toutes les fleches de ses maledictiōs, & vn vray esgout & cloaque ou toutes les miseres de tout le corps de l'Italie se sont venues espurer &

EE ij

vuider. Voila ce qu'annonça ceste vision prophetique de ce bon Prelat Catalde, comme Alexander ab Alexandro (apres plusieurs autres) a fidelement racompté au liure de ses iours Geniaux. Nous auõs (ce me semble) déduict assez grand nombre d'exemples de ces visions, spectres, ombres & fantosmes qui apparoissent aux hommes de nuict, de iour, dormans, veillãs, en maladie & santé. Reste maintenãt (suyuãt l'ordre que nous auons commencé en tous les precedens discours de noz histoires) de rechercher les causes dont toutes ces illusions fantastiques procedent & naissent : & par-ce que ceste matiere est vn peu chatouilleuse, nous ensuyurõs sainct Augustin, lequel me semble auoir volé plus hault que les autres, & mieux espluché ce subiect. Il est doncques necessaire auant que passer outre, pour mieux esclarcir les choses que nous dirõs cy apres, d'en faire vne generale partition, en la deduction de laquelle nous suyurons ce qu'il a écrit chap. 28. Contra Adimantum, ou il procede ainsi : Il y a (dict il) plusieurs especes de visions qui se retrouuent aux sainctes lettres, dont les vnes se font selon les yeux du corps, com-

Genes.18. me celle des trois hommes qui apparurent à Abra-
Exod. 3. ham, Et celle de Moyse quand il veit ardre le buis-
Matth. 7. son, & celle de Moyse & d'Helie aux Apostres, lors que Iesus Christ fut transfiguré sur la montaigne. Au second genre des visions se doyuẽt mettre celles qui se font par imagination. Comme quand nous imaginons les choses que nous sentons par le corps:

car

car lors que noſtre penſée eſt rauie & eſleuée au ciel, & que les Rayons de diuinité penetrent en noſtre ame, pluſieurs choſes eſtrãges luy ſont manifeſtées, non par les yeux du corps, oreilles ou autres membres charnelz: mais par diuine influence & celeſte inſpiration: comme quand S. Pierre rauy d'entendement veit en viſion ce grand vaiſſeau deſcendant du ciel en vn linceul qui paruenoit iuſques à luy, auquel eſtoient cõtenuz toutes ſortes d'animaux, puis il entendit vne voix qui luy diſt: Pierre lieue toy, tue & mange, & ce qui ſ'enſuit au texte du chap. 11. des actes des Apoſtres. Et par-ce que i'ay traicté aſſez amplement en mon liure de l'excelléce de l'homme, de ces extaſes, viſions & rauiſſemés, il me ſuffira d'auoir propoſé ces deux exemples. Le troiſieſme genre de viſion ſe peult nommer Intellectuel, par-ce qu'il ſe fait en la penſée: comme quand le Roy Balthaſar veit vne main qui eſcriuoit en la muraille: & pluſieurs autres viſions ſemblables de Nabuchodonoſor, qui ſont amplement décrites en Daniël. Ayant donques baſty ce premier fondemẽt de noz viſions, il nous reſte maintenant de recenſer par ordre quel a eſté l'aduis de ſainct Auguſtin en ce qui concerne ces apparitiõs & viſions eſtranges. Ce bon prelat au chap. 18. de ſon liure, De cura pro mortuis agenda, écrit ce qui ſ'enſuit: On racompte (dit-il) tant de diuerſes choſes de ces viſiõs nocturnes, que la diſputatiõ n'en doit eſtre meſpriſée, veu que la queſtion eſt douteuſe. On dict (dict-il) que les morts ont apparu quelquefois aux viuans, & qu'ilz ont enseigné à aucuns les lieux ou leurs corps estoient cachez, afin de les pourueoir de sepulture. Si nous disons que ces choses soient faulses ou fabuleuses, nous contredirons impudemment à plusieurs écritz de beaucoup de fideles, lesquelz mesmes les ont apprehendez par leurs sens. Mais il fault (dit-il) respõdre à ces choses, que combiẽ qu'ilz ayent apparu, si ne s'ensuyt il pas pour cela que les morts qui apparoissent en sçachét ou en sentent rien. Ne voyõs nous pas quelques-fois des hommes viuans apparoistre à aucuns en veillant ou en dormant, & neantmoins qu'on leur demande s'ilz ont apparu, ilz respondront qu'ilz n'en sçauent rien, & qu'ilz n'en ont aucune cognoissance. Ces visions doncques se font (dit-il) par l'operatiõ des anges, ausquelz il est permis du seigneur, ou commandé de ce faire. Voila le texte que i'ay traduict au plus pres selon qu'il est contenu au Latin. Ie n'ignore pas neãtmoins que quelque-fois ces visions ne se facent autrement, combien que sainct Augustin ne l'ait pas exprimé en ce lieu, qui est matiere propre pour les Ecclesiastiques, auquelz ie m'en raporte du tout, me submettant en toutes ces choses au iugement de l'Eglise catholique, auquel ie veux persister immuable, iusques au dernier souspir de ma vie. Quelque-fois aussi nous sommes deceuz par les illusiõs des espritz malings, cõme sainct Augustin enseigne, liure troisiesme De Trinitate, chap. vnziesme, ou il exprime, auec vn merueilleux artifice, la puissance de Sathã & de ses

PRODIGIEVSES.

de ſes cóplices, diſant ainſi: Il eſt facile aux malings eſpritz auec leurs corps ætherez faire beaucoup de choſes merueilleuſes & eſpouuentables, leſquelles nous ne pouuons comprendre par noz ſens, aggrauez & enſepueliz en ce corps terreſtre. Si nous ſommes (dit-il) rauis quelque-fois en admiratió de veoir aux theatres & ſpectacles quelques hómes terreſtres repreſenter des choſes miraculeuſes, meſmes leſquelles nous ne croiriós pas ſi elles nous auoient eſté racomptées par d'autres, tant elles excedent la capacité de l'entendement humain : pourquoy deuons nous trouuer eſtráge que le diable & ſes Anges (auec leurs corps elementaires) abuſent noſtre chair, deçoyuent noz ſens, & nous repreſentét quelques-fois des Phátoſmes des ymages, Idoles & figures, en veillát ou en dormát, afin de nous faire trebucher? Leurs functiós (dit-il) ſont diuerſes, les vns perturbent noz penſées, les autres offencent noz corps, les autres ſe meſlent en noſtre ſang, en noſtre cueur, & nous ſuggerent vne infinité de folies & viſions, les autres engendrent des maladies en noz corps, comme celuy duquel il eſt faict mention en ſainct Luc, qui auoit tellement perſecuté de maladie la fille que Ieſus Chriſt guarit, que par l'eſpace de dix-huict ans elle eſtoit demourée ſi courbée, qu'elle ne pouuoit regarder le ciel. Puis il adiouſte en ſon liure de la diuination des Dæmons, l'antiquité des diables, la nobleſſe de leur creation : car ilz ſont Anges de nature, leur longue experience apprife depuis qu'ilz ont eſté

Luc 13.

créez, le cõtinuel conflict qu'ilz ont auec les anges, qui les aguerrist: l'agilité de leurs corps ætherez, par lesquelz ilz surpassent la viuacité des bestes & des oyseaux: l'acrimonie de leur sens, la cognoissance de toutes disciplines, tant diuines qu'humaines: vne parfaicte cognoissance de la proprieté des plantes, pierres, metaux, auec plusieurs autres choses semblables, sont cõme les instrumens auec lesquelz ilz forgent & trainent les illusions & machines qu'ilz desployõt à toute heure cõtre nous, & sont les lassons, amorces, & gluaux auec lesquelz ilz taschent à tous les momens & minutes du iour d'enueloper noz pauures ames, & par ce moyen, dit-il: ilz predisent quelque-fois les choses futures, ilz font quelques fainctz miracles, par lesquelz ilz deçoiuent & trompent ceux qui adioustẽt foy à leurs prestiges & mensonges, cõme ces pauures femmes lesquelles seduittes par les illusions fantastiques de Sathan, se persuadent qu'elles vont toute la nuict à cheual, adorent les diables, lesquelz se transfigurent en Anges de lumiere, pour mieux iouer leur rolle: les autres-fois en autres diuerses especes & figures de personnes. Quelques-fois ilz leurs representent des choses ioyeuses, ores des tristes, les autres-fois ilz leurs representent des personnes cogneuës, autres-fois d'incogneuës. Ces choses sont estrãges, & serõt trouuées de difficile digestiõ, à ceux qui mesurẽt les œuures de Dieu selõ la capacité de leur entendemẽt grossier: mais encore me semble il plus esmerueillable & estrange, ce que

sainct

PRODIGIEVSES.

Chap.17.&18.

ce que S. Augustin racōpte au xviij. liure de sa cité de Dieu, quand il se plonge en ceste profonde contemplatiō de la puissāce admirable des espritz malings, ou il faict mētion de certaines femmes, qui regnoiēt en Italie de son tēps, instruictes es ars magiques, lesquelles donnoyent quelque poison aux passans, meslée en du fourmage: & soudain qu'ilz l'auoyent mangée, ilz estoyent conuertiz en Iumentz, & portoyent les choses qui leur estoyēt necessaires. Et apres auoir acomply leur voyage, & ce qui leur estoit enchargé, ilz retournoyēt en leur premier estat. Ce qui aduint, mesmes au pere de Prestātius, lequel porta les bledz & viures de certains cheualiers, estāt deuenu cheual: laquelle chose fut trouuée auoir esté ainsi faicte, cōme il auoit racōté, non pas (dit sainct Augustin) que ie croye que le corps ou la pensée de l'homme puisse estre par illusion diabolique cōuertie en beste, ny prendre leurs corps & leurs membres: mais bien que la fantaisié, ou les sens des hommes eussent peu estre tellement deceuz par les diables, qu'ilz pensoyent estre faictz semblables aux bestes. Puis il conclud: Et quāt aux fardeaux, c'estoyent (peut estre) les diables qui les portoyent eux mesmes, afin de mieux entretenir les miserables creatures en erreur: mais afin que nous ne pensions que telles illusions des esprits malings ayent seulement regné du temps de sainct Augustin, ou des autres anciens, ie veux maintenāt produyre des choses qui ne semblerōt pas moins émerueillables, que nous auons experimenté de noz ans.

FF

HISTOIRES

Gasparus Pucerus en ses commentaires De diuinatione, apres auoir par plusieurs raisons disputé de l'artifice des diables, racompte vne histoire aduenue de nostre siecle, qui n'est pas moins admirable qu'espouëtable. Il y a eu (dict il) de noz ans vne certaine vierge Bateleresse à Boulongne, laquelle pour l'excellence de son art estoit fort renomée par toute l'Italie, neātmoins elle ne sceut auec toutes ses sciences si bien prolonger sa vie, qu'en fin surprinse de maladie elle ne mourust. Quelque autre magicien qui l'auoit tousiours acompagnée, sachant le profit qu'elle tiroit de son art durant sa vie, luy mist par l'ayde & secours des espritz malings quelque charme, ou poison soubz les aisselles, de sorte qu'il sembloit qu'elle eust vie, & commença aussi bien à se retrouuer aux assemblées publiques, iouant de la harpe, chantant, saultant & dansant comme elle auoit acoustumé: de sorte qu'elle ne differoit en rien du vif, que de la couleur, laquelle estoit excessiuement palle. Quelques iours apres il se trouua de fortune à Boulongne vn autre magicien, lequel aduerty de l'excellence de l'art de ceste fille, la voulut aller voir iouër comme les autres: mais soudain qu'il eut quelque peu asisté à ce spectacle, il s'escria tout hault: Que faictes vous icy messieurs? celle que vous voyez icy deuāt voz yeux, qui fait ces beaux soubresaultz, n'est autre qu'vne orde & vile charongne morte. Et à peine auoit il acheué son propos, qu'elle tomba morte à terre: au moyen dequoy le prestige du diable & de

PRODIGIEUSES.

Pourtraict de la femme en-cháteresse, qui tumba morte.

ble & de l'enchanteur fut descouuert. Encores y a il eu vne autre femme enchanteresse à Pauie, qui a regné du téps de Leonicenus, qui n'estoit pas moins esmerueillable que la precedente: mais elle auoit l'auantage en vne chose, qu'il ne se pouuoit rien faire de mal à Pauie si secretement, que par son artifice il ne fust incontinent descouuert, de sorte que tous les plus renommez philosophes de l'Italie excitez de la renōmée des merueilles qu'elle faisoit par l'art des diables, la venoyét voir. Or y auoit il de ce temps là à Pauie vn profeſſeur publicque & philoſophe, hōme de ſaincte vie, lequel pour priere ou requeſte qu'on luy ſceuſt faire, n'auoit peu eſtre perſuadé d'aller voir ceſte femme, iuſques à la fin : que vaincu par l'importunité de quelques magiſtratz de la ville, il ſ'accorda d'y aller : & lors qu'il fut arriué deuant ceſt organe de Satan, afin de ne demeurer muet, & pour la biē ſonder au vif (il la pria, entre autres choſes) de luy dire à ſon aduis lequel eſtoit le meilleur de tous les carmes que Virgile euſt iamais faict : La vieille ſans reſuer, ou y penſer d'auantage luy reſpondit à l'inſtant meſme :

Virgil. libr. 6. Aeneid. *Diſcite iuſtitiam moniti, & non ſpernere diuos.*

Voila (diſt-elle) le meilleur, & le plus digne carme que le poëte Virgile fiſt onques : va-t'en, & ne retourne plus icy pour me tenter : Ce pauure Philoſophe, & ceux qui l'acompagnoyent ſ'en retournerent, ſans autre replique, & ne furēt en leur vie plus eſtonnez d'vne tant docte reſponſe, attēdu qu'ilz ſçauoiēt tous qu'elle n'auoit en ſa vie aprins, ny à lire, ny à écrire. Hieroſme Cardan, lequel merite d'eſtre mis au premier reng de tous les plus celebres philoſophes de noſtre temps, racōpte preſque vne ſemblable hiſtoire de ces eſpritz malings, de laquelle l'experience ſe voit encores pour le iourd'huy à Milan de tous les citoyens, auec grand' merueille. Il y a (dit-il) encores pour le iourd'huy vne femme viuante, nōmée Margarite, femme d'vn peintre, qui eſt reſidente ordinairement à Milan, laquelle n'a point de honte de publier

publier par tout qu'elle a vn diable, ou certain esprit familier, qui la suyt & l'acōpagne par tout, hors-mis qu'il s'absente d'elle quelque deux ou trois mois l'année. Ceste femme ne se nourrist ou maintient d'autre gaing que de l'experience, & plaisir qu'elle donne de cest esprit, car elle est souuent appellée en beaucoup de bonnes maisons, & incontinent qu'on luy a faict commandemét d'euoquer son esprit, elle courbe sa teste en son sain, ou l'enuelope de son tablier, & commence à l'appeller & adiurer en sa langue Italiéne: Il se represente soudain à elle, & respōd à son euocation: mais la voix de cest esprit ne s'entend pas aupres d'elle, mais loing, comme si la voix sortoit de quelque trou de muraille, & si quelqu'vn se veult approcher du lieu ou la voix de cest esprit resonne, il est estōné qu'il ne l'entend plus en ce lieu: mais il l'entéd en quelque autre coing de la maison. Quāt à sa voix, elle n'est point articulée, ny autremét formée qu'on la puisse entendre: mais elle est gresle & foible, de sorte qu'elle se peut dire plus proprement murmure ou son, que voix. Et apres que cest esprit a ainsi sifflé, & murmuré, ceste vieille luy sert de truchement, & faict entédre aux autres ce qu'il a resonné. Elle a demouré en quelques maisons, ou il y a des femmes qui ont obserué ses façōs de faire, qui disent qu'elle enferme quelque-fois cest esprit en vn linceul, & qu'il a de coustume de luy mordre la bouche, mesme qu'elle a presque tousiours les leures vlcerées. Ceste miserable femme est en si grād' horreur

FF iij

HISTOIRES

à tout le mõde, à cause de cest esprit, qu'elle ne treuue personne qui la vueille loger, ou frequenter auec elle. Ceste histoire me remet en memoire ce que les anciens ont creu de l'esprit de Socrates, ce qui me semble fabuleux, par-ce que Socrates a tousiours esté trouué si veritable, que pour mourir il n'eust voulu dire vne mensonge: mesmes que les Platoniciés ont tousiours receu Socrates pour vn certain oracle de verité: & neantmoins Socrates a confessé & écrit de luy-mesme qu'il en auoit vn, cõme il est tesmoigné au Theage en Platõ, ou il est introduict, disant ainsi: Il m'a esté cõcedé par quelque sort diuin, d'auoir eu vn Dæmõ dés mõ enfance, lequel m'a tousiours suiuy, lequel est vne voix qui me dissuade lors que ie veux faire quelque chose qui m'est contraire: mais il ne me suade iamais ce que ie doys faire. Puis il adiouste: Thimarcus me sera tesmoing de cecy, lequel se voulant leuer d'vn banquet ou nous estions, aduerty par mon dæmõ de son desastre, ie le cuiday retenir deux foys: toutefoys ie ne sceu tãt faire qu'il ne se desrobast de moy, & qu'il n'allast tuer Nicias filz de Hiroscamandre, lequel apres qu'il eut esté condemné pour ce meffaict, il dist à son frere, qu'il mouroit par default d'auoir creu le conseil de Socrates, qui luy auoit dissuadé de ne sortir point à telle heure. Frãciscus Picus Mirandulanus philosophe excellent & noble, qui a regné de nostre temps, a asseuré en ses œuures qu'il auoit cogneu vn prestre, aagé de soixante & quinze ans, lequel par l'espace de

quarante

PRODIGIEVSES.

quarante ans afsiduz, auoit eu vn esprit familier en sa compagnie, lequel beuuoit, mangeoit, couchoit, parloit auec luy, & l'acōpagnoit en toutes ses actiōs: de sorte que le vulgaire ne pouuant comprendre le mystere de ces choses, se persuadoit qu'il fust fol. Et ce prestre nōmoit son esprit Hermelina. Ie n'ignore point semblablemēt qu'il n'y en ait plusieurs autres qui ont asseuré par leurs écrits qu'il y auoit des espritz familiers, qui cōuersoient auec les hommes: ce que Cardan atteste de son pere Facius Cardanus, lequel par l'espace de vingt & huict ou trente ans s'est aydé de certain esprit familier. Pausanias en ses nuictz Attiques, recite que le hennissement des cheuaulx, & la course des combatans estoient ouys au camp de Marathon, ou Miltiades. ia quarante ans passez auoit faict mourir 10000. des Persiens, & cecy estoit plus esmerueillable, que ce cry & tumulte n'estoit point entendu de ceux qui alloient expressement pour l'entēdre, mais seulemēt de ceux qui fortuitement se retrouuoyēt en ce lieu. Plutarque écrit en la vie de Cymon, qu'apres que Damon fut tué en trahison dans les estuues, qu'il fut longuemēt qu'en ce lieu apparoissoiēt des espritz, & que lon y entendoit des gemissemés & soufpirs, de sorte qu'on feist condemner & murer la porte de l'estuue, & qu'encores au-iourd'huy ceux qui se trouuent lá aupres afferment qu'ilz y voyent des visions, & y entendent des voix & cris espouétables. Il y a encores quelques autres visions des Dæmons ou malings espritz, qui

HISTOIRES

sont apparuz de nostre temps & apparoissent encores pour le iourd'huy aux mines metalliques du grand Turc qui sont en Sidero capsa, ilz se sont quelquefois representez en forme de cheures dedās les mines à ceux qui tiroyent, les metaux de la mine. Il y en a vne certaine espece qui ne faict aucun mal aux ouuriers, mais il y en a eu d'autres qui les ont tant tourmentez, qu'ilz ont ésté contrainctz d'abandonner les mines qui estoiēt de grand reuenu. Georgius Agricola philosophe excellēt, qui a eu la charge des mines de l'Empereur, asseure qu'il s'est trouué des espritz malings tant cruelz en quelques mines d'Allemaigne, que les ouuriers ont esté contrainctz les abandonner, & entre autres il écrit qu'à la mine d'Hauueberg vn esprit metallique tua douze artisans, qui fut cause que la mine fut delaissée, combien qu'elle fust fort riche & opuléte en argent. Il y auoit de semblables espritz malings, du temps que Iesus christ estoit sur terre, qui habitoient és sepulchres des morts, lesquelz estoiēt si cruelz & terribles qu'aucun n'osoit passer par ceste voye là, cōme il est écrit en S. Mathieu. 8. & en S. Luc. 8. chap. Ie sçay que Porphirius, Psellus, Plotinus, Proclus, Iamblicus, mesmes quelques autres modernes ont asseuré par leurs écritz que la supreme regiō de l'air est aussi peuplée d'espritz, que nous appellōs en Grec Dæmones, cōme nostre air est d'oiseaux : ce qui les a induitz à croire ces choses, c'est que l'air & l'æther ou sont les quintes essences, sont tant grāds & sont regions tant pleines d'amenité nes d'amenité & de plaifir : & que nous voyons la terre auoir fes matieres viuantes, les metaux, pierres, plantes, & que nous voyós l'eau auoir fes poiffons, & que nous voyons l'air infirme d'icy bas auoir fes animaux qui refpirét & viuent: puis (difent ilz) que çecy eft obferué de nature es autres elemés, mefmes au ciel. Il fault dócques croire, que toute cefte grãde machine de l'air fuperieur, eft pleine de ces efpritz, qui doiuent eftre d'autant plus excellens que les animaux inferieurs, d'autant que les regions y font plus claires, plus pures, que cefte inferieure : mais par ce que toutes ces chofes nous femblent indignes de noftre philofophie Chreftiéne, nous les pafferós fouz filence. Et afin qu'aucuns ne penfent que nous vueillons lafcher la bride fi lógue aux diables & malings efpritz, qu'ilz puiffent ainfi abufer des creatures de Dieu, lefquelles par le fang precieux de fon filz, ont efté fi cherement rachetées, il nous eft befoing d'affaifonner ces chofes, & les borner par tel téperamét, que nous monftrons qu'il ne leur eft pas loifible de faire de nous, comme vn fol de fa marotte, ou comme les bafteleurs de leurs marmoufetz : car f'il eftoit ainfi que leur puiffance ne fuft bornée par la main forte de Dieu, ilz ont en fi grand' haine le genre humain, auquel le fimulachre & charactere de Dieu eft imprimé, que long temps a par leurs cruautez, preftiges & tyrannies ilz l'euffent du tout exterminé & eftainct : mais f'ilz n'ont pas eu feulement puiffance d'entrer au ventre des pourceaux, fans demãder cõ-

GG

Pagination incorrecte — date incorrecte
NF Z 43-120-12

HISTOIRES

sont apparuz de nostre temps & apparoissent encores pour le iourd'huy aux mines metalliques du grand Turc qui sont en Sidero capsa, ilz se sont quelquefois representez en forme de cheures dedās les mines à ceux qui tiroyent, les metaux de la mine. Il y en a vne certaine espece qui ne faict aucun mal aux ouuriers, mais il y en a eu d'autres qui les ont tant tourmentez, qu'ilz ont esté contrainctz d'abandonner les mines qui estoiét de grand reuenu. Georgius Agricola philosophe excellēt, qui a eu la charge des mines de l'Empereur, asseure qu'il s'est trouué des espritz malings tant cruelz en quelques mines d'Allemaigne, que les ouuriers ont esté contrainctz les abandonner, & entre autres il écrit qu'à la mine d'Hauueberg vn esprit metallique tua douze artisans, qui fut cause que la mine fut delaissée, combien qu'elle fust fort riche & opuléte en argent. Il y auoit de semblables espritz malings, du temps que Iesus christ estoit sur terre, qui habitoient és sepulchres des morts, lesquelz estoiét si cruelz & terribles qu'aucun n'osoit passer par ceste voye là, cóme il est écrit en S. Mathieu. 8. & en S. Luc. 8. chap. Ie sçay que Porphirius, Psellus, Plotinus, Proclus, Iamblicus, mesmes quelques autres modernes ont asseuré par leurs écritz que la supreme regiō de l'air est ausi peuplée d'espritz, que nous appellōs en Grec Dæmones, cóme nostre air est d'oiseaux : ce qui les a induitz à croire ces choses, c'est que l'air & l'æther ou sont les quintes essences, sont tant grāds & sont regions tant pleines d'amenité nes d'amenité & de plaisir: & que nous voyons la terre auoir ses matieres viuantes, les metaux, pierres, plantes, & que nous voyõs l'eau auoir ses poissons, & que nous voyons l'air infirme d'icy bas auoir ses animaux qui respirét & viuent: puis(disent ilz) que cecy est obserué de nature es autres elemés, mesmes au ciel. Il fault dõcques croire, que toute ceste grãde machine de l'air superieur, est pleine de ces espritz, qui doiuent estre d'autant plus excellens que les animaux inferieurs, d'autant que les regions y sõt plus claires, plus pures, que ceste inferieure: mais par ce que toutes ces choses nous semblent indignes de nostre philosophie Chrestiéne, nous les passerõs souz silence. Et afin qu'aucuns ne pensent que nous vueillons lascher la bride si lõgue aux diables & malings espritz, qu'ilz puissent ainsi abuser des creatures de Dieu, lesquelles par le sang precieux de son filz, ont esté si cherement rachetées, il nous est besoing d'assaisonner ces choses, & les borner par tel téperamét, que nous monstrons qu'il ne leur est pas loisible de faire de nous, comme vn fol de sa marotte, ou comme les basteleurs de leurs marmousetz: car s'il estoit ainsi que leur puissance ne fust bornée par la main forte de Dieu, ilz ont en si grand' haine le genre humain, auquel le simulachre & charactere de Dieu est imprimé, que long temps a par leurs cruautez, prestiges & tyrannies ilz l'eussent du tout exterminé & estainct: mais s'ilz n'ont pas eu seulement puissance d'entrer au ventre des pourceaux, sans demãder cõ-

GG

gé, comme l'écriture enseigne, de combien deuons nous estre plus asseurez qu'ilz ne nous peuuét nuire, sans la permission de Dieu, qui sommes rachetez de son sang, sommes son domicile, & qui portós sa marque, simulachre & charactere. Mais quel plus grand tesmoignage voulons nous de la debilité, & petite puissance du Diable, que ce qu'il en atteste de luy mesme, en Iob premier, ou demādant congé de persecuter ce prophete Iob, il ne luy dist pas: permetz moy de luy nuire: mais mesme il luy dist: Mitte manum, & tange carnem eius. Enuoye dist-il ta main, & touche sa chair: comme s'il eust voulu dire, qu'il n'estoit que l'organe pour executer la volunté de Dieu, appellant sa permission, sa main. Nous en auons encore vn semblable tesmoignage en S. Luc xxij. ou le sauueur Iesus Christ dist à Simon: Simon, Satan a demādé cōgé de vous tourméter, & vaner cōme le blé: mais i'ay prié pour toy, afin que ta foy ne defaille point. Voyla vn merueilleux tesmoignage, que le Diable ne nous peut nuire sans congé, veu qu'il n'osa s'adresser à l'Apostre, sans demander son saufconduict à Dieu. Ce grand oracle de Dieu, sainct Augustin, lequel auoit tant de milliōs de fois esprouué les furieux assaux de Satan, nous donne vne cōsolation merueilleuse, liure xij. cha. xiiij. sur Genese, lors qu'il dict: Que le diable te forge de iour & de nuict tant d'illusiōs qu'il vouldra, qu'il te represente en vision des corps qui ne sont point corps, que peut nuire cela à ton ame, moyennant que ne consentes point à
la vision

la visiō? Vis donc asseuré, car il ne te peut nuire sans congé: & toutesfois la permission qui luy est dōnée, n'est point pour te damner ou mesfaire, mais pour te chastier de ton peché, ou faire prouue de ta fidelité. Sainct Paul nous seruira de tesmoing irreprochable en cecy, lequel au ii. des Corinthes. chap. xii. a testé luy mesme, que le Seigneur permist à Satan de le souffleter, de peur qu'il ne fust eleué oultre mesure, pour l'excellence de ses visiōs. Encore a il bien fait d'auātage, comme luy mesme tesmoigne en l'Epistre premiere à Timothee. chap. premier, ou il fait entendre à Timothee, qu'il a baillé Hymenee & Alexandre à Satan, afin qu'ilz aprennent à ne plus blasphemer. Voila donc comme le Seigneur vse quelquefois des malings espritz comme des bōs, à nostre salut: lesquelz se transfigurēt quelquefois en diuerses formes & figures de nuict & de iour, pour nous oppugner & tirer au combat: mais celuy ne sera point couronné, qui n'aura virilement combatu. Apprenons doncques desormais auec l'Apostre, à vestir les armes de Dieu, car nous n'auons pas seulemēt (comme il écrit aux Ephesiens) la guerre contre le sang & la chair, ains contre les principautez, contre les puissances, contre les recteurs du monde, & des tenebres de ce ciecle. Tenons nous doncques sur noz gardes de peur d'estre circonuenuz de ce faulx enchanteur & trompeur: ne voyons nous pas cōme il est effronté, & comme il dresse ses cornes? Quel plus grād tesmoignage de sa rage & fureur, que ce qui est écrit au

August. in euāgel. Ioannis, tractatu 7.

GG ii

3.Reg.22. prophete Michée, ou il le voyt deuant Dieu criant & huyant: Ie sortiray, & seray méteur deuant la face
Zacha.3. de tous les prophetes d'Achab. Et en Zacharie, comme il est tousiours à la dextre du grand prestre pour empescher qu'il ne descende quelque benediction sur Ierusalem. Ce qu'estát viuemét apprehendé par
Augus.Solilo- ce grand Euesque d'Hipponense S. Augustin, il crie
qui.cap.16. apres le Seigneur, disant: Deliure nous Seigneur, de nostre aduersaire ordinaire, lequel soit en richesse, en pauureté, en ioye ou tristesse, en parolle ou en silence, en dormát, veillant, beuuant, mangeant, ou en toutes noz autres humaines actiós il nous espie, nous suyt, nous talonne, & presse, il dresse ses rethz, darde ses fleches, ordonne ses machines, lassons & gluyaux pour surprédre nostre pauure ame. Puis il cóclud auec le Psalmiste: Deliure nous dóc Seigneur des lacz des veneurs. Puis que nous sommes donques outre nostre esperáce ancrez si auát en ce profond abisme de visions auát hauser noz voiles, encores nous faut il mettre fin au dernier membre qui en depend. Il y a encores d'autres especes de visions, lesquelles ne se font ne par illusiós diaboliques, ny par aucun secret ne ministere des anges, ny autremét: mais elles s'engendrét par corruption d'humeurs, ou par indisposition de l'imaginatiue, ou par quelque autre infirmité de nature, de sorte que nous pensons voir les choses qui ne sont point, & telles especes d'imaginations tourmentent & vexent le plus souuent les melancholiques, cóme Galien enseigne de celuy qui se
pensoit

PRODIGIEVSES.

pensoit estre trâsformé en coq, frequétoit auec eux, imitoit leurs chants quād il les entēdoit châter, mesmes se battoit quelque foys des bras ainsi qu'ilz font des ælles, cōme en semblable il y en a d'autres qui se persuadoient estre trâsformez en vaisseaux de terre, de sorte qu'ilz ne bougēt des plaines & cāpagnes, & n'osēt approcher des arbres ou maisōs, de peur de se heurter, & mettre en pieces. Il y a eu certaine damoiselle de laquelle Alexander Tralianus liure premier chap. 20. écrit l'histoire, laquelle par quelque corruptiō de l'imaginatiue se persuadoit auoir deuoré vn serpent en dormant, & ne peut oncques estre deliurée de ceste maladie, iusques à tant que luy ayant ordōné vn vomitoire, on luy supposa vn serpent vif au bassin, par le moyen duquel elle fut deliurée de son mal: car elle se persuada aysement qu'elle l'auoit vomy. Il y a encores quelques visions qui procedent d'auoir mangé quelques venins ou poisons, comme Pline & Edouardus, enseigneur de ceux qui mangent la ceruelle des Ours, laquelle deuorée faict penser qu'on est transformé en Ours. Ce qui est aduenu à vn gētil-homme Espaignol de nostre temps, à qui on en feist manger, & il alloit errant par les desers & montaignes, pensant estre transmué en Ours. Encores y a il d'autres visions, lesquelles selon les Phisiciens se peuuent faire par causes naturelles, comme quand quelqu'vn est occis & enterré, nompas trop profondement en la terre, il sort (comme ilz disent) du corps mort des exhallations & vapeurs, lesquel-

GG iii

les esleuées en l'air nous representent l'effigie & idée de celuy qui est enterré. Encores y a il plusieurs autres choses qui deçoiuent noz sens soubz couleur d'illusions, comme quand l'air est agité de ventz cótraires, par leur agitation, ilz engendrent vn bruyt & murmure, qui ressemble proprement au muglement des bestes, ou à des plainctes de femmes & petitz enfans. Quelque-fois aussi l'air penetre dedás les souspiraux & concauitez des rochers, & vieilles murailles: puis quád il est repercuté, il resonne si distinctement, qu'il semble que ce soit quelque voix articulée: cóme nous experimentons souuent en ce que nous appellons Echo, laquelle prononce quelquefois cinq ou six paroles, auec si grand merueille, que ceux qui ignorent les causes d'icelle se persuadét (la nuict principalement) que soyent quelques espritz ou Dæmons, ce qui est aduenu de nostre temps à vn cóseiller & secretaire d'vn prince, lequel par default d'auoir bien obserué la cause de l'Echo, faillit à se noyer, comme vous entendrez par la memorable histoire que Hierosme Cardan medecin Milannois racompte en ses liures des merueilleuses inuentiós: ledict Cardan écrit qu'Augustinus Lauisarius conseiller & secretaire d'vn prince, estoit quelque iour aux champs, foruoyé de son chemin, & pressé de la nuict, sans sçauoir à qui auoir recours. Estant en ceste peine, il se trouua merueilleusement troublé, car il cheuauchoit le lóg d'vn petit fleuue, & ne sçauoit s'il deuoit passer de l'autre costé ou non, & tourmenté ainsi

PRODIGIEVSES.

té ainsi en son cueur, il cómeça dire: Oh, qui est vne plaincte commune aux Italiens, quand ilz ont quelque ennuy. L'Echo, qui estoit en quelque rocher là aupres, luy respód incótinét: Oh, Lauisarius bié aise, en pésant que ce fust quelque hóme, luy demáde en sa langue. *Vnde debo passa?* L'Echo respód, passa: puis le pauure hóme estant encores en plus grand peine, luy demanda: chi? qui signifie en nostre langue, icy? l'Echo luy respondit: chi. n'estant point encore bien asseuré, il luy demáde de rechef, debo passa chi? l'E-

HISTOIRES

cho refpond, paffa chi. Ce pauure homme penfant auoir certaines nouuelles de fon chemin, fe mift en l'eau, cuydant trauerfer le fleuue, mais il fut eftonné que fon cheual commença à perdre le fond de l'eau & à nager, toutefois le cheual qui eftoit puiffant & adroict apres auoir longuemẽt gafouillé en ce fleuue, tira fon maiftre à bort, lequel n'eut en fa vie fi belles affres, & fut contrainct monfieur le confeiller de paffer la nuict en prieres & oraifons, trempé comme vne efpõge fur le bord de ce fleuue. Quelques iours apres arriué à Milã, il fift fes complainctes à Cardan (fon intime amy) de ce qu'il auoit trouué quelque efprit maling qui l'auoit cuydé faire noyer dans vn fleuue. Et quãd ledit Cardan l'eut interrogé du lieu, il congneut incontinent l'ignorance de monfieur le Confeiller: car il fçauoit qu'il y auoit vn Echo admirable en ce lieu, qui rẽdoit les voix fi bien formées & articulées, qu'il fembloit que ce fuft quelque creature qui parlaft. Et pour luy en dõner certain tefmoignage, il le mena au lieu mefme ou ilz trouuerent en fin que fon paffa n'eftoit autre chofe que la reuerberation de l'Echo. Voyla doncques comme nous fommes quelquefoys deceuz es vifions, mefmes en l'Echo, qui n'eft riẽ: mais puis que nous fommes enfournez fi auant au traicté de l'Echo, ie ne veux mettre en oubly que pendãt que ie compofois ce liure, i'en ay obferué vne au bourg de Charẽtõ pres Paris, laquelle ne cede en rien à celle que décrit Cardã: car elle rend les parolles toutes entieres, diftinctes, &

articu-

articulées, sept fois l'vne apres l'autre, comme l'Echo septuplex des anciens, tant celebrée de Pline, & me suys souuent estonné comme ceux qui ont écrit les antiquitez & choses memorables de Paris, n'en ont faict aucune memoire en leurs écritz: car ie ne me recorde d'auoir oncques obserué la semblable en diuers voyages que i'ay faitz par les haultz alpes d'Italie & d'Allemaigne, & qui ne vouldra adiouster foy à noz écritz, l'experience en est assez aisée: car le lieu est pres de ceste cité. Il ne reste plus, pour mettre le dernier seau à toutes especes de visions, que de traicter des visions artificielles, lesquelles ordonnées, & basties par certains secretz & mysteres des hommes, engendrent grād terreur à ceux qui les cōtemplent, cōme celle de laquelle fait mention Hector Boetius en ses Histoires d'Escosse, laquelle combien qu'il y eust de l'artifice, si est-ce que son effect fut merueilleux & estrāge, & cause de la cōseruation d'vn Royaume, comme vous entēdrez cy apres. Les Pictes ont tousiours esté (cōme lon trouue aux histoires) ennemis capitaux des Escossois, de sorte qu'apres plusieurs escarmouches & batailles, ilz tuerent en fin le premier Roy d'Escosse, & deffirent presque la pluspart de la noblesse du païs. Cenetus second roy d'Escosse, & filz de celuy qu'auoyent meurdry les Pictes, desirant de venger la mort de son pere, exhortoit souuent la seigneurie du païs de reprēdre les armes, & de courir sus aux Pictes: mais par ce qu'ilz auoyēt esté si malheureux aux precedentes batailles, & que

HISTOIRES

la plufpart des plus grãs Princes du païs auoyẽt efté tuez, il n'y eut ordre par moyẽ aucũ de les inciter à reprẽdre les armes. Cenethus fe refsétãt du meurdre de fon pere, voyant qu'il ne pouoit les induyre à vẽgeance pour aucune fuafiõ ou priere, il eut refuge à l'art: & feignant de vouloir cõfulter des negoces du païs, il manda ce qui reftoit de Princes pour afsifter au cõfeil. Les ayant retenus quelques iours auec luy, il les feit tous loger en certain chafteau, ou il eftoit logé, puis f'aduifa de gaigner quatre ou cinq hommes, aufquelz il fe fioit le plus, & les feift mettre en quelque autre lieu fecret aux chãbres deputées pour les princes, les ayãt premieremẽt acouftrez de quelques veftemens horribles, faictz de grandz peaux de loups marins, defquelz il y en a en abondãce en leurs pays, à caufe de la mer: encore n'eftoit ce pas tout, car ilz auoiẽt chacun vn baftõ en la main de ce vieil boys qui reluift la nuict: & fi auoient encores en leurs mains dextres chacun vn grand corne de beuf, percé par le bout, & fe tenoient ainfi reclus iufques à ce que les princes furent enfeuelis de leur premier fommeil, & lors il cõmencerent à fe produire auecques leurs baftons qui efclairoient, & refonnoyent aufsi certaine voix hideufe par leurs cornes de beuf, laquelle contenoit qu'ilz eftoient enuoyez de Dieu, leur denoncer la guerre cõtre les Pictes, & que la victoire leur eftoit ordonnée au ciel. Ainfi ces fantofmes, aydez de la faueur de la nuict, qui eft mere nourrice de ces illufions, iouerent fi bien leur rolle qu'ilz
euaderent

PRODIGIEVSES.

euadcrent ayſémēt ſans eſtre deſcouuertz. Ces pauures princes ainſi intimidez paſſerent le reſte de la nuict en prieres, puis le matin vindrent trouuer le Roy, auquel chacū communiqua ſa viſion. Mais ce bon Roy Cenethon qui eſtoit biē guary du ſot, leur diſt auſsi, que ſemblable viſion luy eſtoit apparue: mais qu'il n'oſoit publier les ſecretz de Dieu iuſques à ce qu'il en euſt plus certain aduertiſſement. Ces pauures princes enflammez à la guerre, comme ſ'ilz euſſent eu Ieſus Chriſt pour leur chef, aſſaillirēt les Pictes ſi viuement qu'ilz ne les deffirent pas ſeulement en bataille, mais ilz en exterminerent ſi bien la memoire, qu'oncques-puis on n'en ouyt parler. On liſt pluſieurs ſemblables exemples de ces viſions artificielles aux hiſtoriens, mais par ce que ceſte cy m'a ſemblé la plus memorable que i'aye iamais leuë & qui a mieux ſuccedé, i'en ay voulu faire mention en ce lieu. Il ſ'en eſt encore trouué de noz ans, qui ont mis des chandelles allumées dedans des teſtes de morts, pour eſpouënter le peuple, & autres qui ont attaché de petites chādelles de cire allumées, ſur des coques de Tortues & Limaces, puis les mettoyēt dedās les cymitieres la nuict, afin que le vulgaire voyāt ces animaux ſe mouuoir de loing auec leurs flāmes, fuſt induict à croire que c'eſtoyēt eſpritz des morts, qui retournoiēt demāder quelque choſe en ce monde, & par tel moyen on a tiré l'argent ſubtilemēt du populaire ſimple, mais ces larrons infames rendront compte vn iour, au Seigneur des pauures brebis de

HISTOIRES

Iesus Christ, qu'ilz ont ainsi escorchées & tyrannisées, souz le pretexte de vision. Il y a encore d'autres visiós diaboliques, qui se font faictes de noz ans auec certaines chandelles, composées de suif humain: & pendant qu'elles estoyent allumées de nuict, les paures gens demeuroyent si bien charmez, qu'on desroboit leur bien deuant eux, sans qu'ilz se sceussent mouuoir de leurs lictz, ce qui a esté practiqué en Italie de nostre téps: Mais nostre Dieu qui ne laisse rien impuny, a permis que les autheurs de telles vanitez fussent apprehédez, comme le larron sur le faict, lesquelz conuaincuz, ont depuis terminé leurs vies miserablement au gibet. Il y a encore quelques autres visions artificielles, qu'ilz font auec vne huille ou liqueur, extraicte de ces vers qui esclairent la nuict: mais par ce que ces choses sont indignes d'estre referées entre nous Chrestiés, ie m'en tairay pour le present, mesmes me suis esmerueillé, comme quelques hómes doctes les ont osé inferer en leurs écritz, veu que nous sommes assez promptz à inuenter le mal, sans adiouster encore l'huille à la meche. Prens donc en gré, lecteur ce traicté de visions, lequel i'ay dilaté vn peu plus copieusement que ie n'auois promis au cómencement, mais par ce que ceste matiere est rare, & que ie n'ay encore trouué aucun autheur Grec ou Latin, qui ayt cóprins toutes les especes de visions: i'ay bié osé l'étreprédre, & croy que si tu n'es ingrat, ou céseur trop critique, tu approuueras mó labeur.

Fin de la vingtsixiesme histoire.

Afin

PRODIGIEVSES. 123
HISTOIRE PRODIGIEVSE
d'vn Monstre veu par Celius Rhodiginus.
Chapitre 27.

A Fin de nous dégouster de ces visiõs prodigieuses(lesquelles peut estre auoient par trop ennuyé le Lecteur) il m'a semblé bon de monstrer icy le pourtraict de deux admirables monstres, l'vn masle l'autre femelle, veuz en diuerses prouinces par deux ex-

HH iij

cellens Philofophes qui ont regné de noftre aage. Le premier qui eft mafle fut veu par Ludouicus Celius Rhodiginus, comme il écrit au 3. chapitre du 24. liure de fes antiques leçons, comme il f'enfuyt: Il fut (dit-il) produit vn Monftre à Sarzare en Italie, l'an de grace 1540. Le 19. iour de Mars, digne d'eftre côfideré pour beaucoup de caufes: l'vne par ce qu'il fortit au monde du temps que l'Italie eftoit agitée de diuerfes tépeftes de guerres domeftiques, & que ceft enfant monftrueux eftoit comme vn certain herault qui denonçoit ces maulx, les autres caufes pour lefquelles il merite d'eftre diligemmét obferué, font pour les eftranges & merueilleux effectz que nature exhiba en ce petit fubiect, car en premier lieu, lors que la mere l'enfanta, il eftoit aufsi grand & bien formé que f'il euft eu quatre moys acomplis, qui eft chofe monftrueufe en nature: Secondement il auoit deux belles teftes acomplies de toutes leurs parties, & deux faces ioignátes l'vne à l'autre, & entées fur la tige du col, auec vne proportion merueilleufe en chacune de fes parties. Il auoit les cheueux vn peu longuetz & noirs, & entre ces deux teftes auoit vne troifiefme main qui n'excedoit pas la lôgueur d'vne oreille. Quant au refte du corps, il eftoit fi bien faict & proportionné de tout ce qui eft requis, qu'il fembloit que nature fe fuft delectée à le faire & à le former fi beau. Apres auoir feiourné quelque temps en ce miferable monde, il mourut: Et par ce qu'il en fut fait vn prefent à vn Lieutenant du Roy d'Efpaigne,

qui

qui cōmandoit en cefte terre, il fut befoing, de peur qu'il fe corrompift, de luy ouurir le vêtre, & tirer les entrailles : mais apres l'auoir ouuert il fe reprefenta à la veuë des fpectateurs vne chofe qui n'eft pas moins efmerueillable que les precedētes. C'eft qu'il auoit deux fayes, deux rates, & n'auoit qu'vn cueur. Voyla la defcription que faict Celius de ce Mōftre. Ce fecond Monftre de la femme à deux teftes, que tu voys figuré auecques l'autre, eft plus admirable que le premier en vne chofe, par-ce qu'il a vefcu plufieurs ans, qui eft contre le naturel des Monftres, lefquelz ordinairement ne viuent gueres, car l'abondance de l'humeur melancholique qui redonde en eux, pour fe veoir ainfi en opprobre de tout le monde, les defeche & confomme fi bien, que leur vie eft briefue, ce qui n'eft aduenu en cefte fille que tu voys icy figurée : car lors que Conradus Licoftenes la veit au duché de Bauiere, mil cinq cens quarante & vn, elle eftoit aagée de vingt & fix ans. Ce docte philofophe Licoftene écrit vne chofe merueilleufe de ce Monftre, car referué la duplication de la tefte, nature n'y auoit rien ōmis. Ces deux teftes (ainfi comme il écrit) auoient mefme defir, de boire, de māger, de dormir, & auoient la parole femblable, comme aufsi eftoiēt toutes leurs affectiōs. Cefte fille alloit d'huys en huys chercher fa vie, & on luy donnoit volontiers pour la nouueauté d'vn fi eftrāge & fi nouueau fpectacle, neātmoins qu'elle fut chaffée à la lōgue de la Duché de Bauiere, par-ce qu'elle gaftoit le fruict

HISTOIRES

des femmes groſſes, pour l'aprehenſion qui demeuroit en l'imaginatiue de la figure de ceſte femme monſtrueuſe.

Fin de la vingtſeptieſme hiſtoire.

MONSTRE VIF, DVQVEL LES
Inteſtins & autres parties intrinſeques ſe voyent nuës & découuertes.
Chapitre 28.

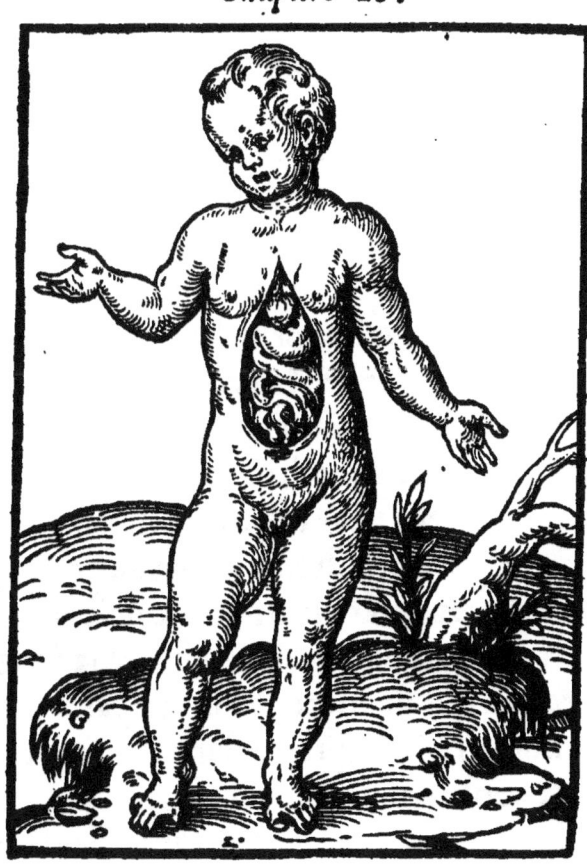

Du temps

PRODIGIEVSES.

DV temps que Seruius Galba, & M. Scaurus estoient Cōsulz, vne femme noble & genereuse à Nursine, enfanta vn filz vif, qui auoit la partie superieure du ventre tellement ouuerte, qu'on luy voyoit les intestins nudz & descouuerts, & si estoit solide, & entier en la partie posterieure, & croy que si vous lisez tous les autheurs Grecz ou Latins, qui ont écrit des prodiges de nature, à peine en trouuerez vous encore vn semblable. Et ainsi que les Romains ont tousiours esté superstitieux en toutes choses, aussi eurēt ilz quelque augure & presage par ce monstre de la victoire qu'ilz eurent cōtre Iugurtha, comme Iules Obsequent écrit. chapitre 100. des prodiges Romains. Et si les anciens medecins Grecz & Arabes, qui estoyent si frians de rechercher les secretz de la fabrique du corps humain (qu'ilz demandoyent aux Roys les corps des cōdemnez, pour les ouurir tous vifz) eussent eu ce petit mōstre à leur commandemēt, ilz n'eussent exercé telle boucherie, tyrannie & cruauté à l'endroit des creatures viues, comme ilz faisoyent : Car iectans l'œil seulemēt sur le corps de ce petit monstre, sans faire autre ouuerture ou lesion aucune, ilz eussent veu & descouuert la substāce, la magnitude, le nōbre, la figure, la situatiō, l'vtilité, & l'action de toutes les principales parties du corps humain, les espritz estans dedans : ce qui n'est pas de petite consideration en nature, attendu que par l'ignorance de ces choses, s'il aduient qu'vn

I I

HISTOIRES

nerf, ou vn muscle soit incisé, le plus souuent le sentiment s'en perd, aucunefois le mouuement, & souuentefois l'vn & l'autre, & quelquefois la mort s'ensuit. C'est pourquoy les anciés Roys & Princes, comme Marc Antoine, Flauius & Boëtius (comme Galien tesmoigne) ont prins si grand plaisir aux Anatomies & dissections des corps, qu'eux mesmes en ont exercé l'art, lequel pour n'auoir pas esté bien curieusement obserué, a faict errer les plus renommez philosophes du temps passé, comme Aristote liure premier & troisiesme de l'histoire des animaux, chap. 7. ou il écrit que les sutures de la teste, par lesquelles les matieres fuligineuses du cerueau s'euaporent, sont dissemblables & differentes es hommes & femmes: Et toutefois nous voyons par experience ordinaire, le contraire. Le mesme autheur ausi a esté deceu en ce qu'il a écrit, que les testes des chiens n'auoyent aucunes sutures, & toutefois en les anatomisant, nous y trouuons des sutures comme en la teste des hommes. Cornelius Celsus semblablemét, l'vn des plus excellens qui ayt écrit la medecine en Latin, s'est trópé en ceste mesme matiere des sutures, liure 8. cha. 1. ou il écrit que les testes qui n'ont aucunes sutures sont les plus saines & mois suiectes à maladie, & toutefois cela est apertement faux, par le tesmoignage d'Hipocrates. lib. primo De homine, ou il écrit que les testes qui ont plus grand nombre de sutures, sont les plus saines. Et comme i'ay produict l'inaduertence de ces deux en matiere des dissections des corps,
ausi

PRODIGIEVSES.

aussi en pourrois-ie descouurir vne infinité d'autres erreurs qui se trouuent en Mundinus, Carpus & autres, lesquelz en leurs écritz se sont souuent trompez en la dissectiō de la fabrique du corps humain : mais par ce que nostre suiect est des prodiges, nous ferons fin à ceste matiere, sans mettre plus auant la faulx en la moisson des medecins.

Fin de la vingthuictiesme histoire.

HISTOIRE PRODIGIEVSE d'vn Chien Monstrueux, engendré d'vn Ours, & d'vne Dogue d'Angleterre, obserué par l'autheur à Londres, auec plusieurs autres discours memorables sur le naturel de cest animal.

Chapitre 29.

II ij

HISTOIRES

PAr-ce (lecteur) que ce fut en Angleterre, en la fameuſe cité de Londres, que i'obſeruay premier le naturel & la figure de ceſt animal, lequel tu voys icy dépeinct, i'ay bien voulu, auāt qu'en faire plus ample deſcription (pour n'eſtre accuſé d'ingratitude) celebrer la memoire de ceux deſquelz i'y ay receu quelque faueur. Au premier rang deſquelz ie doy à iuſte droict mettre la mageſté de la Royne Elizabeth, laquelle,

quelle, combien qu'elle fuſt mal diſpoſée, lors que i'arriuay, & qu'elle euſt occaſion de ne ſe rendre cōmunicable à perſonnes de ſi petite qualité comme ie ſuis, ſi eſt-ce qu'elle me fiſt tant d'honneur de me faire appeller deuant ſa mageſté, ou en preſence de pluſieurs grandz ſeigneurs & dames, elle commença à diſcourir de pluſieurs choſes haultes & ardues: Et non cōtente de tāt de faueurs & teſmoignages d'humanité, pour ne laiſſer rien en arriere de ce qui appartenoit à ſa generoſité, & grandeur, Encores me fiſt elle vn preſent ſi honorable, qu'vn grād ſeigneur euſt eu bonne occaſion de ſ'en contenter. Ie ne puis ſemblablement paſſer ſoubz ſilence, les courtoiſies & hōneſtetez que i'ay receuës de monſieur l'Admiral d'Angleterre, Mōſieur Scicile premier Secretaire de la Royne : & entre autres de monſieur le Conte d'Arfort, lequel outre le gracieux acueil & autres faueurs particuliers que ie receuz de luy, encores me fiſt il vn preſent ſi honeſte, qu'il merite bié d'eſtre publié en ce lieu. Ie meriterois d'eſtre mis au premier rāg de tous les plus extremes ingratz du monde, ſi ie taiſois ſemblablemēt la liberalité de mōſeigneur le Cōte de Cādalle, de mōſeigneur le Marquis de Trās, & de monſeigneur le Marquis de Nelle, qui eſtoyēt pour lors en oſtage en Angleterre, leſquelz non contens de m'auoir receu à leurs maiſons comme leurs propres perſonnes, encores n'y eut il celuy d'entre eux, lequel à mon departement ne me fiſt preſent digne de n'eſtre iamais ſupprimé. Et par ce que ie ne

I I iii

puis en tout le cours de ma vie auoir moyé de m'en reuécher, ny satisfaire à tant d'honestes obligatiõs, ie ne puis moins faire (ce me semble) que les magnifier, & en dóner attestation à la posterité, par mes écritz. Mais afin que nous reprenons les erres de nostre matiere, cest animal monstrueux, que tu vois figuré au commencement de ce chapitre, est engendré d'vne Dogue d'Angleterre & d'vn Ours : de sorte qu'il participe de l'vne & de l'autre nature : Ce qui ne semblera estrange à ceux qui ont obserué à Londres, comme les Dogues & les Ours sont logez en de petitz cachotz, les vns aupres des autres : & quand ilz sont en leurs chaleurs, ceux qui sont deputez pour les gouuerner enfermét vne Ourse & vn Dogue ensemble, de sorte que pressez de leurs fureurs naturelles, ilz conuertissent leur cruauté en amour, & de telles coniunctions naissent quelquefois des animaux semblables à cestuy, encore que soit bié raremét : entre lesquelz i'en ay obserué deux, qu'on auoit dóné à mõseigneur le Marquis de Trans : l'vn, duquel il fist present à monsieur le Comte d'Alphestan, ambassadeur de l'Empereur : l'autre qu'il a faict amener en France, sur lequel i'ay fait retirer cestuy au naturel, sans que le peintre y ayt rien obmis. Et par ce que nous auõs faict métion cy dessus, que ce chié que tu as veu icy figuré, estoit engendré d'vn Ours & d'vn Chien, & que peult estre telles coniunctions te sembleroyent estrãges, il m'a semblé bon te prouuer que cecy n'est point nouueau, par attestatiõ de quelques

La mere qui le porta, estoit chienne, & le masle qui la couurit, estoit ours.

fameux

fameux autheurs. Les animaux(dit Aristote) qui sõt de diuers géres, peuuét coïr, & se ioindre ensemble, mais que leur nature ne soit pas beaucoup differente: comme sont les Chiens, les Loups, & les Renards. Puis en vn autre lieu il écrit que les Chiens des Indes sont engendrez d'vn Tigre & d'vn Chien, & que les Indiens attachent aux deserts leurs Chiennes, quand elles sont chaudes, à quelque arbre, afin d'estre couuertes des Tigres. Polux & Pline écriuent le semblable. Patrice de Senes, liure troisiesme de sa Republique, tesmoigne que non seulemét les Indiens ont faict couurir leurs Chiens à quelques animaux d'autre genre: Mais mesmes que les anciens François faisoiét couurir les leurs aux loups, afin que le fruict qui sortoit de telles mixtions de semences fust plus furieux. August. Nyphus écrit vne histoire conforme à cecy, laquelle il n'a point leüe aux autheurs: mais luy mesmes l'a obseruée. Ainsi(dit-il) que le seigneur Federic de Montforce & moy retourniõs de la chasse, nous égarasmes de fortune l'vn de noz chiens, lequel nous ne peusmes r'appeller, ny par le cry du cornet, ny par la clameur des veneurs: & apres l'auoir longuement cherché nous le trouuasmes en fin ioinct auec vne Louue au coing d'vn boys, estant sa cruauté vaincue par le plaisir. Hierosme Cardan medecin Milannois asseure auoir veu vn renart engédré d'vne chienne & d'vn renart: mais afin de retourner à la description de nostre animal, duquel tu vois la figure si mõstrueuse, qui ressemble à vn Ours

HISTOIRES

racourfy:aufsi auoit les geftes, le muglement, & toutes ses autres façons de faire plus approchantes de l'ours que du chien, mais ie te puis asseurer que c'est l'vne des plus furieuses bestes que lon puisse regarder: car il n'y a espece d'animal auquel il ne s'attache, soit Ours, Lyon, Taureau & autres semblables: & si est si ardent en ses combatz, que depuis qu'il a mis la dẽt sur quelque beste, il se feroit pluftost desmembrer que laisser prise, comme i'ay veu par experience à Londres, quand on le feit combatre contre l'ours: ce qui me remet en memoire ce que les historiens écriuent d'vn chien qui fut dõné à Alexandre aux Indes, lequel (comme aucũs asseurẽt) estoit engendré d'vn Tigre & d'vne Chienne, Et par ce que ceste histoire est racõptée diuersement par Aelian, Diodore Sicule, Strabo, Plutarque, Patrice & plusieurs autres, ie racompteray seulemẽt ce qui est plus vray-semblable. Ainsi qu'Alexandre le grand voyageoit par les Indes, vn grand seigneur pour luy gratifier, luy donna vn chien engendré d'vn Tygre, de monftrueuse corpulence. Alexandre desirant d'experimenter si le cueur de cest animal respõdoit à sa forme, luy fist presenter vn Ours pour le combatre. Le chien qui estoit couché, ne se daigna oncques leuer: Alexandre commanda de rechef, qu'on luy presentast le Taureau, puis le sanglier. Le chien nõ plus esmeu de l'vn que de l'autre, ne se voulut leuer, ne faire aucun semblant d'estre irrité de leur presence, encore qu'on le prouocast par tous moyés au combat.

bat. Alexandre indigné outre mesure, dequoy nature auoit si mal employé vne si grād masse de chair en vn animal si timide, cōmanda qu'on le tuast, dequoy le seigneur qui en auoit faict le present à Alexandre, aduerty: se presenta incontinēt deuāt la maiesté de l'Empereur, & le supplia auant qu'on executast ce qu'il auoit commādé, qu'on feist presenter le Lyō, ou l'Elephāt à son chiē. Ce qui fut faict promptement. Et lors le Chiē auec vne furie merueilleuse commēce à s'eslācer sur ce Lyon, & le caresser si viuemēt à grādz coups, que là ou il imprimoit ses dentz, on n'en pouuoit effacer le caractere, & si estoit si acharné sur cest animal, qu'on ne luy sceut oncques faire lascher prise: Dequoy l'Indien cōtenté, afin de donner encores plus grand plaisir à l'Empereur cōmanda qu'on luy coupast la queuë, ce qui fut faict, mais le Chien sans estre aucunement esmeu de ce tourment, persista immuable en son entreprise, non content de cela, luy feist couper les quatre iambes l'vne apres l'autre, & le feist presque du tout desmēbrer: mais tout en vain, car ce pauure chien demeura tousiours constant, & aheurté, cōme l'œil ouurier sur la tasche, mais par ce qu'Alexandre se courrouçoit, voyant vn Chien si genereux ainsi mutilé, l'Indiē luy dist. I'en ay encores deux autres semblables, desquelz ie vous faiz present, auec la charge, que si vous en voulez auoir plaisir il les fault experimenter contre les Lyons ou Elephans, car ilz contemnent coustumierement tous les autres animaux, estimāt la

KK

victoire honteuſe qu'ilz pourroient remporter ſur les autres. C'eſt choſe eſmerueillable des louanges que les anciens ont donné à ces animaux, & comme ilz ont celebré leur fidelité par leurs écritz. Les chiẽs ſeulz entre les beſtes irraiſonnables(dit Aeliã & Columele) cõgnoiſſent leurs maiſtres, entendent leurs ſiffletz, les flatent, cheriſſent, en ſont ialoux, les acõpaignent par tout le monde, ſont ſi fideles gardiens de leurs biens, que pour mourir ilz ne voudroient ſouffrir qu'on les deſrobaſt. Plutarque au dialogue ou il diſpute ſi les beſtes ont raiſon, confirmant les choſes precedentes, racompte vne hiſtoire de la fidelité d'vn Chien ſi eſtrange, qu'à peine y pourroit on adiouſter foy, ſans l'authorité de celuy qui la décrit. Les Atheniens(dit il) auoient vn temple appellé le temple d'Aeſculapius, garny de treſors & richeſſes, pour la garde duquel ilz nourriſſoient vn Chien excellent, nommé Caparus: ce Chien ne peut eſtre ſi loyal gardien, que quelque larron de nuict n'entraſt au tẽple, & qu'il ne robaſt les plus excellens ioyaux. Ce chien voyant que les procureurs & ſecretains ne faiſoient compte de ſes hurlemẽs, & abbayz, ſort du temple quaſi furieux & enragé, pourſuyt ce larrõ & Sacrilege qui ſ'enfuyoit, & pour pierres que le larrõ luy ſceuſt getter, il ne ſe deſiſta point. Or quand le iour fut apparu le Chiẽ ſ'arreſtoit par tout ou le larron ſ'arreſtoit ſans ſ'approcher toutesfois de luy, de peur que le larron luy meffeiſt. Le larron conſiderant l'artifice du chien, luy offrit du pain, auquel il
ne voulut

PRODIGIEVSES.

ne voulut onecques toucher, ains il abbayoit, & le poursuiuoit sans cesse, lesquelles choses congneuës par quelques vns, de ceux qui aloient & venoient, qui furent cause que les Atheniens enuoyerent en diligence apres ce larron, lequel fut apprehendé à Cromion, & remené à Athenes : mais le plaisir estoit de voir sauteler le chien deuât le larron, se resiouysfant, & quasi estimant que ce larron & sacrilege fust sa prise & sa proye: & lors les Atheniens ordonnerét que le chien fust nourry aux despés de la ville, & que les prestres en eussent le soing toute leur vie. Tous les historiens presque, qui ont écrit de la nature des animaux, racomptent vne semblable histoire, de la fidelité d'vn chien, que le Roy Pirrhus cheminât auec son armée, rencontra de fortune, gardant le corps de son maistre mort sur vn grâd chemin, & apres auoir contemplé par quelque espace de temps ce piteux spectacle il fut encores plus estonné, quâd quelques paisantz l'aduertirét qu'il y auoit troys iours que ce chiê n'auoit bougé de ce lieu, sans auoir beu ny mangé, ny abandonné le corps mort de son maistre. Le Roy, passionné outre mesure, commanda que ceste charongne fust enterrée, & que le chien pour sa fidelité fust nourry & entretenu, & qu'on fist vne prompte enqueste du meurdre: & toutefois quelque diligence qu'on y employast, on ne peut rien descourir du forfaict. Aduint que quelques iours apres les gendarmes du Roy Pirrhus firent leurs monstres, & le Roy en personne y voulut assister pour voir leur

KK ij

equipage, & ordonna qu'ilz paſſaſſent tous deuant luy. Le chien duquel nous auons fait mention, auoit touſiours acompagné le Roy, & s'eſtoit tenu coy & muet, iuſques à ce que ceux qui auoyent tué ſon maiſtre paſſerent : Lors d'vne impetuoſité & furie merueilleuſe il ſe rue contre eux, ſe mettant en effort de les deſmembrer & deſchirer : puis auec certains geſtes, & piteux hurlemens tournoit çà & là, regardant quelquefois le Roy Pirrhus intentiuement, ſemblât quaſi luy demander iuſtice, qui fut cauſe que le Roy & tous les aſsiſtans ſoupçonnerent incontinent le meurdre auoir eſté commis par iceux : tellemēt que par ſes cōiectures furēt examinez, gehénez, conuaincuz & puniz du delict (choſe certainement miraculeuſe) monſtrāt noſtre Dieu eſtre ſi iuſte en ſes iugemens, & qu'il a en ſi grande abhomination les meurdriers & prodigues de ſang humain, qu'il permet meſme que les beſtes brutes ſoyent les bourreaux & miniſtres de leurs iniquitez : comme i'ay plus amplement monſtré au premier liure de mon Theatre du monde, faiſant meſme métion de ceſte hiſtoire : mais par ce que mon ſubiect eſt des prodiges, elle ne m'a ſemblé indigne d'eſtre repetée en ce lieu. Plutar. Aelian, & meſmes Tzetzes, Chiliade 3. chap. 131 écriuent qu'apres que Darius dernier roy des Perſes, fut vaincu par Alexádre, & blecé de pluſieurs playes, par Beſſus, & Nabarzane, il demeura abandonné de tout le monde, & ſon corps mort deſtitué de tout humain ſecours : fors que d'vn chien qu'il auoit nourri ieune,

PRODIGIEVSES.

ne, lequel n'abandōna oncques la charongne de son maistre, ains luy fist compagnie apres sa mort, comme il luy auoit esté fidele en la vie. Tous ceux qui ont écrit les gestes memorables des Romains font souuét métion en leurs écritz de la fidelité du chien de Titus Fabinus, lequel apres qu'il eut esté condéné à mort par iustice, luy & sa famille, & que les corps de ces pauures condemnez fussent respanduz sur la terre, le chien n'abādōna iamais le corps de son maistre, & abayoit & hurloit si piteusemét qu'il esmouuoit tous les assistans à pitié, faisant cognoistre par ses gestes, qu'il auoit quelque sentiment du desastre de son maistre. Et incontinét qu'on luy eut offert du pain, pour le penser appaiser, il le print, & en presence de tout le peuple auec les pates, il ouuroit la bouche à son maistre mort, & luy enfournoit le pain lá dedans, pensant soulager son mal. Et apres que ce corps mort eut esté iecté dedans le Tybre, le chien se lance soudainement, & se precipite dedans le fleuue, & ne cessa de nager tant qu'il eust attainct le corps, lequel en presence de tout le peuple, il traina au bort de l'eau, pésant par ce moyen l'auoir deliuré du peril. Voila comment nous experimentons vne plus grande fidelité & amitié en ces bestes brutes, qu'aux creatures raisonnables, lesquelles font le plus souuét comme l'arondelle, ilz s'enfuyent dés que l'hyuer viét: car des-que ilz sentent que nous combatuz des traictz de la fortune aduerse, ilz s'enfuyent, & nous abādōnét. C'est pourquoy Masinissa ce grād roy de

HISTOIRES

Numidie ne voulut onques se fier la nuict aux hommes pour la garde de son corps, mais il faisoit nourrir huict ou dix mutes de grands Chiens, lesquelz il faisoit coucher en sa châbre, pour la tuition & deffence de son corps, ce qui est encores pour le iourd'huy practiqué en vne ville de Bretaigne, close de mer, appellée sainct Malo, en laquelle vn grād nombre de Dogues d'Angleterre & autres chiens, font le guet & la sentinelle si dextrement qu'ilz se confient & commettét la garde & protectiō de leur ville en la fidelité de ces animaux, autant qu'ilz feroiēt à quelques soldatz des vieilles bādes de Piedmont, & si ne leur fault point de gaiges ny armures, ains ilz se contentent seulemēt de la vie, laquelle leur est ordōnée du public, en certaines caues tenebreuses, esquelles ilz ne peuuent veoir clarté aucune, afin qu'ilz soyent plus furieux la nuict au combat: mais encores est ce chose plus digne d'admiration, que ces animaux ne recongnoissent aucun que ceux qui en ont le soing, & qui sont deputez de la ville pour les nourir & garder, de sorte qu'il est force au soir quád on les tire de leurs caues, & cachotz, de sonner les trōpettes fiffres & tabours, afin q̄ le peuple se retire: car ces animaux sont si duictz à cela, que depuis que la retraicte est sonnée, il n'y a homme si effrōté qui s'ose presenter deuát eux, s'il ne se veult mettre au hazad d'estre incontinét laceré & mis en pieces. Les Ecclesiastiques font mention d'vne histoire memorable de ces animaux. Ilz écriuent que l'Empereur Aurelian voulāt

contraindre

PRODIGIEVSES. 132

contraindre Benignus martyr, d'adorer les ydoles, feist ieufner quatre ou cinq iours de grands Chiens acoustumez de se paistre de chair des Chrestiés, puis, leur feist exposer le corps du martyr, lyé cótre terre, mais ces animaux qui ne voulurent estre les ministres du peché du tyran, ne feirent que le lecher & sentir le corps, sans luy faire aucune lésion ou blessure, qui me remet en memoire vne histoire qu'Appius, Grec, & Aulugele le Latin, Iouianus Pontanus. lib. 1. Amorum, & Antoine de Gueuare Euesque de Monodemo racomptent, laquelle combien qu'elle traicte d'vn autre animal que du Chié, si est ce que d'autant qu'elle est prodigieuse & bien exprimée aux histoires precedentes, ie tiendray le temps pour bien employé, que i'auray mis à la décrire. Le discours de ceste histoire est tel, selon que les dessusdictz Autheurs la racomptent. L'Empereur Titus filz de Vespasien, à son retour de la guerre d'Allemaigne, determina, cóme aussi les grandz seigneurs auoient de coustume, de solenniser à Rome la feste du iour de sa natiuité. Estant venu le iour de la feste de la natiuité de Tite, il ordonna qu'on fist de gráds triumphes au Senat, & qu'on donnast de gráds tresors aux Romains: l'Empereur commanda puis apres qu'on fist prouision de plusieurs Lyós, Ours, Cerfz, Onces, Rhinocerós, Taureaux, Sangliers, Loups, Chameaux, Elephans, & autres innumerables especes d'animaux sauuages, fiers & cruelz, desquelz la plusgrande part se treuuent es desers d'Egipte, & en la valée du mont

HISTOIRES

de Caucafe. Long temps au parauant l'Empereur auoit commandé que tous les larrons, brigans, homicides, faux tefmoings, traiftres & rebelles, ne fuffent executez: mais fuffent referuez pour eftre ce iour là dechirez & puniz par ces animaux: afin qu'ilz ne fuffent pas feulemét bourreaux des malefices de ces malheureux, mais mefme que le combat qu'ilz auroient les vns contre les autres apportaft quelque plaifir aux fpectateurs. L'ordre qui f'obferuoit en cecy, eftoit tel: qu'on mettoit ces hômes les vns apres les autres, en vn lieu qui eft pour le iourd'huy encores en effence à Rome, nommé le Collifée: puis on laiffoit fortir quelqu'vn de ces animaux à la veuë de tout le peuple:& fi de fortune la befte mettoit l'homme en pieces, cela luy feruoit pour la punition de fon delict: & fi l'homme aufsi la mettoit à mort, il eftoit abfoulz du crime & peché, qu'il auoit cômis, fans que la iuftice l'euft peu chaftier, ou apprehéder au parapres. Et fi eft à noter, qu'ilz affamoient quelque efpace de temps auparauant ces beftes cruelles, afin de les rendre encores plus afpres & furieufes au combat. Entre les autres beftes qui furent amenées à ce combat, ilz voulurent auoir le plaifir d'vn Lyon qui auoit efté prins aux defers d'Egipte, lequel eftoit grand de corps, horrible de regard, en fes hurlemens efpouentable, & aux combatz defefperément cruel, lequel auoit defia mis en pieces cinq ou fix hômes, lefquelz toutefois on ne luy auoit voulu laiffer manger, de peur qu'eftát reffafié, il n'euft peut eftre point

prins

prins de plaisir au cōbat. L'Empereur ennuyé, commanda qu'on luy mist deuant luy quelque esclaue, & que s'il aduenoit que le Lyon fust victorieux, que on luy laissast deuorer, par-ce qu'on le laissoit par trop en la place sans manger : les gardes obeïssans au cōmandement de l'Empereur, mirent en ieu vn pauure esclaue, tant maigre, & attenué de prison, qu'il ne desiroit pour son repos que quelque prompte & soudaine mort. Ce fier Lyon rugissant ia ayant faict deux tours alétour du Colisée, sembloit se preparer pour se paistre de ce miserable esclaue, mais c'est chose merueilleuse à ouyr, & fort estrāge à voir, que incontinēt qu'il se fut approché de l'esclaue, & qu'il l'eut intentiuemēt regardé entre les deux yeux, tant s'en fault qu'il eust volonté de luy faire aucun mal, que mesme s'aprochāt de luy il commença à luy lecher les mains, & se prosternant deuant luy en terre, luy monstroit signe de le recongnoistre, & de luy estre redeuable. Alors ce pauure esclaue voyant ce Lyon ainsi apriuoisé, commença à se reasseurer, & chasser la froide peur qui le tenoit asiegé, & afin de ne demeurer ingrat de son costé, il caressoit & cherissoit ce Lyon cōme s'il l'eust autrefois veu. L'Empereur Tite, & le peuple Romain estonnez d'vne chose si esmerueillable, laquelle iamais n'auoit esté veuë, ny leuë, commencerent à coniecturer que cest esclaue estoit Necromācien, & qu'il auoit ensorcelé & enchanté ce Lyon, & lors l'Empereur ennuyé de leurs caresses, s'escrie tout hault: dy moy esclaue,

LL

HISTOIRES

qui es tu? d'ou es tu? quel est ton nom? qu'as tu faict? pourquoy as tu esté icy amené & liuré à ces bestes? Quoy! as tu nourry ce Lyon? t'és tu touué à sa prise? l'as tu deliuré de quelque mortel danger? Ou bien si tu és quelque enchanteur, ie te commande, à peine d'estre desmébré tout vif, de nous dire verité: car ton affaire me semble si admirable, que peult estre depuis que Rome est fondée elle n'a veu le semblable. L'esclaue obeissant au commandement de l'Empereur Tite, estant le Lyon couché à ses piedz, auec vn cueur asseuré, respódit à l'Empereur ce qui s'ensuyt: Serenissime Empereur, encore q̃ tu me voyes maintenát esclaue, & mó pauure corps en si piteux estat, qui tiét plus du mort que du vif, si est-ce que tel que tu me voys, ie suys cheualier du païs d'Esclauonye, de la lignée des Androniques, autát celebrée en mó païs, comme celle de Quintus Fabius, & de Marcus Marcellus est à Rome. La cité dont ie suys est appellée Mantuca, laquelle s'estant reuoltée cótre l'obeissance des Romains, tous ceux de la ville qui furét prins furent mis en seruitude, & reduz esclaues, dont (infortuné que ie suis) le desastre me fut si grád, que i'en estois l'vn d'iceux: mais puis qu'il plaist à vostre magesté que ie vous racópte la Tragedie de ma miserable vie, il y a vingz & six ans que ie fuz pris prisonnier en mon païs, & autant de temps que ie fuz amené en ceste cité, & vendu au cháp de Mars, à vn sçieur de bois, lequel me voyant mal conuenable à ce mestier, me vendit au Consul Dacus, qui est encor pour
le iour-

PRODIGIEVSES.

le iourd'huy viuant, lequel, combien qu'il fuſt homme prudent, & bien experimenté, ſi eſt-ce qu'il auoit pour contrepoix de ſes vertus vn vice familier, qui obſcurciſſoit preſque tout ce qu'il y auoit de bon en luy: car il eſtoit ſi confict en auarice, qu'il me laiſſoit preſque mourir de faim, & ſi me faiſoit tát trauailler iour & nuict, que mon pauure corps eſtoit tout fondu, & miné à ſon ſeruice, de ſorte que i'enduray vnze continuelles annees ceſte miſerable vie, aut bout deſquelles ie le ſuppliay treſaffectueuſement de me vendre à quelqu'autre, ou de mettre fin à ma miſerable vie. Voyant donc mon maiſtre ne fleſchir pour aucune requeſte que ie luy fiſſe, ains augmenter de iour en iour ſa cruauté en mon endroict, ſentát d'autre coſté la vieilleſſe me menacer, & ma vigueur s'affoiblir, quaſi deſeſperé, ie deliberay de m'eſfuyr aux ſolitaires deſerts de l'Egypte, dequoy la fortune m'appreſta vne bien prompte occaſion: car le Cóſul mon maiſtre partit bien toſt apres de Rome, pour aller viſiter vn pays, qui eſt appellé Tamutha, ſitué entre les confins de l'Egypte & d'Afrique. Et vne nuict le voyant couché & endormy, ie prins vn peu de raiſins deſechez, & vne bouteillee d'eau, & m'expoſe en tel eſtat à la miſericorde de la nuict, & de la fortune: & ayant cheminé toute la nuict, ſentant le iour s'approcher, eſtant aſſeuré qu'on me faiſoit chercher, preſſé de ſommeil, & labeur, craignát d'eſtre ſurpris, ie me mis dás vne cauerne, que ie trouuay de fortune en quelque lieu deſert & montueux, & apres auoir

LL ij

HISTOIRES

reposé là dedans trois ou quatre heures, ie fuz eſtonné que i'apercue vn Lyon fort hideux, qui entroit en ma loge, lequel auoit la gueule & les piedz enſanglatez. Et voyant ceſt animal couché à l'entrée de ceſte cauerne: & conſiderant que ie n'auois aucun moyen de fuyr, ny force pour luy reſiſter, ie cōmençay d'apprehender la mort, & cognoiſtre au plus pres que mon corps deuoit eſtre enſepulturé dans les entrailles de ceſt animal. Et apres que ce Lyon eut vn peu ſeiourné à la porte de ceſte cauerne, il s'aduiſa d'entrer dedans, traināt l'vn de ſes piedz apres les autres, & ſe doulant grandement, & s'approchant de moy, qui eſtois tūbé en terre, de peur, il miſt ſon pied malade deſſus mes mains, comme feroit vn homme ſage, qui deſcouure ſon mal à vn autre: qui fut cauſe que ie commençay à prendre cueur, voyāt ce ſuperbe animal ſi bien apriuoiſe, & demāder ſecours pour eſtre guery. La maladie de ce pauure Lyō, eſtoit vne groſſe eſpine qu'il auoit dans ſe pied, tellement que ſon pied eſtoit enflé, & preſt à rendre matiere: lors auec la poincte de mon couteau ie dōnay vēt à l'apoſtume, & feis ſortir la bouë, & luy tiray l'eſpine, puis luy lie le pied auec vne bande de ma chemiſe: apres luy auoir vſé de ceſte charité, ce pauure animal, auec vne extreme patience, demoura aupres moy tout ce iour & la nuict, & quand le iour commença à eſclarcir, & que nous veiſmes la clarté entrer quelque peu dedans la cauerne, ie commençay encore de rabiller ſa playe cōme i'auois faict le iour precedent: & deux

heures

PRODIGIEVSES.

heures apres ce pauure Lyon aſſailly de la faim, ſ'en alla par le deſert, chercher quelque choſe pour manger, & voyãt mon hoſte departy, ie me ſauue promptemẽt à la fuitte: mais par-ce que mõ maiſtre auoit donné aduertiſſement de moy par tous les paſſages, ie fuz prins au premier village, & mené deuant mon maiſtre, qui me fiſt lier & garroter, puis m'enuoya à Rome, auec grãd nõbre d'autres priſonniers, ou i'ay de fortune rẽcontré ce Lyon, qui eſt celuy auquel ie oſtay l'eſpine. Par-tãt (Ceſar) puis que les Dieux ont permis que nous ayons recogneu l'vn l'autre en ce lieu: Ie ſupplie treshumblemẽt ta mageſté, nous laiſſer la vie ſauue. Andronique ayant faict ceſt eſtrange diſcours à Tite, il eſmeut tellement les ſpectateurs à pitié & compaſsion, qu'il n'y eut celuy qui ne commençaſt à crier à haulte voix apres l'Empereur, qu'il luy pleuſt le mettre en liberté, & ne tuer point le lyõ, ce qu'il leur accorda volõtiers, & dés l'heure meſme le Lyõ & Andronique ſ'en allerẽt par les rues de Rome, lequel tout le peuple regardoit, & prenoit vn merueilleux plaiſir de voir ce lyon, auec vn baſt ſanglé, lequel portoit de grãdes beſaces pleines de pain, de ce qu'on luy donnoit par les maiſons, & quelquefois ſouffroit que les enfans montaſſent deſſus, pour auoir de l'argent. Et les eſtrangers qui venoiẽt à Rome, eſtonnez de ce nouueau ſpectacle, demandoient auec grande curioſité que c'eſtoit, & pour leur ſatisfaire, on écriuit vn billet qu'on attacha à la poictrine du lyon, ou eſtoiẽt écris les motz. Hic leo eſt ho-

LL iii

spes huius hominis. Et en la poictrine de l'homme estoient écris ceux cy:Hic est medicus huius leonis, C'est-adire, ce Lyon est hoste de cest homme, & cest homme est medecin du Lyon. Voyla donques vn merueilleux exemple de charité en vn animal stupide, & grossier cóme le Lyon. Ce n'est donques sans cause qu'vn philosophe Indien nommé Dephile auoit acoustumé de dire, que ceste grande ouuriere nature auoit graué certaines loix aux animaux, qui deuoyent estre comme exemplaires, & formulaires aux hommes, pour leur ayder à conduire l'estat de leurs vies, car si nous voulons considerer, & contempler les façons de faire des bestes brutes, nous trouuerons qu'elles surpassent les hommes en beaucoup de choses, & semble qu'elles ayét quelque vertu naturelle en chacune affection de courage, en prudéce, force, couardise, clemence, vigueur, discipline, erudition, elles congnoissent les vnes les autres, discernent entre elles, appettét les choses qui leur sont vtiles, fuyent le mal, euitent le peril, trompent souuent & deçoiuét l'homme, pouruecoiét à l'aduenir, amassent ce qui leur est necessaire pour viure, ce qu'estant consideré par plusieurs anciens philosophes, n'ont point eu de honte de disputer ou reuoquer en doute, si les bestes brutes estoiét participantes de raison, mesmes le sage Salomon nous enuoye quelquefois à leurs escoles. Et Esaie reprochant aux Israëlites leur ingratitude enuers Dieu, leur propose pour exemple le beuf & l'asne qui recongnoissent leur maistre,

PRODIGIEVSES. 136
stre, mais Israël a mescogneu son Seigneur.
Fin de la vingtneufiesme histoire.

HISTOIRES PRODIGIEVSES
de certaines femmes qui ont enfanté grand nombre d'enfans, & d'autres qui ont porté leur fruict cinq ans mort dans leur ventre.
Chapitre 30.

HISTOIRES

CE grád oracle de philosophie Aristote a creu & asseuré en ses écritz, que la femme ne pouuoit enfanter en vn coup plus de cinq enfans, encores bien rarement: Toutesfoys (dict il) cela est quelquefoys aduenu à la seruante d'Anguste Cesar, laquelle d'vne portée acoucha de cinq enfans, lesquelz nomplus que la mere, ne vesquirent que bien peu de temps. En memoire dequoy l'Empereur Anguste luy fist faire vn monument, & fit écrire dessus le nombre d'enfans, desquelz elle auoit acouché. Combien qu'Aristote ayt creu la femme ne pouuoir exceder en vn coup le nombre de cinq enfans: si est-ce que le contraire a souuent esté experimenté en plusieurs: mesmes qu'il y a beaucoup d'Autheurs graues qui l'ont attesté par leurs écritz. Entre autres, ce docte prince Picus Mirandulanus en ses Commétaires sur l'hymne seconde, asseure qu'vne Allemande (appellée Dorothée) acoucha en Italie par deux diuerses foys de vingt enfans: l'vne foys d'vnze, l'autre foys de neuf: Laquelle pendant qu'elle estoit grosse, auoit le ventre si grand qu'elle estoit contraincte pour la pesanteur du faix, de tenir vne seruiette en sa main, liée à l'entour du vétre pour la soulager de sa charge. Il n'y a celuy de ceux qui ont leu les Annalles, & histoires de Lombardie qui ne sache comme du temps que Algemont premier Roy des Lombars regnoit, vne certaine femme publique acoucha de sept enfans masles,

L'an 1554. à Berne en Souisse la femme de Iehan Gislinger docteur enfanta d'vne portée, cinq enfans: trois masles, & deux filles.

masles d'vn coup, laquelle pour l'horreur de son peché, les precipita tous en l'eau. Mais le Seigneur qui par son cóseil admirable voulut eterniser la memoire de ce messaict, permist que le Roy Algemont de fortune se pourmenast ioingnāt le fleuue ou elle les auoit iettez, qui en retira vn de l'eau auec la hampe d'vn espieu qu'il tenoit en sa main, & aperceuant qu'il auoit vie, il le feit nourrir & instruire aux disciplines & vertuz. Et croissant cest enfant d'aage, creut & s'augmenta tellement en perfectiós & dons de graces, qu'il fut Roy apres Algemond, & est celuy duquel les histoires font mention, qui se nómoit Lanytius second Roy des Lombards. Et si tu veux lire l'histoire de Martinus Cromerus liure sixiesme des faictz memorables de Poloigne, tu trouueras vne histoire de la femme du Conte Virboslaus qui surpassa encore toutes les precedentes en multitude d'enfans. Toutes ces histoires sont admirables de si grād nombre d'enfans enfantez en vn coup, mais encores ne se list il point aux historiens qui le décriuent, que pour la multitude d'enfans qu'ilz ont eu, il les ayt faillu ouurir, briser, anatomiser, ou mettre le fer en leurs corps, pour en tirer leur fruict : mais c'est vne chose estrange, voire prodigieuse, qu'vne femme pour vn seul enfant ayt esté ouuerte, & qu'elle ayt porté cinq ans son fruict mort en son corps, comme tu entendras par le discours de la memorable histoire qui s'ensuyt, laquelle Mathias Cornax docteur & excellent Phisicien de Vienne a écrit en vn œuure

MM

HISTOIRES

latin qu'il enuoya par miracle à Ferdinand, qui est pour le iourd'huy Empereur. Et combié qu'il dilate l'histoire assez prolixement, si est-ce que ie la décriray le plus succinctement qu'il me sera possible. Il écrit doncques à l'Empereur Ferdinád que l'an mil cinq cens quaráte & cinq, il y auoit à Vienne en Austriche vne certaine femme, nómée Marguerite, femme d'vn citoyé de la ville, appellé Georges Vuolczer: laquelle estát grosse, sentit son enfant mouuoir bien fort depuis la sainct Barthelemy iusques à la saincte Luce, mais quelque peu apres que le terme de ses couches fut venu, elle commêça à sentir les furieuses & aspres douleurs qu'ont acoustumé de souffrir les femmes aux angoisses de leurs enfans: & partant elle feist appeller sa mere & quelques sages femmes pour la soulager, mais quand ce vint à ce grand conflict de nature, lors que l'enfant veut rompre les pennicules pour sortir, ilz entendirent vn bruyt & tintamarre, cóme vn éclat dedans le vétre de ceste pauure martyre, lequel leur feist péser, ou que l'enfant estoit mort, ou qu'il y auoit quelque grád effort & bataille en nature, mais ce bruit appaisé, ilz ne sentirent plus aucun mouuement de vie en l'enfant, qui fut cause qu'apres auoir desployé tout leur art en vain, pésans tirer cest enfant hors du corps de la mere, ilz furent en fin contrainctz de l'abádonner, & laisser pour vn temps en la misericorde de Dieu. Quelques iours apres sentant ses douleurs se renouueller, elle eut son refuge aux plus excellens & experimétez medecins:
non seule-

non seulement de sa prouince, mais de toutes les autres, desquelz la memoire estoit plus celebrée : lesquelz auec tous leurs pharmaques resolutifz, attractifz, suppuratifz, ne la sceurent deliurer de sa misere, ne luy dire autre chose que ce que l'Ange dist au Prophete: *Dispone domui tuæ, quia morieris.* Ceste pauure creature, voyant que toute l'esperãce qu'elle pouoit auoir aux hõmes estoit exteincte, elle se delibera de laisser faire à nature, & persista si constãmēt en ce martyre, qu'elle porta auec vne extreme douleur l'espace de quatre ans ceste charongne morte en son ventre. Les quatre ans expirez, la cinquiesme annee venue, elle resolut en elle mesme que c'estoit le plus expediēt de s'exposer à quelque prompte mort, que de se laisser ainsi longuement miner, par la cruauté de ce tourment. Et arrestee en ceste deliberation, elle fist appeller les chirurgiens & medecins, desquelz elle impetra aysemēt d'estre ouuerte. Et l'an mil cinq cens cinquante, le douziesmē iour de Nouembre ilz luy ouurirent le ventre, duquel ilz tirerent l'enfant à-demy pourry, qu'elle auoit trainé cinq ans. Et apres l'auoir purgee & medicamentee, ilz la rendirēt par l'aide du sauueur en tel estat, qu'elle est encore ce iourd'huy pleine de vie, & si saine qu'elle peut encore cõceuoir enfans, cõme il est plus amplemēt contenu en l'œuure latin enuoyé à l'Empereur Ferdinãd.

Fin de la trentiesme histoire.

HISTOIRES
HISTOIRE PRODIGIEVSE
d'vn enfant monstrueux, qui nasquit le iour que les Geneuois & Venitiens furent reconciliez.

Chapitre 31.

Ombien que nature (ainsi que Galien tesmoigne Liure 14. De l'vsage & vtilité des parties) eust souuerainement desiré que son ouurage eust esté immortel s'il se fust peu faire, mais
pour-ce

pour-ce qu'il ne luy estoit loisible par la matiere corruptible des elemens, & de l'esprit æcheré, elle s'est faict & fabriqué vn subside & supplement pour l'immortalité : car elle a trouué vn moyen admirable, pour au lieu de l'animal qui doit mourir d'en substituer & remettre vn autre en sa place : & pour ceste cause nature a dóné à tous animaux conuenables instrumens pour conceuoir & engédrer. Or est il qu'en ces instrumens ainsi ordonnez par nature, combien qu'elle ayt tasché à les rendre parfaictz, il s'y treuue du vice, & du deffault, duquel l'animal qui est formé se ressent par-apres : Comme Hyppocrates enseigne au liure De genitura, ou il monstre par la similitude des arbres cóme les enfans sortent du ventre de leur mere monstrueux & difformes, disant ainsi : Il est necessaire que le corps qui se meut en lieu estroict deuienne mutilé & manque, pour-ce qu'ainsi que les arbres deuant qu'ilz yssent hors de terre s'ilz n'ont libre espace pour sortir, & qu'ilz soyent retenus par quelque empeschement, ilz naissent tortus, gros en vne partie & gresles en l'autre. Aussi est il de l'enfant. Si au ventre de la mere il a les parties les vnes retraictes & contrainctes en lieu plus estroict que les autres, & ce vice (dict-il) prouient de l'anguste & du lieu trop estroict en la matrice. Puis vn peu au dessus philosophant sur ceste mesme matiere, il assigne d'autres raisons, par lesquelles les enfans sont renduz monstrueux & difformes, comme par les maladies hereditaires des parés:

MM iij

car si les quatre especes d'humeurs dont se fait la semence, ne contribuent entierement à la geniture, il y aura quelque partie mutilee. Puis adiouste encores d'autres raisons des enfantemens monstrueux: comme quand la mere reçoit quelque cōtusion ou blesseure, ou que l'enfant deuienne malade au ventre de sa mere, ou que le nourrissemēt dont il deuoit accroistre soit escoulé hors de la matrice, toutes ces choses le peuuent rendre hideux, mutilé ou difforme. Et si nous voulons considerer tresexactement ceste philosophie d'Hipocrate, sur la generation des monstres, nous trouuerons infaliblement que celuy duquel tu vois le pourtraict, est engédré ainsi difforme par l'vne des causes qu'il asigne, sçauoir pour l'angustie du lieu, car nature en voulant creer deux, a trouué la matrice par trop estroicte, qui est cause qu'elle s'est trouuee manque, de sorte que la matiere contraincte s'est coagulee & amassee en vn, dont s'est formee ceste superfluité de membres, que tu vois figurez en ce petit monstre masle, qui a quatre bras & quatre iambes, & n'a qu'vne teste, auec la proportion gardee en tout le reste du corps, lequel fut engédré en Italie le propre iour que les Venitiēs & les Genéuois (apres auoir respádu tant de sang d'vn costé & d'autre) cōfirmerent leur paix, & furent recōsiliez ensemble: lequel fut baptisé, & vesquit quelque temps apres, cōme écrit Iouius Fincelmus en son liure De miraculis post renatum Euangelium. Et en l'an mesme Leopolde Duc d'Austriche, vaincu des Suisses, mourut. Et Galeace

fut

PRODIGIEUSES. 140

fut creé Viconte de Milan, apres la mort de Barnabouë.

Fin de la trente-&-vniesme histoire.

SERPENT MONSTRVEVX
achapté par les Veniciens en Afrique, puis enuoyé en France embasmé, comme aucuns modernes ont écrit.

Chapitre 32.

Onradus Lychostenes, en son docte traicté latin des prodiges, duquel i'ay emprunté le pourtraict de cest horrible serpét à sept testes, écrit que cest animal monstrueux fut apporté de

HISTOIRES

Turquie aux Veniciens embafmé: duquel au par-apres ilz en feirent prefent au feu de bonne memoire Roy de France François de Valoys. Puis il adioufte que pour fa rarité, il fut apprecié fix mile Ducatz: mais combien que ie me fois enquis affez curieufement s'il fe trouuoit point vn ferpent femblable à ceftuy au cabinet du deffufdict Roy defunct, fi eft-ce que ie n'en ay encores rien peu defcouurir de certain. Si la chofe eft veritable, comme il eft vray-femblable (eu efgard a l'authorité de celuy qui la décrit) ie croy que nature n'ayt rié produict de plus efmerueillable entre tous les Monftres de la terre: car outre la figure monftrueufe & efpouentable de ce ferpent, encores y a il ie ne fçay quoy digne d'eftre confideré en fes faces, lefquelles reprefentent mieux la figure humaine que la brutalle, en ce qui concerne la multitude des teftes: il me femble qu'il n'eft nomplus eftrange de trouuer des ferpens à deux ou trois teftes que de trouuer des hommes & femmes qui en ayent deux, comme nous auós cy deffus racompté, mefmes que les modernes qui ont voyagé aux Indes atteftent par leurs écritz en auoir veu: Cóme en femblable Pierre Belon tefmoigne auoir veu des corps tous entiers, embafmez, de certains ferpens æflez qui ont piedz, qu'on dict voler de la partie d'Arabie en Egypte, defquelz il t'en a monftré vn pourtraict, qui n'eft gueres moins efmerueillable que ceftuy. Ludouicus Vartomanus en fon liure Des peregrinations des Indes écrit, qu'il a veu en Calicut ville Indique

des

PRODIGIEVSES.

des serpens à quatre piedz, naissans dans certains marescages, qui sont de la haulteur, & du corps d'vn gros pourceau, ayás la teste plus grosse, plus laide & difforme, & ont quatre brasses de long. Puis il en fait mention encores d'autres especes, qui sont si veneneux, que depuis qu'ilz ont attouché l'hóme iusques au sang, il tombe tout incontinent mort à terre. Il écrit semblablement que si le Roy peut descouurir ou est l'habitatiõ de ces serpens, il leur fait bastir de petites loges pour se retirer, lors que les eaux croissent, ou par pluye, ou par inundation : Ioinct que si quelqu'vn en auoit tué vn, le Roy le feroit mourir tout à l'heure, cõme s'il auoit mis vn homme à mort : Car les habitans de ce païs ont vne folle & superstitieuse opinion que ces serpens soient quelques espritz de Dieu. Et que s'ilz n'estoiẽt telz, par leur seule morsure ilz ne pourroient tuer ny mettre vn hõme si promptement à mort : de sorte que ces bestes se pourmeinent par la ville sans aucun peril, combien que pour vne nuict l'vn de ces animaux estant entré en vne maison, mordit neuf personnes que lon trouua le matin mortes & enflées : & non-obstant cela ilz ne laissent de les auoir en admiration, tellement que si en allant en quelque voyage, ilz rencontrent vne de ces bestes, ilz reputẽt cela à bon heur, esperás que leurs affaires & entreprinses en succederont mieux, tant ce pauure peuple est aueuglé & enseuely en son erreur & superstitiõ. Iambol ancien marchád Grec, en ses peregrinations des Indes, écrit qu'il se trouue

Superstitiõ du peuple de Calicut.

Iambol.

en ces regions là certains ſerpens volans, longs de deux braſſées auec æſles membraneuſes en forme de chauue-Souris, leſquelz volent de nuict & ſont ſi mortellement veneneux, que ſ'ilz laiſſent ſeulement diſtiller vne goutte de leur vrine, ilz tuent promptement l'animal ſur lequel ceſte vrine tombe. Quelques ambaſſadeurs de Portugal ont apporté de noz ans à leur prince l'vn de ces ſerpens embaſmé, qui eſtoit ſi effroyable, que les femmes & les enfans n'en oſoyent approcher, combien qu'il fuſt mort. Les anciennes hiſtoires ſont toutes pleines du ſerpent monſtrueux, & admirable qui apparut en Afrique à Atilius Regulus, lequel feiſt mourir grand partie de ſes gens, auant qu'il peuſt eſtre vaincu, & ſans les dars, machines & autres tourmens de guerre qu'ilz dardoient inceſſamment ſur luy, il euſt rompu & mis en pieces tous ſes gens. Tous les hiſtoriens ſ'accordent que la peau du deſſuſdict ſerpent auoit ſix vingtz piedz de longueur, duquel auſſi les machoueres demeurerent pendues & expoſées en lieu public, iuſques au temps de la guerre de Numance. Diodore Sicilien liure troiſieſme écrit vne hiſtoire d'vn ſerpét qui fut mené vif en Alexandrie au Roy Ptolomée Philadelphe, non moins admirable que veritable, laquelle ie deſcriray par ordre ſelon qu'elle eſt côtenuë au texte : par-ce qu'elle eſt bien conforme à noſtre ſubiect. Voyant (dict-il) la liberalité & magnificécé de laquelle vſoit le Roy Ptolomée à ceux qui luy apportoient quelques beſtes

stes monstrueuses & estranges, certains veneurs delibererent de luy presenter dedās Alexandrie vn serpent vif : Et combien que l'entreprise fust difficile, toutefois fortune fauorisa à leur desseing : car quelques iours apres, ainsi qu'ilz espioiēt s'ilz pourroient trouuer quelque animal, ilz aperceurent vn grand serpent aupres des eaux, lōg de sept toises & demye, lequel estant ployé & courbé en cercle, ainsi que les autres animaux alloiēt à l'abreuuoir il s'esleuoit soudainement, & en engloutissoit & deuoroit aucuns il les entortilloit auec sa queuë, puis s'en repaissoit au par-apres. Ces chasseurs ayās regardé & contemplé à loisir les gestes & façons de faire de ce serpent, le voyans lourd & stupide, s'adresserent hardiment à luy, pésans l'arrester auec quelques cordes & chaisnes : mais quand ilz commencerent à s'aprocher de plus pres, & qu'ilz veirent ses yeux enflambez comme feu, & ses dentz grandes, & que la dureté de ses escailles rendoit vn merueilleux bruit quand il se remuoit, ou qu'il se lechoit de tous costez, & que le surplus de sa teste estoit si espouentable, ilz commencerent à changer couleur, & estre grandement intimidez : & neantmoins, combatuz de ceste crainẽte, ilz getterent leurs cordes, & laqs sur la queuë de cest animal, lequel se sentāt ainsi touché, se lança furieusement contre eux auec grands sifflemens, & engloutit tout vif celuy qui se presenta le premier deuant luy. Et ayant semblablement attiré de sa queuë celuy qui le secōdoit, il le tua & mist en pieces, ce qui donna si grand estonnement aux autres qu'ilz se sauuerent à la fuyte, sans toutesfois perdre le soing & le desir d'y retourner quelque autre fois: surmontāt l'esperāce du gaing & profit, la peur, & le danger auquel ilz estoient: par-tant ilz delibererēt de se fortifier & assaillir encore cest animal, plus par art & astuce, que par force: qui fut cause qu'ilz firent vn filé de grosses cordes concaues comme vne masse ou poche profonde assez pour cōtenir iceluy serpent dedans, & puis apres auoir regardé de loing le lieu de sa retraicte, ayant semblablement noté le temps de ses allees & venues: Si tost qu'il fut sorty pour aller deuorer quelque beste pour son repas, ilz boucherent l'entree de sa cauerne auec des pierres & de la terre, puis càuerent soudainemēt vn certain endroit de la terre pres du lieu, ou ilz tendirent le filé. Ce serpent s'estant repeu & viandé, cuydant retourner au lieu de son repos, fut estonné qu'il entendit vne grand' clameur de trompettes, de cheuaux, de chiens & d'hommes, qui faisoient retétir l'air aupres de luy. Et se cuydant retirer en sa cauerne, il se troua enuelopé de ceste poche, ou il fut en fin acablé de coups, nonobstant ses efforts. L'ayant ainsi dompté ilz luy arracherēt les dents, puis le menerēt en Alexādrie, enclos en son filé, & en firēt vn present au Roy, qui ne fut oncques plus estonné de voir vn si estrange spectacle, lequel commāda que de lá en auant on luy diminuast son manger, afin d'affoiblir ses forces, qui fut faict, auec telle dexterité, que ce serpent horrible

PRODIGIEVSES.

rible par succession de temps fut si bien domestiqué & rendu priué, que le roy Ptolomee le faisoit monstrer par miracle aux estrâgers qui venoiẽt à sa court. Ceux qui ont écrit les gestes d'Alexâdre, font métion qu'apres que ce grâd monarque eut penetré en l'Indie, & qu'il poursuyuoit Porrus Roy des Indes, qui fuyoit sa fureur, que passant par les desers, & sablons ardens, il se trouua plusieurs serpens, nommez Cerastes, & autres qui faisoient retentir l'air de leurs sifflemens, & auoient les yeux tous estincellans de venin, lesquelz assaillirẽt ses soldatz de telle furie, que nonobstant leur effort & resistẽce, ilz occirẽt bien vingt hommes de guerre, & bien trente seruiteurs. On trouue encore es lieux ardents vne autre sorte de serpens que les vns appellent Dipsas, les autres les nomment Prester, lequel est bien court, blanc en couleur, & a deux rayes noires en la queuë. Celuy qui en est mordu, est si fort alteré, & est si pressé d'vne soif ardente, que iamais ne peut estre rassasié de boire: & combiẽ qu'il boiue incessamment, il retombe en aussi grand soif, comme s'il n'eust oncques beu. Et par-tant (dit Dioscoride) que les anciens medecins, trouuans les morsures de ces serpens de si grande malignité, & si mortiferes, n'y pouuans trouuer remede, les laissoiẽt du tout incurables. Il y a vne espece de serpent, duquel les historiens font métion, qui se nomme Boa, qui se paist le plus coustumierement de laict de vache, qui croist en si desmesuree grãdeur: que du tẽps de Claudius Cesar il en fut prins & occis vn, auquel

HISTOIRES

il fut trouué vn enfant tout entier dans son ventre. Plutarque autheur graue écrit, que tout ainsi que les mousches à miel s'engendrent des bœufz, les freslõs des cheuaux, & les crabrons des asnes, ainsi s'engendrẽt ilz certaines especes de serpens de la moelle & charongne des hõmes: mesmes qu'il s'en trouue souuent dedans les sepulchres des morts, qui se sont engendrez de ceste corruption : ce qui est aduenu du temps de mes estudes en Auignon, ou vn certain artisan, ouurant le cercueil de plõb d'vn mort, fut mordu d'vn serpent qui estoit enclos là dedans: la morsure duquel estoit si venimeuse, que s'il n'eust esté prõptement secouru, il eust terminé sa vie par ce genre de tourment. Cõradus Lycostenes écrit en ses Prodiges que l'an 1494. au mois de Septembre, vne certaine femme en Craconie, en vne place qu'on nomme le sainct Esprit, enfanta vn enfant mort, qui auoit vn serpent vif, attaché à son dos, qui rongeoit & deuoroit la charõgne de ceste miserable creature morte. Encores n'est il pas moins esmerueillable ce que Baptiste Leon écrit, que du tẽps du pape Martin cinquiesme, il fut trouué en vne perriere vn serpent vif en vne grande pierre solide si bien enclos, qu'il n'y auoit aucune apparoissance, ou vestige par lequel il eust peu respirer, & les sages qui furent congregez en ce lieu, pour rendre raison de la naissance, & de la vie de cest animal, dirent bien qu'il estoit engendré de la substance humide de la pierre, laquelle putrifiée auoit produict cest animal : mais quãd il failloit

Crabrones.

loit rendre les causes de sa respiration, ilz furēt bien empeschez: car la pierre estoit solide, & si n'auoit aucuns meatz ou cōduicts, par lesquelz l'air se fust peu euaporer, nomplus que celuy qui fut trouué au sepulchre, duquel iay faict mention cy dessus, qui estoit si bien cimenté, & plombé par tout que l'air n'y eust sceu penetrer. Combien que nous ayons icy mis en auant grand nōbre d'histoires, qui font mention de plusieurs serpés cruelz & venimeux. Si est-ce que la terre ne produist rien de plus esmerueillable que le Basilique, qui a tousiours d'antiquité esté appellé Roy des serpens. Le Basilic donc est vne espece de serpent, qui porte vne tache blanche en la teste, qui luy sert comme de couronne. Sa teste est fort ague, la gueulle rouge, ses yeux & sa couleur tirent sur le noir, il chasse de son sifflement (comme Pline écrit) tous les autres serpens, il faict mourir les arbres de son aleine, il brusle les herbes, rompt les pierres, infecte l'air ou il demeure, tellemēt qu'aucun oyseau ny sçauroit passer sans peril. Il tue les hōmes de son seul regard, ainsi que la femme souillée infecte & tache le miroir: combien que cest animal n'ayt pas plus d'vn pied de longueur, si est-ce qu'il est si veneneux qu'il esteinct, & suffoque mesme les autres serpens de son aleine. Brief il est si cōfict en venin, qu'il infecte de sa seule aleine les citez & prouinces situées pres du lieu ou il faict sa demeure. Les historiens prophanes ne font pas seulement mention du Basilic, comme Dioscoride Pline, Aelian, Lucain,

HISTOIRES

Isidore & plusieurs autres, mais mesmes les Ecclesiastiques. Hierosme Cardā en ses liures des diuerses histoires, faisant métion de cest animal, racompte vne chose admirable, aduenue de nostre téps, laquelle il décrit ainsi qu'il s'ensuit: Du téps que ie composois mes liures des diuerses histoires, le xxiii. iour de Iuillet aduint vne chose digne d'admiration, à laquelle i'assistay, & fuz present, depuis vn mois en ça, Iaques Philippes Cernuse feist faire souz terre vn esgout & cloaque, & la feist vouter. La voute acheuée, afin q̃l le se consolidast mieux, il la feist clorre & boucher. Quelques dixhuict ou vingt iours apres, il cōmāda qu'on l'ouurist pour tirer les arches de boys: quelqu'vn des ouuriers obeissant à son cōmandemēt desced auec vne eschelle, lequel paruenu au meilleu de l'eschelle, tumba mort: Le maistre de l'œuure voyāt que son hōme ne retournoit point, y voulut luy mesme descédre: mais si tost qu'il fut paruenu au lieu ou l'autre estoit tombé, il tomba semblablement mort comme le precedēt: Ceux qui estoient là presens ennuyez du retour de ces deux, en réuoyerent vn tiers, puis vn quart: Brief ilz moururent tous d'vne mesme sorte. Les autres voyans qu'aucun ne retournoit de ceux qu'ilz y auoient enuoyez, commencerent à soupçonner quelque chose mauuaise, & s'aduiserēt d'y enuoyer vn gros hōme robuste, qui estoit presque en reputation de fol: Ce cinqiesme descend iusques au lieu ou les autres estoient descenduz, & ne tomba point, & auec vn crochet de fer il tira l'vn de

ceux

PRODIGIEVSES.

ceux qui estoient mors, voyans qu'il auoit retiré cestuy, le courage luy creut & y voulut retourner encores vne fois : mais si tost qu'il commença d'auacer sa teste soubz la voulte, il tõba : ilz trouuerent moyen de le retirer, & auec force remedes propres ilz le feirent reuenir de pasmoison, mais si ne peut il recouurer la parole iusques au iour sequent. Quand i'apperceu (dit Cardan) qu'il cõmençoit à parler ie l'interrogay, mais il ne se recordoit de chose qu'il eust faicte ou dicte, sinon qu'il auoit souuenance d'auoir descendu. Depuis on descendit encores vn chien, mais il estoit demy mort quand il en fut tiré. Plusieurs ne pouuans comprendre la cause de cecy, ont pensé qu'il y eust vn Basilic en ceste cauerne, lequel on appelle autrement serpent royal. Nous auons doncques (ce me semble) assez suffisamment traicté cy dessus des especes de serpens mõstrueux & estrãges qui se retrouuent en diuerses prouinces. Reste maintenant rechercher les choses singulieres qui se retrouuent en particulier. Ceux qui ont traicté de la nature des serpens ont obserué que leur excrement sent bon, car la bonne odeur prouient de siccité. Or les serpés sont de nature seiche, puis leur excrement est biẽ cuict pour l'angustie de leurs entrailles : mesmes qu'on a écrit qu'il y a aucũs serpens qui ont l'alaine si odoriferante qu'il semble que soit musc. Il y a quelques serpens, qui gardent & retiennent leur venin apres leur mort, comme les viperes, car autremẽt leur chair ne profiteroit à la composiriõ du Theria-

En la composition du theriaque, il y entre des viperes.

que, si du tout elles estoient sans venin: mesmes d'où viendroit l'excoriation en la lepre pour les auoir mangees, si elles ne retenoiēt quelque venin en soy? ioinct qu'il est aduenu de nostre tēps, que ceux qui escorchoient les bœufz, occis par la morsure des viperes, sont morts de semblable maladie. Dioscoride en son sixiesme liure, ou il traicte des poisons & venins, dit: qu'apres que la vipere a mordu quelqu'vn, la morsure s'enfle & se seche, & deuient de couleur blanchastre: il sort au commencement de la morsure vn marc igneux, tout tainct de sang, & naissent a l'entour aucunes vesies, semblables à celles de bruslures du feu, puis il se cause de la morsure predicte vne vlceration: outre cela les genciues saignent, & s'enflambent les parties qui sont a l'entour du foye, & se font vomissemēs choleriques, trēchées, profōd sommeil, tremblemens, passions d'vrine, & sueur froide. Quelques medecins modernes ont écrit que la vipere des anciens n'est autre chose que le serpent que nous appellons en France l'Aspic. On a obserué que la vipere a en horreur l'homme nud, & le craint beaucoup plus que vestu: ce qui est aussi propre presque à tous serpens. Les Physiciens écriuent que si les yeux sont frottez tous les matins de la peau & despouille de la vipere, que la veuë n'est iamais hebetée ny blecée de suffusion. Encores adioustent ilz d'auātage, que si ceste vieille peau est bruslée quand la Lune est pleine en la premiere partie du signe de Aries, & que la cēdre amassée soit aspergée sur la teste, elle

Cruel genre de maladie, que la lepre ou les malades sont contrainctz de se paistre des serpens.

Cęlius Rhodiginus.

PRODIGIEVSES.

ste, elle excite des songes terribles. Pline & Isidore écriuent, que la terre ne reçoit iamais en ses entrailles le serpent, depuis qu'il a mordu l'homme, comme si par certaine benignité elle auoit en horreur celuy qui a offensé le Roy, chef & Prince de tous les animaux. Pline écrit, que la saliue de l'homme, specialement de celuy qui est à ieun, est veneneuse au serpét, de sorte que s'il en gouste tant peu q ce soit, il meurt: & si on crache seulement sur luy, il est aussi grieuement offensé, que si on luy gettoit dessus de l'eau bouillante. On a obserué que les serpens veneneux n'habitent iamais, ny se cachent au treffle: parce que ceste herbe leur est mortifere. Ceux qui veulent manier les serpens auec les mains sans danger, qu'ilz se lauent premier la main de ius & suc de raues: Car ilz ont la raue en si grand horreur qu'ilz mourroyét pluftost que mordre le lieu frotté de raues, mesmes l'odeur seulement de la raue les faict mourir, & demourer sans force. Cardan au xviii. liure De subtilitate, au chapitre ou il traicte des inuentions merueilleuses, dit: que le concombre sauuage, l'elebore noir, la grande serpétine, dicte Drachontium maius, le rifort, sont de si grande efficace contre les serpens, que ceux qui sont oingtz & frottez de leur suc, n'en sont iamais blessez ny offensez. I'adiousteray vne histoire conforme à ce propos, laquelle ie n'ay leuë ny entendue, mais i'en ay veu l'experience deuant moy, du temps du pape Iules dernier mort. Ceux qui ont frequenté l'Italie sçauét qu'il y a certains Charlateurs,

Pour manier les serpés vifz.

OO ij

qui se disent enchanteurs de serpens, qui ont de grãdes boettes pleines de serpẽs vifz, desquelz ilz enuironnẽt leur col, & soubz ce pretexte viuent, & vendent quelques huilles, qu'ilz disent guerir de morsures de chiens enragez, & de serpens. Entre ceux icy i'en obseruay vn en Rome, qui auoit plusieurs de ces animaux, mais entre autres il en auoit en la main vn de pied & demy de longueur, auquel en presence de plus de mille personnes il se fist mordre sa lãgue, laquelle commença à s'enfler grosse comme le poing, & outre la tumeur, elle deuint toute noire & scabreuse, de sorte qu'on iugeoit aysement qu'elle estoit infectee de venin. Incontinent apres il cõmença à frotter sa langue de certaine huille, qu'il appelloit huille Balsamin, laquelle soudain apres ce linimẽt & friction, deuint aussi belle qu'elle auoit oncques esté, & soubz couleur de ce miracle, il vẽdoit ses drogues ce qu'il vouloit. Ie fuz fort attentif à regarder s'il vsoit point d'art, mais ie ne sceu oncques descouurir qu'il y eust fraude, ny mesme aucun de ceux qui assisterẽt à cest estrange spectacle. Monsieur Paludanus medecin celebre, s'il y en a aucun en Italie, & duquel nous attẽdons tous les iours ses écritz, m'a racompté & attesté par serment vne histoire semblable à la precedente, à laquelle i'adiouste foy, cõme si i'y auois esté present, pour la fidelité de celuy qui m'en a faict le recit, qui en a veu l'experience, & qui est homme ayãt le sens si bon, qu'il n'est pas aysé à deceuoir, mesmes aux choses qui concernent son art. Il disoit que l'an
mil

PRODIGIEVSES.

mil cinq cens xxxiij. Il y auoit en vne ville fameuse d'Italie, nómée Bresse, (seigneuriée auiourd'huy par les Venitiens) deux de ces Charlatãs & enchanteurs de serpens, qui vendoyent leurs huilles, & pharmaques en mesme rue, & pour mieux authoriser leur traficque, ilz monstroyent au peuple grand nombre de serpens vifz, & tiroyent ainsi les deniers du vulgaire. L'vn de ceux icy qui estoit natif de Veronois, ialoux du profit de son compagnon, va publier par tout que ce n'estoit qu'vn affronteur, & que les huilles & pharmaques qu'il vendoit au peuple ne valoiét rien, ce qu'il monstreroit par effect, si les magistratz de Bresse luy en vouloiét doner permissió: ce qu'ilz acorderét aisemét, tãt pour en auoir plaisir, que pour manifester leur fraude au peuple qui y couroit come au feu. Ce Veronois au iour assigné, fist eriger vn petit theatre, afin que les assistés peussent voir l'experiéce de ce qu'il leur auoit promis, si tost qu'il fut mõté sur cest échaufault, il appelle l'autre qui estoit Padouan, lequel se retrouua promptement au mesme lieu comme l'autre: Puis il luy dist: Padouan, si tu as du vray huille de bausme, comme tu te vantes, pour deceuoir le peuple, & voler leur argent, donnes en maintenant quelque experience. Et lors il cõmença à ouurir vne boette de laquelle il tira auec la main nue vn gros crapault vif, enflé de venin: puis en la main sinistre il tenoit quelque racine, & luy dist: Eslis maintenát celuy que tu aymes mieux deuorer de ces deux, ou la racine ou le crapault, car ie ne fau-

OO iij

dray à l'inſtant meſme que tu en auras prins l'vn, de menger l'autre, & on cognoiſtra promptement qui ſe ſçaura mieux garantir. Le Padouen quelque peu eſtonné, print la racine & la mangea: Le Veronnois à l'inſtât meſme deſchira ce crapault auec les dentz, & le miſt en ſon corps: ayâs acheué leur chef d'œuure, ilz eurent incontinent refuge à leurs drogues, & ſe munirêt d'antidotes: mais ſi ne peurent ilz ſi bien iouër leurs rolles, qu'il n'y en demeuraſt vn pour eſpie: car enuiron deux ou trois heures apres le Padouen commença à changer couleur & s'affoiblir ſi bien, qu'il le faillit emporter paſmé du theatre, & quelque remede qu'on y ſceuſt appliquer, il mourut dedans vingt & quatre heures, enflé comme vn hidropique. Celuy qui auoit mangé le crapault, ayât entendu l'iſſue de la tragedie de ſon compagnon, ſe ſauua à la fuitte: ſi eſt-ce qu'on l'a veu encores plus de dix ans apres en Italie, vendant ſon triacle, & ſes autres drogues, côme on auoit acouſtumé. Aucuns que les Grecs ont nômé Ophirgenes, du ſeul atouchement gueriſſoiêt les picqueures & morſures des ſerpens: & mettâs la main ſur vn corps bleſſé de ces animaux, ilz en tiroient le venin, comme auſsi font les Pſilles, & Marciens, peuple d'Afrique: l'Ambaſſadeur deſquelz nômé Exagon, eſtant venu annoncer quelque choſe aux Romains, fut mis nud en vn tonneau plein de ſerpens, viperes, aſpicz, & autres beſtes venimeuſes, pour experimenter ſi leur dire eſtoit veritable: mais incontinent qu'il ſe fut precipité

PRODIGIEVSES. 148

cipité dedans, au lieu de l'offenfer, ilz commencerent à le cherir, flatter & lecher. Conftantin Cefar en fes liures de l'Agriculture écrit, que fi on veult congreger tous les ferpens d'vn champ, il fault faire vne foffe en terre, & y mettre vn pot ou vaiffeau ou il y ait eu des confitures, & les ferpés de tous les lieux circonuoifins auecques grãd merueille fe viendront rendre en ce lieu.

Fin de la trente-deuxiefme hiftoire.

FAMINES PRO-
DIGIEVSES.

Chapitre 33.

HISTOIRES

IE ME recorde d'auoir traicté au 3. liu. de mon Theatre du monde, comme la famine est l'vn des bourreaux & ministres de la Iustice de Dieu, comme luy-mesme tesmoigne souuent par ses Prophetes & Apostres, quelquefois menassát les pecheurs de leur donner vn ciel d'Arain, & vne terre de fer, c'est adire qui ne produira rien : neantmoins ie ne laisseray en ce lieu de faire mention de deux memorables famines

Leuiti.26.

mines recelées par les Ecclesiastiques, afin que puisans les histoires aux viues sources des lettres sainctes, cela nous esmouue d'auātage, & touche de plus pres au marteau de nostre consciéce. Il est faict mētion au quatriesme liure des Roys, chapitre sixiesme d'vne famine qui aduint en Samarie du temps d'Helisée, qui fut si extreme que la teste d'vn Asne se vendoit quatre-vingtz pieces d'argent, & la quatriesme partie d'vne mesure de fient de Coulon cinq pieces. Encores ce qui est plus esloigné de toute humanité, apres que tous leurs viures furent consommez, les meres mangeoient leurs enfans: de sorte qu'vne pauure femme, citoyenne de la ville forma sa complainéte au Roy d'Israël, le voyant sur la muraille, de ce que sa voisine ne vouloit garder vn pact & accord faict entre-elles, qui estoit tel : qu'elles mengeassent ensemble son enfant, & qu'incontinent qu'il seroit failly, ilz mágeroient celuy de sa voisine, ce que i'ay (dict elle au Roy) faict & acomply : car nous auons cuict & mangé mon filz, & maintenant elle cache & muce le sien, de peur de me substanter. Et quand le Roy eut entendu ce que ceste femme luy auoit dict, le cueur luy cuyda fendre & creuer de dueil, & cōmença à deschirer ses vestemens, & couurir sa chair d'vn sac, disant : Dieu me face ainsi, & ce qui s'ensuyt au texte. Iosephe autheur Hebrieu liure septiesme, chapitre troisiesme de la guerre des Iuifz, racompte vne histoire presque cōforme à la precedente, mais executée d'vne plus estrāge & furieuse façon, il écrit

PP

HISTOIRES

qu'il y auoit vne femme noble & riche lors que Hierusalé fut asiegée, qui auoit assemblé quelque reste de biens qu'elle auoit en certaine maison de la ville, & viuoit frugalemét de ce peu qui luy restoit: mais les soldatz & gens-d'armes en peu d'heure luy rauirent tout, de sorte qu'elle fut cótraincte de mádier: mais la misere estoit, qu'incótinent qu'on luy auoit donné quelque chose pour se substanter & alimenter, les soldatz luy rauissoient tout, tellement qu'en fin, se sentát pressée de faim, despourueuë de viures & de conseil, elle cómença à s'armer contre les Loix de nature, & regardant d'vn œil piteux vn petit enfant sien, qu'elle allaictoit & tenoit entre ses bras, elle s'escrie: O malheureux enfant, & moy plus malheureuse mere, qui t'ay porté en mes flács! que pourray-ie faire desormais de toy, estans les choses deplorées comme elles sont? Car combien que i'eusse volunté de te sauuer la vie, tu demeureras en la perpetuelle seruitude des Romains. Vien dócques mon enfant, vien, sers d'alimét, & de nourriture à ta paure mere affamée, sers de terreur aux gésd'armes qui ne m'ont rien laissé, & aux siecles aduenir de memoire de pitié. Et apres qu'elle eut prononcé ce triste arrest de mort contre son enfant, elle elance ses cruelles mains dessus son tendre corps, elle le tuë, le meist en la broche, le rostist & en mangea la moitié, & incontinét apres qu'elle eut ioué ceste piteuse tragedie, voicy de rechef les soldatz venuz, lesquelz sentans l'odeur de la viande rostie, commencerent à la menacer

menacer de mort, si elle ne leur enseignoit la viande, mais elle resolue en sa rage, & qui ne cherchoit que les moyés d'acompaigner son filz mort, sans s'estonner aucunemét, leur dist: Taisez vous soldatz, ie suis plus loyalle que ne pensez, car ie vous ay gardé vostre part. Et acheuát ces propos, elle produist le reste de l'enfant sur la table, dequoy les soldatz estonnez, espouentez & confuz, se sentirent si pressez en leur ame d'vn remors de cósciéce, que demeurans muetz, ilz n'eurent le cueur de luy pouuoir respondre vn seul mot: mais elle au contraire, effrayée comme le Tigre qui a perdu son fruict, auec vn regard furibond, & vne contenance truculente & seuere, leur dist: Quoy mes amys? c'est mó fruict que vous voyez! c'est mon enfant! c'est mon sang! c'est ma chair! sont mes os! ie m'en suis repeuë la premiere: estes vous plus scrupuleux ou delicatz, que la triste mere qui l'a engendré? Desdaignez vous les viandes desquelles elle a vsé deuát vous? & en fera encores tout maintenant l'essay en voz presences: mais les soldatz qui ne pouuoient souffrir vn spectacle si piteux deuant eux, s'enfuirent, & la laisserent seule, auec l'vne des parties de son enfant, qui estoit en somme le reste de ce qu'ilz luy auoiét laissé de ses biens. Voyla le propre texte de Iosephe, lequel i'ay traduit au plus pres, selon qu'il est cótenu en la lettre. Cecy me remet en memoire vne autre histoire que i'ay leuë en Auenzouar medecin Arabe, d'vne si cruelle famine qui afligea le lieu de sa natiuité, qu'apres que le vulgaire

PP ij

HISTOIRES

& pauures gens eurent farcis leurs corps de toutes viandes ordes & sales, qu'ilz peurent trouuer, comme chiens, cheuaux, ratz, souris, herbes, plantes & & autres choses semblables, ne trouuans plus rien que máger, ilz furent tellemēt pressez de faim, qu'ilz furent cōtrainctz de faire la guerre aux morts, & se paistre de leurs charoignes: Car incontinent qu'on auoit enterré quelque corps mort, ilz se leuoient la nuict, ouuroiēt les sepulchres, & amortissoient leur faim de chair humaine: de sorte qu'on estoit contrainct de mettre des gardes alentour des sepulchres, pour reprimer la fureur de ce pauure peuple enragé.

Fin de la trentetroisiesme histoire.

HISTOIRE PRODIGIEVSE
d'vn Oyseau qui n'a aucuns pieds, & vit en l'air,
& n'est trouué que mort en la terre,
ou en la mer.

Chapitre 34.

Est oyseau que tu vois icy depeinct, est tant monstrueux & esmerueillable, qu'il a appresté assez de matiere à tous les philophes du monde pour les empescher: Et qui voudra cósiderer les grands prodiges de nature qui se retrouuent en ce petit animal, il confessera aysemét que l'air, auquel il faict sa cótinuelle demeure, ne souftient rien de plus estrange, ny plus digne de contemplation: Car en premier lieu, oncques hóme ne le mania vif:

PP iii

il ne vit que de rofée, & si n'a aucuns piedz, qui est cötre le tefmoignage expres d'Aristote, qui écrit que nul oyfeau n'eft fans piedz: mais par ce que ie n'eu oncques ceft heur de le voir, ie décriray fidelement ce que i'ay leu aux autheurs Latins modernes, qui l'ont veu, manié & décrit. Gefnerus en fon hiftoire Latine des oyfeaux (duquel i'ay emprunté ce pourtrait) écrit ce qui fenfuit: Ceft oyfeau duquel tu vois icy la figure, f'appelle Oyfeau de paradis, ou Apis Indica: fa figure m'a efté communiquee par trefnoble & trefdocte perfonnage Conradus Pétigerus, lequel tefmoignoit en auoir veu vn mort femblable. Depuis quelque téps on a imprimé vne Carte à Noremberg, auec la figure de ceft oyfeau femblable à ceftuy que tu vois icy depeinct: laquelle Carte nous a efté enuoyee auec ces motz: L'oyfeau de paradis, autrement nommé Apis Indica, ou Martinet des Indes, eft de la grandeur d'vne griue, mais d'vne legereté, & ce lerité fi admirable, qu'il n'y a nauire poulfee des plus impetueux vés qu'il ne deuáce en la mer. Il eft garny d'ælles lögues & tédres, tráfparátes & lucides. D'auátage il a de grádes plumes longues (fi plumes fe doyuent appeller pluftoft que poil) elles font longues & eftroictes, approchátes de la dureté de la corne. Ceft oyfeau n'a aucuns piedz, & vole toufiours, & iamais ne fe repofe, finon à quelque arbre ou rameau, ou il fe pend & attache par l'vn de fes longs poilz. Il eft de grand pris à caufe de fa rareté: les grands feigneurs de Leuant aornent du poil ou plume de ceft oyfeau les

creftes

PRODIGIEVSES. 152

crestes de leurs armes: il est monstré à Noremberg, chez Iean Cromere. Les Alemans en leur langue nómét cest oyseau Lufftuogel, qui signifie oyseau d'air, ou bié pour raison qu'il vit en l'air, ou qu'on estime qu'il vit d'iceluy. Quelques vns estiment que la femelle a vn receptacle & retraict soubz les ælles, ou elle couue & entretient ses œufz. Les Roys de Marmin aux isles des Moluques n'agueres ont esté persuadez de croire les ames estre immortelles, par la consideration de cest oyseau, n'estans émeuz d'autre argumét, sinon qu'ilz obseruoyent vn petit oyseau de beauté extreme, qui n'attouchoit iamais à la terre: mais quelque fois tomboit mort du hault du ciel en bas. Et comme les Mahometistes trafiquoyent auec eux, ilz leur eussent monstré cest oyseau, leur persuaderent qu'il venoit de paradis, & que paradis estoit vn lieu de delices, & le repos des ames defunctes. Par tant ce peuple grossier & barbare, adioustát foy à ce que les Turcs leur auoient dict, ilz cómencerent à s'enquester bien curieusement de leur loy, & en fin se rendét Mahometistes, & suyuent pour le iourd'huy la loy de Mahomet, & pour ce ilz nomment cest oyseau Manucodiata, c'est adire oyseau de Dieu: lequel oyseau ilz ont en telle reuerence & honneur, que les Roys ayans cest oyseau sur eux, se tiennent asseurez de tout peril & danger en la guerre. Les Roys de ces isles susdictes enuoyerent à Charles cinquiesme Empereur, cinq de ces petitz oyseaux morts, car comme nous auons dict, aucun ne les peut apprehender vifz. Maximilianus Transsyluanus, Gesnerus poursuy-

HISTOIRES

uant l'histoire de cest oyseau, adiouste encore ce qui s'ensuit: I'auois (dict-il) acheué d'écrire ces choses, quand les lettres de Melchior Guillaudin Beruce, homme de grande science & doctrine, me furent apportees de Padouë, par lesquelles il décrit l'oyseau de paradis, comme il s'ensuit: Ceux qui ont laissé par écrit les nauigations des Espaignolz, aux estranges païs, asseurent & affirment qu'il s'engendre, & naist vn petit oyseau aux isles des Moluques fort elegant, & de beauté singuliere, duquel le corps est petit en grandeur, neantmoins il se monstre fort grand pour la magnitude de ses plumes, qui sont grandes & prolixes, disposées en rondeau, de sorte qu'elles representent le circuit d'vn cercle. Ce petit oyseau approche en grädeur & forme à la caille, estant aorné & circuit de ses plumes de diuerses couleurs, fort elegantes, belles, & qui cõtentent merueilleusement la veuë de ceux qui le cõtemplent. La teste est proportionnée au corps, vn peu plus grosse que celle de l'Arondelle, les plumes qui decorent le sommet d'icelle depuis la partie superieure du dos de l'eschigne iusques au tronc du bec, sont courtes, grosses, dures, espoisses, & de couleur iaune, & reluisante comme l'or trespur, & ainsi resplendissantes comme les rayons du Soleil, les autres qui couurent le menton sont plus delicates, plus tendres, & semble qu'elles soient de couleur perse, tirant sur le verd, & nõ beaucoup dissemblables à celles que nous voyõs sur les testes des Canards estans directement opposées fées au Soleil: Cest oyseau n'a aucũs piedz, & est fort semblable au Heron touchant les plumes des æsles: sinon qu'elles sont plus tédres & plus longues, teinctes de couleur bonne, participante du roux & du noir. Le masle de cest oyseau a vne cauité sur l'eschine du dos, ou la femelle pond ses œufz, & les couue: & ne sont substantez d'autres viandes que de la rosée du ciel qui leur sert de breuuage & aliment. Et si tu visites l'interieur de cest oyseau, tu le trouueras farcy & replet de gresse continuelle, desquelles choses ie puis asseurément parler, car i'en ay veu deux, lesquelz n'auoient aucuns piedz, qui est contre ce qu'Aristote a écrit, que nul oyseau est sans piedz, il demeure asiduëment en l'air. Ie me suis icy voulu amuser à te descrire entieremẽt la forme de cest oyseau par ses particules, comme Gesnerus le décrit selon le tesmoignage des dessusdictz autheurs, mais si tu es curieux d'en veoir vne plus ample description, liz ce qu'en écrit ledict Gesnerus au chapitre ou traicté De Aue paradisea, au liure De auiũ natura. Hierosme Cardan en ses liures De subtilitate, au lieu ou il traicte des bestes parfaictes, écrit semblablement ce qui s'ensuyt: Aux isles dictes des Moluques on trouue sur la terre ou en la mer vn oyseau mort appellé Manucodiata, qui vault autant à dire en lãgue Indique cõme oyseau de Dieu, ou oyseau de Paradis, lequel on ne voit point vif pour ce qu'il n'a aucuns piedz. I'ay desia veu cest oyseau par trois fois, lequel seul en tout le monde est sans piedz. Il habite

QQ

HISTOIRES

en l'air hault,loing son corps & son bec est semblable à l'Arondelle en magnitude & en forme, les pennes des æsles & de la queuë sont presque aussi grandes que celles de l'aigle quand il les estend. Les pennes de cest oyseau sont menues, & semblables (fors la tenuité) aux plumes de la femelle du Paon, non à celles du masle, pour ce qu'elles n'ont les yeux telz que nous voyons en la queue du masle. Le dos du masle de cest oyseau est creux, & la raison monstre que la femelle faict ses œufz en ceste cauité, veu que la femelle mesme a le ventre creux: en sorte que par l'vne & l'autre cauité, elle peult couuer ses œufz. En la queuë du masle se tient vn fil plus long que troys paulmes, de couleur noire, moyen entre quarré & rond, ne gros ne menu, presque semblable à celuy dont les cordonniers cousent leurs pantoufles & souliers. I'estime que la femelle est liée & ioincte au masle plus fermement par ce fil quand elle couue ses œufz. Il habite tousiours en l'air, il est certain qu'il se soustient de soy-mesme quand ses æsles & sa queuë sont estendues en rotondité, & s'il a quelque lassitude, le changemét la luy peut oster. Ie pése qu'il n'ayt autre viande que la rosée du ciel, qui luy est le máger & le boire, & ainsi nature semble auoir pourueu diligemment à tant grand miracle, afin que cest oyseau peust habiter en l'air, il n'est vray-semblable, qu'il soit nourry d'air pur, pour-ce que cest air est trop subtil, & n'est vray-semblable qu'il soit nourry de petites bestiolles, par-ce que la

matiere

PRODIGIEVSES.

matiere pour engendrer ces petites bestes n'est engendrée en l'air, mesme qu'on ne trouue aucunes de ces bestes au vêtre de cest oyseau, comme on faict en celuy des arondelles. Cest oyseau n'est point aussi nourry de vapeur qui abonde cy bas: car on verroit l'oyseau quand il descendroit: mesme la vapeur est aucunefoys pernicieuse, & cest oyseau n'est iamais consommé que par la seule vieillesse. Il est doncques vray-semblable qu'il est nourry de rosée durant la nuict. Voila ce qu'en écrit Cardan & les autres modernes. Il ne sera(ce me semble)aliene de mettre en ce chapitre vne autre histoire prodigieuse des oyseaux. Les historiés, & entre autres Hector Boetius, & Saxo, écriuent qu'on trouue certains arbres en Escoce, qui produisent le fruict eneloppé dedans les fueilles, lequel quand il est tombé en l'eau en téps conuenable, il prend vie & se tourne en vn oyseau viuát, qu'ilz appellent vn oyson d'arbre. Cest arbre croist en l'Isle de Pomonne, qui n'est pas loing d'Escosse, vers Aquilon. Aeneas Syluius neátmoins écriuant de cest arbre, dit ce qui s'ensuyt: Nous auons autrefoys entendu qu'il y auoit vn arbre en Escoce, lequel estát creu sur le riuage d'vne riuiere, produisoit des fruictz qui auoiét la forme de cannes, & que estans prestz de meurir ilz tomboyét d'eux mesmes: les vns en terre, les autres en l'eau, & que ceux qui tomboient en terre pourrissoiét, ceux qui tomboiét en l'eau prenoient vie, & nageoyent sur les eaux, & s'en volloient auecques ælles en l'air. De laquelle

QQ ii

HISTOIRES

chose nous estans en Escoce, nous enquerans vers Iaques Roy, homme bié quarré & chargé de gresse, nous apprismes que cest arbre tant renommé ne se trouue pas en Escoce: mais aux Isles Orchades.

Fin de la trentequatriesme histoire.

HISTOIRES PRODIGIEV-
ses de deux filles iumelles, liées & conioinctes
par les parties posterieures, veuës en diuers
lieux, l'vne à Rome, l'autre à Veronne.

Chapitre 35.

Les

Es Indiens & Brachmanes anciennement se sont monstrez fort ceremonieux en l'obseruatiõ des natiuitez de leurs enfans : Car deux mois apres le iour de leur naissance ilz les faisoient produire en public, & contemploient fort intentiuemēt s'ilz estoiēt beaux ou difformes, s'ilz estoient conuenables à la paix ou à la guerre. Et apres les auoir ainsi religieusement obseruez, s'ilz cognoissoient qu'apres l'education ilz peuſſent ſeruir au public, ilz les faiſoient inſtruire & nourrir aux ars & ſciences plus propres à leur naturel. Si au cōtraire ilz les trouuoiēt monſtrueux, difformez ou mutilez de quelque membre, quaſi en contumelie de nature, ilz les faiſoiēt incontinent meurdrir & tuer. Les Spartains en Grece, par l'ordonnance des loix de Licurgue, faiſoient eriger & nourrir les enfans bien formez & acōpliz de leurs membres: mais ſi nature auoit faict quelque eclipſe, ou qu'ilz fuſſent autrement monſtrueux ou corrompuz, ilz les faiſoient porter es regions eſtranges, en quelques iſles & deſers, & les expoſoient à la miſericorde de la fortune. Les Atheniens incontinent qu'il ſe trouuoit quelque enfant monſtrueux en leur cité, ilz le faiſoient precipiter en la mer, & faiſoient purifier leur ville à quelque nōbre de vierges qui alloient chantant des hymnes & carmes par leur ville, & faiſoient des ſacrifices à Iuno. Les anciés Romains ſuyuant l'ordonnance de Romulus, iectoyent le fruict monſtrueux au Tybre, ou bruſloient les corps, & en ventoient les cendres. L'Empereur Maurice (cōbien qu'il fuſt Chreſtien) enſuyuoit en cecy les loix des anciens, lequel ſoudain qu'on luy eut monſtré vn ieune enfant monſtrueux, il le fiſt tuer, puis baiſa le couteau auec lequel auoit eſté executé ce carnage. I'ay bien voulu memorer tout cecy, pour ces deux filles iumelles, deſquelles tu vois le pourtraict: par-ce que ſi elles euſſent eſté produictes ſur terre du temps des anciens Indiens ou Bracmanes, ou des Spartains

                                                                                                                & Lace-

Marginalia: Plutar. — Alexander ab Alexādro libr. 2. cap. 25.

& Lacedemoniés, ou du tẽps des Romains, ou du regne de l'Empereur Maurice, leur histoire & figure eust esté enseuelie auec leurs corps, & n'eussent esté veuz de tant de milliers de personnes comme elles ont. L'an de grace 1475. Ces deux filles que tu vois ainsi conioinctes par les reins, depuis les espaules iusques aux fesses, furent engendrees en Italie, en la fameuse cité de Veronne. Et par ce que les parens estoient pauures, elles furent portees viues par plusieurs villes d'Italie, pour amasser argent du peuple qui estoit fort ardent de voir ce nouueau spectacle & prodige de nature. Aucũs ont écrit que ce mõstre, lequel est dit à monstrado, montra & predist de merueilleuses mutations par les prouinces : Car en l'an mesme qu'il fut engendré, Charles duc de Bourgongne occupa la Lorraine. Ferdinãd le grand Roy d'Espaigne diuisa le royaume auec Alphonse Roy de Portugal. Mathias & Vladislaus roys, firẽt la paix entre les Hõgres & les Bohemes. Edouard Roy d'Angleterre, appellé en France, par le duc de Bourgongne, fut recõcilié auec le Roy Loys. L'an de grace mil quatre cens quatre vingtz & treze, vn semblable mõstre à cestuy fut engendré à Rome, auec grand'merueille de tout le peuple. Du temps du Pape Alexandre vj. lequel (cõme Polydore écrit) prognostiquoit les maux, playes & miseres, qui suruindrẽt du temps de son pontificat.

Les monstres, selon aucuns, anoncẽt quelque chose aduenir.

Fin de la trentecinquiesme histoire.

HISTOIRES
HISTOIRES PRODI-
gieuses de cruauté.

Chapitre 36.

PLusieurs se sont estonnez d'vne infinité de prodigieux exemples de cruautez, qui ont regné non seulement entre les Ethniques, mais mesmes (ce qui est plus à plaindre) entre nous Chrestiés, qui sommes tous yssus d'vne mesme souche,

che, sommes tous composez de semblables elemens, sommes incorporez en vne Eglise, auons vn mesme chef Iesus Christ, sommes tous enfans d'vn pere celeste, sommes viuifiez d'vn mesme esprit, sommes racheptez d'vn sang, regenerez d'vn baptesme, nourriz de pareilz Sacremens, participôs d'vn mesme Calice, & bataillons tous soubz la Croix & Baniere de Iesus Christ, auons vn commun ennemy Sathâ, sommes tous appellez à pareil heritage: & neantmoins nous n'auons point de honte de nous desmembrer & deschirer l'vn l'autre, auec telle horreur & confusion qu'il semble que nous voulons combatre côtre nature, & espuiser la terre de sang humain, & la laisser desormais deserte. Mais qui ne s'esmerueillera de ce que les historiens écriuent de la grâde effusion de sang qui fut respandu en la bataille d'Edouart le quart Roy d'Angleterre, contre les Escossois, ou il y eut de tuez & meurdriz de la part des Escossois seulemét iusques au nombre de soixante mille hommes? Mais quel plus horrible spectacle en nature que celuy que décrit Sabellique de Charles Martel Roy de France, & d'Abidaran, ou en vn seul côflict il fut tué & meurdry trois cens cinquante mille hommes? Mais quelle boucherie & carnage y eut il des paures brebis de Iesus Christ en la bataille qu'eut Ladislaus Roy de Paonye contre Amurat Empereur des Turcs? veu que de la part mesme des Turcs qui furent victorieux, il s'en trouua quatre cens mille morts, comme Sabellique tesmoigne: mais quel

RR

prodige ou horreur en nature se peult trouuer semblable à celle que décript Iosephe en la guerre des Iuifz, ou il y mourut vnze cens mille personnes? Ce grand boucher Alexandre en la sanglante bataille qu'il eut côtre Darius, fist mourir vn million d'hommes. Cyrus Roy des Perses fut si infortuné en la bataille qu'il eut contre les Scytes, que de deux cens mille hômes qu'il auoit en son armée, il ne s'en sauua pas vn seul pour rapporter les nouuelles de leur perte. Or lis maintenát aux historiens ceux que Silla tua des Mariens, ceux que tua Pompée des soldatz de Mytridates, ceux que Ptolomée tua de Demetrius, ceux que Cesar tua en dix ans qu'il mist à expugner les Gaules, ceux que Lucullus tua en la guerre qu'il eut contre les Armeniens, ceux que tua Attilla, ceux que tua Milciades, ceux que tuerent Marcus Claudius & Cornelius, auec vne infinité de semblables boucheries, qui se retrouuent par les historiens Grecz, & Latins, & tu trouueras que si tu les veux tous mettre en compte, il te fault inuenter vne arithmetique nouuelle, & croy que si on auoit faict vn rolle de tous les beufz, moutós, veaux, cheureaux, & autres quadrupedes qui ont esté tuez depuis mil ans en toutes les boucheries de l'Europe, il ne se trouueroit point tát de bestes mortes que d'hômes. Encore est-ce peu de faire aisi mourir l'hôme en bataille par fer, il a fallu chercher des moyés nouueaux & inusitez pour les meurdrir, côme Eusebe enseigne en son histoire Ecclesiastique, de ce bourreau infame de

Diocletien

PRODIGIEVSES.

Diocletien Empereur, lequel voyant que les Chrestiens qui regnoient de son temps ne vouloient pas renoncer le nom de Dieu, & adorer ses ydoles, ne fut pas content de leur faire couper le nez, les aureilles, leur mettre des eclyes de bois dedans les vngles, & de leur mettre du plomb & de l'estain fondu sur les parties honteuses: mais mesmes il faisoit abaisser à grand force quatre arbres, esquelz il faisoit attacher les piedz & les mains de ces pauures creatures, puis les laissoit ainsi iusques à ce que par la violence & effort des arbres ilz fussent desmembrez & rompus, côme tu vois pourtraict en la figure cy dessus: lequel tourmét a ainsi esté practiqué en Piedmót de nostre téps côtre certain soldat qui auoit voulu trahir vne ville, côme le seigneur de Langé écrit en son Art militaire. Astiages ce grád Roy des Medes n'a pas seulemét surpassé le precedent en cruauté, mais mesmes il a executé ce que vous auriez horreur non seulement de lire, mais mesmes de l'apprehender ou conceuoir en voz cueurs. Ce grand patriarche doncques de tyrannie, ayant songé de nuict quelque chose touchât vn sien petit enfant qui luy sembloit difficile à digerer, & craignant qu'il ne sortist vn iour son effect, il voulut preuenir son desastre, & afin de mieux executer son entreprise, il feit appeller Arpalus l'vn de ses plus fauorez & principaux de son royaume, auquel il dist en secret qu'il eust à faire mourir promptement vn sien petit filz, sans le sceu d'aucun, pour certaines causes qu'il luy feroit entédre plus à loisir.

Grandes persecutions pour soustenir le nó de Dieu.

La figure de ce tourmét est figurée cy dessus au commencement du chapitre.

RR ii

HISTOIRES

Arpalus ayant entendu ce triste cõmandement d'vn pere enuers son enfant, cõmença à sentir vn furieux combat en son ame: car si la pitié & l'innocence de l'enfant le tiroit d'vn costé, l'obeissance & le commandement de son maistre le tourmétoit de l'autre: mais raison & remors de consciéce gaignerent tant sur luy, que la victoire demeura du costé de la pitié: de sorte qu'il resolut non seulement de sauuer la vie à l'éfant, mais ausi de le faire nourrir en lieu secret, sans le sceu de son maistre: toutesfois il ne peut si bié iouer son rolle, que quelques iours apres le Roy Astiages ne descouurist sa fraude, & cõme outre son gré la vie estoit demeurée sauue à son filz: ce qu'il disimula pour vn temps auec assez bon visaige, de sorte que ce pauure Arpalus pésoit estre exempt de soupçon: & viuãt en ceste liberté d'esprit, il fut estõné que son maistre le feist appeller pour luy faire compaignie à disner, ayant au par-auãt faict tuer vn des enfans d'Arpalus qu'il auoit faict assaisonner & si bien desguiser à ses cuisiniers, qu'il estoit difficile à discerner quelle viande c'estoit. Puis il la feist seruir sur table sans qu'il en eust aucune cõgnoissance: A raison dequoy le pauure Arpalus n'y pensant point, en mangea voluntiers: mais ce tyrant infect Astiages insatiable en ses cruautez, ne fut content de luy auoir faict mãger la chair de son propre enfant, si d'abondant pour le dessert il ne faisoit mettre dedans des platz, la teste, les piedz & les mains de ce petit innocent, afin que le pere recõgneust que c'estoit sa chair,

I'ay faict mentiõ de cecy en mon Chelidonius.

PRODIGIEVSES.

sa chair, son sang & ses os qu'il auoit mágez, puis sa rage & cruauté estát vn peu adoucie, il luy demáda en plaisantát, & par maniere de moquerie si ces viádes ainsi assaisonnées luy sembloient bónes, auquel le pauure Arpalus, saisy d'vne extreme cópassion en

son ame, craignant d'auoir pis, luy respondit modestement: que tout estoit bon à la table d'vn Roy. Ces cruautez sont grandes, mais celles desquelles vsa Maximian Empereur des Romains, ne leur cedét en rié: Car il ne fut pas content de tuer vne infinité de per-

HISTOIRES

sonnes par la fureur des quatre elemens, cóme bruslant les vns, noyant les autres, enterrāt les autres tous vifz, faisant estouffer les autres: mais encore chercha il vn prodige en nature plus grand, car il voulut que le mort tuast le vif, il faisoit lier le corps des hómes tous vifz, auec les corps des morts face à face, bouche à bouche, & les laissoit ainsi, iusques à ce que le mort par sa putrefactiõ eust tué le vif. Passerõs nous soubz silence ce bourreau de Satan l'Empereur Tybere, lequel me semble auoir surpassé en cruauté tous ceux desquelz les historiens firent oncques mention, car il defendoit sur peine de mort (ce qui ne se list d'autre que de luy) de ne lamenter, plorer, souspirer, ou faire autre semblable dueil d'vne infinité d'hommes qu'il faisoit mourir innocemment, & auoit des satrapes & ministres expressément deputez par toutes les cruautez qu'il executoit, qui n'auoient autre charge, que d'espier & regarder intētiuemēt çà & là, s'il decouloit quelque larme dela face de quelqu'vn, ou s'il sortoit quelque souspir de son cueur, ou s'il donnoit quelque autre tesmoignage de tristesse ou doleance, afin que tout soudain il fust conduict au supplice pour estre puny de pareille peine que celuy duquel il lamentoit l'innocence. Toutes ces cruautez & tyrannies cy dessus métionnees sont extremes: mais les sequétes plus brutalles, & executees d'vne façon plus estrange: car aux premieres on ne s'attachoit qu'aux creatures viues, mais en celles qui suyuét, on faisoit guerre aux morts. Cambises roy des Perses ne fut pas rassasié d'auoir faict cruellement mourir Psamenite

PRODIGIEVSES. 160

roy d'Egypte, & plusieurs autres: mais encores estát au Caire, il fist tirer du sepulchre la charógne de Damasus, la fist ignominieusemét fouëtter, piquer d'aiguillós, cóme si elle eust eu quelque sentimét de vie: finablement la fist brusler, comme Herodote tesmoigne. Ce qui ne s'est pas seulement experimenté alendroit des hommes, mais mesmes des femmes, ausquelles les loix de pitié sont volútiers plus familiers: Car apres que Cyrus roy des Perses eut tué en bataille le filz de Thomiris royne de Scithie, estant fortifiee de nouueaux soldatz, elle poursuyuit le Roy de telle fureur, qu'elle mist tout en route ou en pieces ce qui se rencótra, & le roy Cyrus mesmes y laissa la vie: mais pour tout cela ceste rage enflammee ne fut en rien adoucie: car se ressentát encore de la mort de son filz, elle feist separer la teste d'auec le corps mort de Cyrus, la láça soudain en vne cruche pleine de sang humain, puis la contemplant d'vn regard furieux, luy dist: Cyrus, tu as quelque fois espuisé le sang de mon filz, tu as eu soif du mien, or maintenant rassasie toy de sang. Tulie fille de Tarquin Roy des Romains a encore surpassé la precedente en cruauté, car elle fist tuer son pere, pour heriter à son royaume, & plaire à son ruffien, voyant le corps de son pere mort en terre, estant mótee sur son chariot, elle passa par dessus, & combié que les cheuaux (espouëtez de la personne morte) refusassent de passer, & que le chartier qui les conduisoit, sentant l'aiguillon de pitié, les vouluft faire tourner ailleurs, afin que le corps du Roy

Cruauté des femmes.

Herodotus lib. 2.

HISTOIRES

ne fuſt point dechiré. Ceſte parricide infame, ſurpaſ-
ſant en cruauté les cheuaux, elle les contraignit à force paſſer ſur la charongne de celuy qui l'auoit engendrée.

Fin de la trenteſixieſme hiſtoire.

HISTOIRE PRODIGIEVSE
d'vn Monſtre produit vif ſur terre, lequel depuis
le nombril en hault eſtoit de figure hu-
maine, & le reſte de Chien.

Chapitre 37.

Les

PRODIGIEVSES.

LES anciens Ethniques ont eu en si grand horreur les adulteres, & fornicateurs, qu'il n'y a eu presque peuple, nation ou prouince qui ne les ait chastiez par quelque seuere loy. Strabo, libr. 16. écrit que les Arabes punissoient de peine de mort les adulteres, comme aussi faisoiét les Lombards. Les Aegyptiens faisoiét fouëtter le paillard par la cité, & coupoient le nez à la femme, afin qu'elle fust défigurée en la partie de

Diodorus. Siculus.

HISTOIRES

la face qui la rendoit plus difforme. Iuſtin écrit que les Parthes entre tous les vices, puniſſoient plus ſeuerement l'adultere. Les Locrenſes arrachoient les yeux à ceux qui eſtoient deprehédez en ce vice: meſ- **Valere.** mes que leur Roy Zaleucus, (qui eſtoit autheur de ceſte loy) ordonna par decret, que ſon filz qui y auoit eſté ſurprins euſt vn œil arraché. Les anciens Allemans(ainſi que Tacite écrit)coupoient les cheueux à leurs femmes adulteres,puis les faiſoiét foüetter par les rues. Les Romains permettoient au mary de ſa propre authorité de tuer le paillard & ſa femme, ſ'il les apprehendoit en ce forfaict. Macrin 19. **Cruel ſupplice** Empereur faiſoit bruſler tous vifz ceux qui eſtoient deprehendez en adultere: & ayant eſté informé que quelques ſoldatz auoiét violé la chambriere de leur **Iulius Capitolinus.** hoſteſſe, il fiſt ouurir le vêtre de deux grandz beufz tous vifz, & fiſt coudre, & enclorre là dedans les ſoldatz, reſerué la teſte qui apparoiſſoit dehors, afin qu'on les peuſt voir, & qu'ilz parlaſſent les vns auec les autres. Aurele 29. Empereur, ayant ſceu que l'vn de ſes gédarmes auoit violé la femme de ſon hoſte, voulut inuenter vn nouueau ſupplice pour le faire mourir plus cruellemét: car il fiſt abbaiſſer, & ployer deux grands arbres par force, puis y feiſt attacher le **Vopiſcus.** ſoldat, afin que les arbres retournás à leur lieu le déchiraſſent & miſſent en pieces. Or penetrons plus auant, & voyons maintenant ſi les adulteres ont reccu meilleur traictement. Dés les hiſtoires ſacrées par la Loy de Moyſe ilz eſtoiét lapidez, aſſommez & meurdriz.

PRODIGIEVSES.

driz. Sainct Pol aux Hebrieux. 13. dit: que Dieu condemnera les fornicateurs & adulteres: puis en la 1. des Corinth. 6. il s'escrie: Ne vous trompez point, les fornicateurs ny les ydolatres, ny les adulteres ne possederõt point le royaume de Dieu: Entre les principales causes du Deluge, quand le Seigneur feist plouuoir son ire sur la terre, les paillardises sont nõbrées. Cinq fameuses citez (comme il est écrit aux liures de Moyse) furent ruynées pour leurs dissolutions & villenies. Au liure des nombres douze princes furent penduz pour leurs paillardises, & 24000. hommes tuez. Il est écrit au Leuitique 28. chapitre que les Chananées ont esté deffaictz pour leurs paillardises. Au 39. des Iuges presque toute la lignée de Beniamin fut defaicte par le forfaict commis en la femme du Leuite. Au liure des Roys griefues peines sont enuoyées à Dauid pour son adultere. Pour la mesme cause Salomõ ydolatra, & fut donné en sens reprouué: mesme le Prophete Ieremie racõpte souuent entre les causes de la ruyne de Hierusalem, les adulteres. Plusieurs royaumes ont receu mutatiõ & changement, & leur administration transportée à d'autres par ce mesme vice. Troye la superbe fut ruinée pour le rauissement d'Heleine. Thebes la populeuse, pour le rapt de Chrysippe, & pour l'inceste d'Edipe a esté defaicte. Les Roys furent bãnis, & leur nom exterminé de Rome, pour le rauissement de Lucresse. Aristote au 5. de ses Politiques, assigne entre les principales causes de la ruyne & mutation

Gene. 5.

Roys 11. & 12.

SS ii

HISTOIRES

des Royaumes, les paillardises & adulteres. Pausanias ce Prince tant renommé Licaonien, pour auoir premierement stupré, puis apres tué vne fille à Constantinople, fut aduerty par vne statue de sa fin, & mort prochaine, chose prodigieuse que les malings espritz mesme à leur confusion aduertissent les paillards des peines qui leur sont preparées: ce qu'il esprouua estre veritable: car les Ephores le contraignirent apres mourir de faim. Or si les histoires sacrées & prophanes sont toutes remplies des griefues peines, cruelz supplices, ires & maledictiós qui sont enuoyées de Dieu coustumieremét sur les paillards, que doiuent esperer les Sodomites & autres qui se ioignent en l'ignominie de Dieu & de nature, auec les bestes bruttes? cóme il nous est euidemmét monstré en la honteuse histoire, de laquelle tu as veu le pourtraict au commencement de ce chapitre, d'vn enfant qui fut conceu & engendré d'vne femme & d'vn chien, ayant depuis le nombril en hault la forme & le simulachre de la mere bien acomply, sans que nature y eust rien obmis, & depuis le nóbril en bas il auoit la forme & figure de l'animal qui estoit le pere, lequel (ainsi que Volaterranus écrit) fut enuoyé au Pape qui regnoit en ce temps là, afin qu'il fust expié & purgé. Conradus Licostenes écrit vne semblable histoire en ses Prodiges, d'vne femme qui enfanta (du temps de l'Empereur Lothaire) vn enfant & vn chien, ioinctz & collez ensemble par les parties posterieures, depuis l'espine du doz iusques

Tu en as la figure au cómencement de ce chapitre.

aux

PRODIGIEVSES. 163

aux feſſes. Celius Rhodiginus libr. 25. cap. 32. de ſes antiques leçõs, écrit qu'vn paſteur nommé Crathin en Cibare, ayãt exercé auec l'vne de ſes Cheures ſon deſir brutal, la Cheure enfanta quelque temps apres vn cheureau, qui auoit la teſte de figure humaine, & ſemblable au paſteur, qui eſtoit le pere, mais le reſte du corps reſembloit à la cheure. C'eſt ce que ſainct Paul dict au quatrieſme chapitre des Epheſes, que la peine des paillards, c'eſt de tomber en aueuglement, & deuenir enragez, apres qu'ilz ſont delaiſſez de Dieu, & ne voyẽt point, & ne peuuẽt eſcouter bons conſeilz & prouoquent l'ire de Dieu contre eux.

Fin de la trenteſeptieſme hiſtoire.

COMPLAINCTE NOTABLE que feiſt vn homme Monſtrueux au Senat de Rome, contre les tyrãnies d'vn Cenſeur qui eſcorchoit le pauure peuple du riuage du Danube par exactions rigoureuſes.

Chapitre 38.

HISTOIRES

E grand Monarque Marc Aurelle, non moins philosophe qu'Empereur, s'estant retiré aux châps auec grand nombre d'hommes sages, tant pour decepuoir quelques ennuyeuses parties de l'an, que pour moderer l'ardeur d'vne fieure qui l'auoit vexé par plusieurs iours: afin de ne demeurer oisifz, ilz commencerent à instituer diuers propos entr'eux de la corruption des princes, de la mutation des republiques, &

ques, & generalement du desordre vniuersel qui se retrouuoit presque entre tous les estatz du monde. Et après que chascun en particulier eut déduit ce qu'il luy en sembloit, ce bon Empereur voulut estre de la partie, & continuant le propos, leur dist: Mes amis, combien que chacun de vous ait bien dignement philosophé sur la question proposée, de la corruption des Princes, & des Republiques, si est-ce que l'origine de ce contagieux mal ne me semble proceder d'ailleurs, que des flateurs qui seruent aux affections des Princes, & les entretiennent en leurs delices, sans leur oser dire verité. Ilz leur huillent la teste de benedictions, leur mettent le carreau soubz le coulde, les endormét en l'armonieux chant de leurs faulses louenges & s'engressent de leurs pechez: de sorte que i'en congnois auiourd'huy, desquelz les iambes ny les piedz ne les peuuét plus porter, ny les forces du corps soustenir debout, ny les mains leur seruir à écrire, la veuë à lire, les dentz à prononcer, les machoueres à manger, les oreilles à ouyr, ne la memoire à negocier: ausquelz toutefoys la lãgue ne default à requerir du Price presens, graces & faueurs pour eux ou pour les leurs, de sorte que ces pauures miserables se trouuent tant aueuglez en leur auarice & conuoitise, qu'ilz ne congnoissent & ne sentent point que tout ainsi que leur auarice va tousiours en augmentation & multiplication, aussi de mesme leur vie s'en court en diminution & decadence. Voyla doncques en somme mes amys la cause de

HISTOIRES

l'entiere corruption des Princes & Republiques. Et pour vous faire entendre la difference de l'ancienne liberté de parler aux Princes, & de l'auare seruitude, & pusillanimité qui regne auiourd'huy entre ceux qui leur asistent, ie vous veux racompter vne histoire, laquelle ie n'ay entendue d'aucun, ny leuë au liure des anciens: mais i'en ay veu l'effect par presence. La premiere annee qu'on me fist l'honneur de me creer Consul, il vint à Rome vn pauure vilain du riuage du Danube demander iustice au Senat contre vn Censeur, qui tourmentoit le peuple de subsides & exactions tyraniques, lequel fut si hardy & disert à former sa complaincte, que le plus asseuré capitaine du monde, ou le plus eloquent orateur n'eust sceu mieux dire. Ce vilain auoit le visage petit, les leures grosses, les yeux profondz, la couleur aduste, les cheueux herissez, la teste descouuerte, les souliers de cuir de porc espic, le saye de poil de cheure, la ceinture de ioncz maris, la barbe longue & espoisse, les sourcilz qui luy couuroyent les yeux, l'estomac & le col couuert de poil comme vn ours, & vn baston en la main, & estant en cest equipage quand nous le vismes entrer au Senat, nous pensions que ce fust quelque animal, ayant figure d'homme: mais apres que nous eusmes entendu la grauité de ses propos, & magesté de ses sentences, nous iugeasmes que c'estoit quelque deité: Car si sa figure estoit monstrueuse, ses propos estoiét prodigieux. Ce vilain ayant quelque peu respiré, & tourné ça & la ses yeux furibondz, nous dist:

Peres

Peres conscriptz, & peuple heureux, moy rustique & malheureux, habitant és citez, qui sont pres le Danube, Saluë vous autres Senateurs de Rome, qui estes icy asséblez, & prie aux dieux immortelz qu'ilz vous inspirent à bien gouuerner la Republique, à laquelle vous presidez, & qu'ilz reiglent auiourd'huy ma langue, afin q̃ ie die ce qui est necessaire pour mon païs, les tristes destinees le permettant, & noz dieux courroucez nous delaissans. Nostre terre de Germanie fut subiuguée par vous Romains: mais si vostre gloire en est maintenant grãde, aussi sera vostre infamie es siecles futurs extreme pour les cruautez & tyrannies que vous y auez exercées. Et veux que vous sachez (si ne l'auez sceu auant ces heures) que lors que les malheureux se font cõduire en leurs chariotz de triomphe, & crier deuant eux, viue Rome. D'autre-part les pauures captifz pleurans gouttes de sang en leurs cueurs, crient apres les dieux, iustice, iustice. Romains, Romains, vostre conuoitise est si grãde de rauir les biens de voz voisins, & vostre arrogãce si desmesurée à commander aux terres estranges, que la mer ne vous peult profiter en ses abismes, ny la terre asseurer en ses champs: mais tenez vous asseurez que tout ainsi que vous autres sans raison, iettez les autres hors de leurs maisons, terres & possessions, autres viendront qui auec raison vous chasseront de Rome & d'Italie: car la Loy est infallible, que l'hõme qui prend par force le bien d'autruy, perd le droict qu'il tient au sien propre. Et dy d'auãtage, que tout

TT

ce que les mauuais accumulent auec tyránie en plusieurs iours, les dieux iustes leur osteront tout en vn
iour, & au contraire tout ce que les bons perdront
en diuers ans, les dieux leur rendront en vne heure,
& si vous esperez en laisser l'vsage à voz enfans, vous
estes grandement deceuz : car le prouerbe ancien a
tousiours esté veritable, que de l'iniuste gaing des pe
res vient en apres la iuste perdition des enfans. Accu
mulez doncques tout ce que voudrez, & que lon face tout ce que cómanderez, & vous cógnoistrez que
pensans vous faire seigneurs des prouinces estrâges,
vous vous trouuerez en fin estre faictz esclaues de
voz propres richesses,& larrós des sueurs & du repos
& labeur d'autruy. Mais ie vous demáde(Romains)
q̃lle actió auiez vous, estás nourriz aupres du Tybre,
de vouloir planter & dilater voz bornes iusques à la
riuiere du Danube? Auions nous presté q̃lque faueur
à voz ennemys ? Auions nous conquesté voz terres?
Auez vous trouué quelque loy antique, qui die que
la genereuse Germanie deust de necesité estre subie
cte à Rome la superbe. Estions nous point voysins ?
Et qu'il y eust quelque chose à departir entre nous,
qui ayt suscité ceste querelle?non certainemét, comme vous mesmes estes loyaux tesmoings. Ne pensez
dócques(Romains)que si vous estes faictz seigneurs
de la Germanie,que ce ayt esté par aucune industrie
de guerre : car vous n'estes pas plus belliqueux que
nous,ny plus courageux,ny plus hardiz,ny plus vail
lans : mais comme nous autres auions offencé noz
dieux,

dieux, ilz ordonnerét en leurs secretz iugemens que pour chastier noz desordonnez vices, vous fussiez les cruelz bourreaux. Si doncques nous auós esté ruinez, nó pour estre couards, craintifz ou debiles, mais seulemét pour estre mauuais, & n'auoir eu les dieux propices. Qu'esperez vous que sera de vous autres Romains, estans comme vous estes vitieux, & tenans cóme vous tenez les dieux courroucez? Et si ie ne me trompe, nous auons enduré assez de misere, pour appaiser les dieux: mais voz cruautez sont si grandes, & extremes que la vie de vous & de voz enfans ne peult satisfaire à voz fautes. Ce n'estoit pas assez (Romains) de nous auoir tolly nostre ancienne liberté, & de nous acabler d'insupportables exactions & subsides, si pour nous cófire encore du tout en toutes especes de miseres, vous ne nous enuoyez des iuges par deça si bestiaux & ignorans, que ie vous iure par les dieux immortelz, qu'ilz ne sçauent ny nous declarer voz loix, ny beaucoup moins entendre les nostres: & qui pis est, ilz prennent tout ce qu'on leur presente en public, & tirent tout ce qu'ilz peuuent en secret, & soubz couleur qu'ilz sont de Rome, ilz n'ont aucune crainte de rober toute la terre. Quest-ce cy (Romains) iamais n'aura fin vostre orgueil à commáder? ny vostre couuoytise à deterrer vostre prochain? Si nous sommes desobeissans, & que noz seruices ne vous cótentét, commádez qu'on nous oste la vie, car pour vous dire verité: le couteau ne sera tát cruel en noz gorges, comme sont voz tyránies en noz cueurs.

TT ij

HISTOIRES

Si vous le faictes pour noz enfans, chargez les de fers, & les prenez pour esclaues, & vous ne les chargerez pas plus qu'ilz en pourrót porter: mais de cómandemés & de tributz, vous nous en dónez plus que n'en pouós porter ny souffrir. Sçauez vous à quelle extremité vostre tyrannie & cruauté nous a redigez (Romaís?) C'est que tous ceux de nostre miserable royaume auós iuré ensemble de iamais n'habiter auec noz femmes, & de tuer noz propres enfans, pour ne les laisser tomber es mains de si cruelz & iniques tyrans comme vous estes: car nous desirós plus qu'ilz meurent auec liberté, que non qu'ilz viuét auec seruitude & captiuité: partant comme desesperez nous auons resolu d'endurer desormais les furieux mouuemens & assaulx de la chair, & nous sequestrer d'auec noz femmes: à celle fin qu'elles deuiennét steriles, aymás beaucoup mieux nous cótenir vingt ou trente ans, que de laisser noz enfans esclaues perpetuelz: car s'ilz ont à souffrir ce que leurs pauures tristes peres ont souffert, non seulement il est bon de ne les laisser viure, mais il leur seroit beaucoup plus proffitable de ne les laisser naistre, pour experimenter tant de maulx en leur vie. Voulez vous entendre (Romains) comme voz officiers se gouuernent par deça? Si le pauure vient leur demander iustice, & qu'il n'ayt argent que bailler, ny vin que presenter, ny huille que promettre, ny pourpre que offrir, ny faueur pour s'ayder, ny reuenu pour se secourir, au commencement on trouue moyen de luy faire despendre le

peu

peu qu'il a, le nourriſſant d'vne vaine eſperance de gaigner ſon proces : puis quand il y eſt vn peu enfourné, ilz luy font conſommer par dilatiõs le meilleur de ſa vie, chacun luy promettãt faueur : & apres tous enſemble le perdent, ruynent & deſtruiſent : la plus grand part d'entr'eux l'aſſeurent qu'il a bon droict, & apres tous enſemble prononcent contre luy ſa ſentence : de maniere que ce pauure miſerable, qui eſt venu à ſe complaindre d'vn, s'en retourne en ſon pays ſe complaignant de tous, maudiſſant ſa triſte fortune, & reclamãt les Dieux iuſtes & pitoyables. Ie ne veux pas encores faire fin, Romains : mais auant paſſer outre, ie vous veux compter ma vie, & l'entendant vous congnoiſtrez quelz ſont les delices de ceux de mõ païs : Ie viz d'amaſſer du glãd en eſté, aucuneſois ie peſche, tant par neceſsité comme par paſſe-temps : de maniere que ie conſomme le miſerable cours de ma vie ſeul aux champs, ou en la montaigne, & ſi vous deſirez ſçauoir pourquoy, entẽdez, & ie le vous diray. Ie voy tant de tyrannies en voz Cenſeurs, tant de volleries & larrecins qui ſe font es pauures miſerables, tãt de diſſentions en noſtre royaume, & tant de playes & miſeres en noſtre republique, que ie me determine (comme malheureux) me bannir de ma propre maiſon, & de ma douce compaignie, afin que ie ne voye de mes yeux choſes ſi lamentables, aymant trop mieux vaguer ſeul par les chãps, que d'entendre à toute heure les triſtes plainctes, ſouſpirs & ſanglotz de mes voiſins : car eſtant

HISTOIRES

cõfiné aux champs, les beſtes cruelles ne m'offencent ſi ie ne les aſſaulx, mais les hommes mauditz en ma republique, encores que ie les ſerue, m'ennuyent & tourmentent. Romains cruelz Romains, n'aurez vous aucun ſentiment des choſes que ie metz en auant, puis que ſeulement les reduiſant en memoire, mes yeux ſ'en aueuglent, ma langue ſ'engroſsiſt, mes membres ſe deſioignent, mon cueur ſ'eſuanouyſt, mes entrailles ſe rompent, ma chair ſe conſomme? mais de combien eſt il plus grief de les voir en mon païs auec mes yeux, les ouïr auec mes oreilles, les toucher auec mes doigtz, & les experimenter auec mes ſens? Voyla les iniquitez de voz Iuges Romains, & la miſere & deſolation de noſtre pauure royaume. L'vne des deux choſes deuroit eſtre faicte, ou me chaſtier ſi ie mentz, ou vous priuer vous autres de voz offices, ſi ie diz vray: & ſi ma langue vous offence, ayant reſpãdu la poiſon de mõ cueur, ie m'extans en ce lieu afin que me coupez la teſte, deſirant plus gaigner l'hõneur de m'offrir à la mort, que vous gaignez vous autres auec moy en m'oſtant la vie. Icy donna fin le ruſtique à ſon propos. Incõtinẽt apres l'Empereur Marc Aurelle ſ'eſcria: Que vous ſemble mes amys? Quel noyau de la noix, quel or de la mine, quel grain de la paille, quelle roſe des eſpines, quelle mouelle des os, quelles raiſons tant haultes, quelles parolles ſi bien ordonnées, quelles ſentences tant bien dictes, quelles veritez tant veritables, quelles malices couuertes tant bien deſcouuertes? Ie

vous

vous iure (dit Marc Aurelle) que nous demourasmes tous si espouentez, que le plus hardy ne luy eust osé respondre vne seule parolle: mais seulement determinasmes le iour suyuãt de pouruoir de iuges nouueaux au riuage du Danube, & de faire chastier ceux qui auoiẽt ainsi corrompu leur republique, & commandasmes qu'il nous dónast par écrit sa harangue, afin qu'elle fust mise au liure des bós dictz des estrangiers, qui estoiẽt au Senat: & le rustique pour recompense fut faict Patrice, & fut substanté du tresor publique. Voyez Chrestiens quelle sanctimonie, quelz oracles soubz l'escorce des parolles d'vn Ethnique: mais que n'auós nous auiourd'huy de telz rustiques pour reformer noz republiques chrestiénes, & pour descouurir les ruses, finesses, cautelles, corruptions & iniquitez des Iuges mercenaires qui se retrouuent par les prouinces? car qui voudroit décrire fidellement les tromperies, finesses, euenemens, & dangereuses fins de proces, ce ne seroit vn subiect qui se deust écrire auec ancre noire, ains plustost de vif & pur sang: par-ce que si chacun qui plaide souffroit autant pour la saincte foy Chrestiéne cõme il endure à la poursuitte de ses proces, il y auroit autant de martyrs par les Cours, Chãceleries, Palais & Iustices des princes, cõme il en y eut iadis à Rome du temps des persecutions dés anciẽs Empereurs: de sorte que de chercher ou cõmencer proces auiourd'huy, n'est autre chose fors que donner à son cueur matiere de souspirer, à ses yeux occasiós de pleurer, à ses piedz

& iambes de troter, à sa langue de se plaindre, à ses mains de s'enterrer à toutes heures en vne bourçe, aux amys de prier, aux varletz de courir, & à tout le reste du corps de se pener & trauailler: ioinct que qui ne sçait que cest que de proces, il fault qu'il aprenne & entende que ses effectz & conditions d'iceux ne sont autres, que de riche deuenir pauure, de ioyeux triste & melancholique, d'homme libre seruiteur, de magnanime couart, de liberal auare, de pacifique & begnin, colere & chagrin: d'aymé hay, & de terrible desesperé: de sorte que si nous lisons les Egyptiens auoir esté iadis battuz & flagellez de dix playes par la main de Dieu, nous pouons dire à bõ droict les miserables plaideurs estre tous les iours tourmẽtez de dix mille: & la difference de leur tourmens & playes, n'est autre, sinon que celles des Egyptiens leur furent causées de la prouidence diuine, mais celles des plaideurs ont esté inuentées par la malice des hommes. Et si les playes des Egyptiens furẽt faictes par morsures de bestes, riuieres de sang, grenoilles, mouches guespes, tempestes, ladreries, sauterelles, brouillats, aussi celles des plaideurs sont seruir aux Presidens, payer Notaires, Greffiers, caresser leurs clers, leur oignant tousiours les mains de quelque teston, cõtenter les Aduocatz, faire la court au Iuge & rapporteur, prier les huissiers, chercher argent à prester, troter de maison en maison, solliciter les procureurs, sans mettre en compte qu'il fault former accusation, donner delaiz à la partie, bailler

sa demande

sa demande d'vn cofté, ses defenses & exceptions de l'autre, faire enquefte, examiner tefmoings, reproches, inuentorifer, inftruire le proces, apres le mettre en rapport, noter, breueter le tout iufques aux exploictz, & par fois dilayer & reculer la vuidáge, pour ne l'auoir encore bien inftruict de fa part, & à fes fins recufer le Iuge, pour faire láguir partie aduerfe, bailler requeftes, & le fupplier d'encore le reuoir, & le remettre au confeil: Et à la fin appeller de fa fentence, leuer le proces, pour le porter aux fuperieurs, auec vne infinité de copies & doubles qui luy conuiendra tirer pour euiter la perte des pieces, & autres furprinfes, lefquelles depuis qu'on les a cogneues & effayées, elles font fuffifantes de perfuader à l'homme fage de fe côtenter de perdre pluftoft vne partie de fon bien, que d'en acquerir d'autre nouueau par tant de tourmens & penibles moyens. C'eft pourquoy ce docte Euefque de Monodeme, Anthoine de Gueuara écriuoit à bon droict en quelque fien œuure, que les plaideurs fôt vrais fainctz & martyrs, car de tous les fept pechez mortelz on ne les peut accufer, que de trois feulement: Et quant aux autres quatre, côbien qu'ilz les vouluffent commettre, ilz n'en auroyent ny le moyen, ny le loyfir: car comment feroit-il poffible que les plaideurs fuffent orgueilleux: car il leur conuient à toute heure aller le bonnet au poing, en grande humilité foliciter de maifon en maifon, maintenant monfieur le iuge refrongné, tátoft les critiques procureurs, & feueres aduocatz & greffiers? Et com-

VV

HISTOIRES

me pourroient ilz aussi commettre le peché d'auarice, veu qu'à toutes heures il leur conuient mettre la main à la bourse, pour retirer leurs lettres multipliees, pouruoir à leurs affaires, offrir presens à monsieur, à madame, de sorte que le plus souuent il ne leur reste vn liard, pour retourner à leur maison. Quant au peché de paresse, ilz n'en peuuent semblablement estre entachez, veu que le plus souuent ilz passent les nuictz sans dormir, & ne cessent de se douloir, souspirer & plaindre, & le iour de troter, negocier, soliciter, tantost chez l'vn, tantost chez l'autre. Encore moins du peché de gloutonnie: car il ne leur fault ny entrée ny yssue de table, pour les mettre en appetit, & leur conuient le plus souuent disner debout, à gros morceaux mal maschez & digerez, pour se trouuer aux entrées & issues du palaïs, pour ne faillir à saluër monsieur le Cōseiller, tirer mōsieur l'aduocat par la manche, faire signe au clerc qu'il ayt son affaire pour recommandé. Puis il conclud finablement que proces est vne si dangereuse beste, & serpēt si venimeux, que qui vouldra souhaiter vn grād mal & desfortune à son ennemi, qu'il ne luy desire ny souhaitte point de le voir pauure, miserable, hayneux, mal voulu d'autruy, banny de son païs, malade, ny mort, mais qu'il prie seulemēt Dieu de luy donner quelque mechāt proces: car on ne pourroit au monde prendre plus grande vengeance de son ennemy, que de l'engouffrer en proces, à la suitte d'vne court ou de Chancellerie.

Fin de la trentehuictiesme histoire.

PRODIGIEVSES. 170

HISTOIRE PRODIGIEVSE
d'avarice, auec plusieurs exemples memorables sur ce mesme subiect.
Chapitre 37.

Diogene Laërce écrit, qu'vn Rhodien se gaudissant vn iour auec le philosophe Eschines, luy dist: Ie te iure par les dieux immortelz (Eschines) que i'ay grand pitié & compassion de te voir pauure co-

VV ii

me tu es. Lequel foudain luy refpondit: Et par les mefmes dieux ie te iure que i'ay encores plus grande compafsion de toy, te voyant ainfi riche comme ie te voy, puis que les richeffes ne donnent que peine & tourment à les acquerir, foing & follicitude à les conferuer, encores plus grád defplaifir à les defpendre, peril à les garder, & occafion de grands inconueniens & dangers à les defendre. Et ce qui me femble encores plus grief & mauuais, c'eft que toufiours la part ou tu tiens tes trefors cachez, tu y laiffes premier ton cueur enfeuely. Herodote écrit que les habitans des ifles Baleares defendirent qu'on ne laiffaft iamais entrer ne porter dans leurs pays & terres aucun or, argent, foye ny pierres precieufes: ce qui leur fucceda fi bien, qu'en quatre cens ans que durerent les guerres cruelles entre les Romains & Carthaginois, & entre les François & Efpagnolz, iamais aucune defdictes nations ne f'efmeut pour leur courir fus en leurs terres, par ce qu'ilz n'y euffent trouué ny or ny argent, ny autre chofe de pris ou valeur pour defrober. Ie veux encores adioufter vne autre chofe plus prodigieufe, c'eft que Phalaris Agringentin, Dionife Syracufan, Catiline Romain, & Iugurthe Numidien, tous ces quatre fameux tyrans ne maintindrent iamais leurs eftatz & royaumes par aucunes vertuz qu'ilz euffent, ains feulement par les grans dons & prefens qu'ilz faifoyent à leurs adherans. Ie vouldrois donc que tous les fauoris des Princes notaffent bien cefte parolle, c'eft qu'il eft impoffible sible qu'vne grande faueur, ioincte & acompagnée d'vne grande auarice, durent longuemét enfemble. Ie ne fuis point hors de propos d'auoir mis toutes ces hiftoires en auant: car noftre fiecle eft fi corrompu, que nous n'entendons auiourdhuy par noz Republiques parler d'autre chofe, que d'vne bruflante auarice qui regne en tous les eftatz du monde, nommément entre les Ecclefiaftiques: ce qui ne fe peult prononcer fans larmes, attendu qu'ilz ne font que difpenfateurs des biens du Seigneur, & toutefois nous les voyons fi ardens & affectionnez à thefaurifer, qu'il femble qu'ilz doiuent enterrer leurs biens auec leurs corps, ou efpuifer toute la terre de trefors. I'en ay traicté en quelques autres miens efcritz plus amplement, faifant mention du Cardinal Angelot, partát ie retourne à mes prodiges: car depuis que ce peftilent venin d'auarice à refpandu fa poifon par le monde, la plus part des prouinces en font fi bien demeurées infectées, qu'on ne pardonne pas mefme aux corps humains qu'on ne mette en véte pour tirer argét. Cælius Rhodiginus en fes antiques leçons liure 13. chap. 56. eft tefmoing de cecy qui racompte que de fon temps quelques mefchans vendoient la chair d'hómes fi bien affaifonnée, qu'il fembloit que ce fuft de la chair de pourceau, & continuerent en leur mefchancetéiufques à ce que Dieu permift que on trouuaft quelque doigt d'homme meflé parmy leurs viádes, qui fut caufe qu'ilz furét prins & cruellemét puniz. Ce qui ne femblera eftráge ou fabuleux

VV iii

à ceux qui ont leu en Galien liure troisiesme des alimens, que la chair humaine a telle similitude auec celle du pourceau, & approche si bien du goust & saueur d'icelle, qu'aucuns en ont mangé pensans que ce fust chair de porc. L'histoire de Cælius Rhodiginus est estrange, & monstre apertement que l'auarice a si bien aueuglé l'homme, & rangé à si hault degré d'iniquité, qu'on n'y peult plus rié adiouster: mais Conradus Licostenes racompte encore vne autre histoire prodigieuse d'auarice qui n'est en rien inferieure à la precedente. Il écrit qu'au Duché de Vvitemberg vn malheureux hoste presenta à souper à quelques vns qui estoient logez en sa maison, de la chair d'vn porc qui auoit esté mordu d'vn chien enragé, laquelle estoit si bien infectée du venin de cest animal, que tous ceux qui en mágerent, enragerent, & estans ainsi pressez de la fureur de leur mal, se mágeoient & déchiroient les vns les autres.

Tu as le pourtraict de ceste histoire au commencement de ce chapitre.

Fin de la trenteneufiesme histoire.

Lecteur,

PRODIGIEVSES.
MONSTRE ENGENDRÉ
à Rauenne du temps du Pape Iule second,
& du Roy Loys douziesme.

Chapitre 40.

Ecteur, ce monstre que tu vois icy depeinct, est si brutal & esloigné de l'humanité, que i'ay peur de n'estre pas creu de ce que i'en écriray cy apres: neantmoins, si tu le conferes auec celuy qui a les faces

de chiens, & cinges, duquel ie t'ay descrit l'histoire cy dessus, tu trouueras l'autre beaucoup plus monstrueux. Iaques Rueff, en ses liures De conceptu & generatione hominis, duquel i'ay emprunté ceste figure. Conradus Licostenes en son traicté des prodiges. Ioannes Multiuallis & Gasparus Hedio qu'il cite, écriuent que l'an mil cinq cens douze, du temps que le Pape Iules second suscita tant de sanglantes tragedies en Italie, & qu'il eut la guerre auec le Roy Loys, à la iournée de Rauenne, il fut engendré à Rauenne mesme (qui est l'vne des plus anciennes citez d'Italie) vn mõstre ayant vne corne en la teste, deux æsles, & vn pied semblable à celuy d'vn oyseau rauissant & auec vn œil au genoil, il estoit double quát aux sexe, participant de l'homme & de la femme, il auoit en l'estomac la figure d'vn ypsilon, & la figure d'vne croix, & si n'auoit aucuns bras. Ce monstre fut produict sur terre du temps que toute l'Italie estoit enflammée des guerres, non toutefois sans apporter grande terreur au peuple : de sorte que de toutes les prouinces de l'Italie & de la Grece ilz venoient voir ceste miserable creature. Chacun en parloit diuersement: entre autres il s'y trouua quelques hómes doctes & celebres qui commencerēt à philosopher sur la misere de cest enfant, & sur sa figure mõstrueuse, lesquelz disoient que par la corne estoit figuré l'orgueil & l'ambition: par les æsles, la legereté & inconstance : par le default des bras, le deffault des bonnes œuures: par le pied rauissant, rapine vsure & auarice:

par

PRODIGIEVSES. 173

par l'œil qui estoit au genoil, l'affection des choses terrestres: par les deux sexes, la Sodomie: & que pour tous ces pechez qui regnoient de ce temps en Italie, elle estoit ainsi affligée de guerres: mais quant à l'Ypsilon & à la Croix, c'estoient deux signes salutaires: car l'Ypsilon signifioit vertu, & puis la Croix, qui denotoit que s'ilz vouloyent se couertir à Iesus Christ, & songer à sa Croix, c'estoit le vray remede de recouurer la paix, & de moderer l'ire du Seigneur, qui estoit enflammée contre leurs pechez.

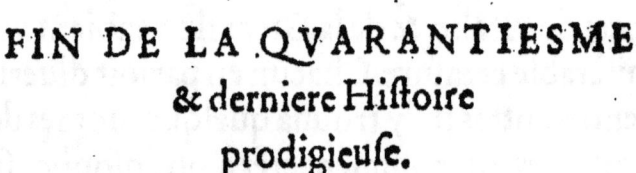

FIN DE LA QVARANTIESME
& derniere Histoire
prodigieuse.

ODE DE
IAQVES GREVIN
DE CLER-MONT, AV
Seigneur de Launay.

CELVY qui d'vne main songneuse
   Append le doux fruict de ses ans
   Auec la troupe desireuse
   Des plus asseurez courtisans,
   Qui ont d'vne course premiere
   Franchy le sentier peu battu,
   Pour dans vne longue carriere
   Cherir les filles de vertu.

Celuy qui d'vn grand cueur mesure,
   Auec la Rithme de ses vers,
   Le beau chef-d'œuure que Nature
   Monstra batissant l'vniuers :
   Ou qui par le fil d'vne histoire
   Poursuit les faictz plus merueilleux
   Dont la veritable memoire
   Se chargea dés les siecles vieux :

Celuy certes, se renouuelle
    Vne autre vie apres sa mort,
    Que iamais la Parque cruelle
    Ne pourra tirer sur le bord,
    Ou les vndes oubliuieuses
    De l'impetueux Acheron
    Emportent les vmbres poureuses
    La part ou les conduict Charon.

Ce grand Demon, ce vieil Homere
    Immortel, delaissa son corps
    Auec la commune misere
    Fidele compagne des mors,
    Pour voler iusqu'à noz oreilles,
    D'aage en aage renouuellant
    Le doux nectar de ses merueilles
    Qu'il va dans noz cueurs distillant :

Pour auoir discouru l'enuie
    Et le flambeau, qui fist armer
    Toute l'Europe encontre Asie,
    Et les orages de la mer,
    Ou il a faict vaguer Vlisse
    Comme banny dix ans entiers,
    Luy grand Prince exerçant l'office
    Des miserables mariniers.

Ainsi toy par ta preuoyance

Tu te baſtis en tes eſcriptz
Vne éternelle demeurance
Auecque ces diuins eſpritz,
Que d'autant deſ-ia tu ſurpaſſes
Qu'eſt admirable le proiect,
Sur qui doctement tu compaſſes
Le beau deſſein de ton ſubiect.

Car c'eſt luy qui te fera viure
Tant qu'on verra les branſlementz
Des corps celeſtes s'entreſuyure,
Tant qu'on verra les elementz
Et les diuerſes ſympathies
Des corps culbutantz de trauers
Renouueller dix mille vies,
Dans le vague de l'vniuers.

Bien que pour l'heure noſtre France
Ingrate, ſemble deſpiter
Ceux qui d'vne braue aſſeurance
Or s'efforcent de reſiſter
Aux effortz de la Parque fiere,
Qui nous ſerrant ſoubz le fardeau
Dont noſtre vie eſt heritiere
Cache vn beau nom dans le tombeau.

Bien qu'vne Brigide eshontée
De badins, de ſotz, d'ignorans,

Se voye plus souuent montée
Aux degrez ou sont aspirans.
Ceulx là, qui forgent dans la teste
De leur auare volonté,
Les despouilles & la conqueste
Que iamais ilz n'ont merité.

Bien qu'ilz soyent des premiers, si est-ce
Que le temps moins fauorisé
Regrette ce qu'en sa ieunesse
Trop ignare il a desprisé :
Et ia commence à se desplaire,
Prisant d'aduantage tous ceulx
Qui plus heureux ont sceu parfaire
Le chemin pour monter aux cieux.

Poursuys doncq, de Launay, ceft œuure
Dont tu as mis le fondement,
Et qui docte nous a faict preuue
Du reste de ton iugément :
Poursuys-le, & pense que la France,
Ia des-ia dessillant ses yeux,
Commence à chasser l'ignorance
De qui s'armoient les enuieux.

puisse-ie, afin de viure
les mains des plus-sçauantz,
Dedans ce beau sentier ensuyure,
Pour monstrer à ces ignorantz,
Ennemys des dons que Mercure
& les Muses ne m'ont caché,
Onque dans le sein de Nature
Plus curieux i'ay recherché.

ACHEVÉ D'IMPRIMER LE MARDY
dixhuictiesme iour de Iuin, mil cinq cens
soixante, par Annet Briere Imprimeur,
pour Vincent Sertenas, Iean Longis,
& Robert le Mangnier Libraires.

www.ingramcontent.com/pod-product-compliance
Lightning Source LLC
Chambersburg PA
CBHW050537170426
43201CB00011B/1466